COMO FALAR SOBRE CINEMA

UM GUIA PARA APRECIAR A SÉTIMA ARTE

ANN HORNADAY

COMO FALAR SOBRE CINEMA

UM GUIA PARA APRECIAR A SÉTIMA ARTE

TRADUÇÃO
CAROLINA SIMMER

2ª edição

Rio de Janeiro | 2025

CIP-BRASIL. CATALOGAÇÃO NA PUBLICAÇÃO
SINDICATO NACIONAL DOS EDITORES DE LIVROS, RJ

H788c
Hornaday, Ann
 Como falar sobre cinema: um guia para apreciar a sétima arte / Ann Hornaday; tradução Carolina Simmer. – 2ª ed. – Rio de Janeiro: Bestseller, 2025.

 Tradução de: Talking pictures: how to watch movies
 ISBN 978-65-5712-092-7

 1.Cinema. 2. Crítica cinematográfica. I. Simmer, Carolina. II. Título.

CDD: 791.43
21-69892
CDU: 791.32.072.3

Meri Gleice Rodrigues de Souza – Bibliotecária – CRB-7/6439

Texto revisado segundo o novo Acordo Ortográfico da Língua Portuguesa.

Título original:
Talking pictures: how to watch movies

Copyright © 2017 by Ann Hornaday
Copyright da tradução © 2021 by Editora Best Seller Ltda.

Todos os direitos reservados. Proibida a reprodução,
no todo ou em parte, sem autorização prévia por escrito da editora,
sejam quais forem os meios empregados.

Direitos exclusivos de publicação em língua portuguesa para o Brasil
adquiridos pela
EDITORA BEST SELLER LTDA.
Rua Argentina, 171, parte, São Cristóvão
Rio de Janeiro, RJ – 20921-380
que se reserva a propriedade literária desta tradução

Impresso no Brasil

ISBN 978-65-5712-092-7

Seja um leitor preferencial Record.
Cadastre-se no site www.record.com.br e receba informações
sobre nossos lançamentos e nossas promoções.

Atendimento e venda direta ao leitor
sac@record.com.br

Para Dennis
que me ajuda a ver o mundo
de um jeito novo, todos os dias

Sumário

	Introdução	9
Um	Roteiro	19
Dois	Atuação	59
Três	Design de produção	95
Quatro	Fotografia	131
Cinco	Edição	171
Seis	Som e música	205
Sete	Direção	239
Epílogo	Valeu a pena?	271
Anexo	Documentários e dramas baseados em histórias reais	275
	Agradecimentos	283
	Notas	287
	Bibliografia e leituras sugeridas	297
	Índice	301

Introdução

NÓS, CRÍTICOS DE CINEMA, NOS deparamos com algumas perguntas inevitáveis quando cambaleamos até o mundo ensolarado fora das salas de projeção escuras em que passamos tanto tempo. A primeira, quase sempre, é: "Crítico de cinema, nossa, como você arrumou esse emprego?" (O que ele quis dizer: "Como eu também posso ganhar dinheiro passando o dia inteiro assistindo a filmes?")

A resposta, no meu caso, é: por pura sorte. Não cresci como uma cinéfila de carteirinha. Eu preferia ler e fugir dos passatempos normais da minha família nos fins de semana, como jogos de tabuleiro, carteado e assistir a partidas de futebol americano das ligas de faculdade do Iowa na televisão, optando por mergulhar em *A espiã* e, na adolescência, em *On the road: pé na estrada* e *Zen e a arte da manutenção de motocicletas*. Eu ia ao cinema, claro: *Fantasia*, *Mary Poppins* e *Oliver!* na infância; *O jovem Frankenstein* e *Banzé no oeste* aos 14 anos (ainda me lembro do frisson de escutar Robert Redford falando palavrão quando eu e meus amigos fomos assistir a *Butch Cassidy* e ficamos facilmente horrorizados como os jovens que éramos). Uma das minhas experiências cinematográficas mais educativas foi mérito de uma babá querida, que me levou para assistir a *Vitória amarga* no Varsity Theatre, próximo da Universidade Drake, apenas pela teatralidade de Bette Davis roubando vorazmente a cena como uma festeira rica que sucumbe de forma elegante a um tumor cerebral. Mas eu não comia, dormia e respirava pensando em cinema, como tantas pessoas da minha idade que, mais tarde, se tornariam minhas colegas de profissão.

Em vez disso, foi a carreira de escritora que me levou à de crítica: depois de me formar na Smith College com um diploma em administração pública, me mudei para Nova York em busca de um emprego como jornalista. Trabalhei na revista *Ms. Magazine* como pesquisadora e, por dois anos maravilhosos, como assistente administrativa de Gloria Steinem. Foi Gloria quem me incentivou a virar freelancer, porque ela acreditava que a liberdade e a variedade desse tipo de trabalho era muito gratificante e lhe ajudou a descobrir sua própria voz no início da carreira como escritora. Quando finalmente tive coragem de aceitar o conselho, uma bela revista nova-iorquina sobre cinema, chamada *Premiere*, tinha acabado de ser lançada. Comecei a escrever sobre cineastas para a seção *Cameo* — editada com extremo bom gosto pela poetisa April Bernard —, montando biografias curtas de personalidades como o documentarista Albert Maysles, a figurinista Ellen Mirojnick, a diretora de elenco Margery Simkin, entre outros.

Dentro de poucos anos, comecei a escrever matérias sobre cinema para a seção de artes do *The New York Times*, para a qual entrevistei os documentaristas Joe Berlinger e Bruce Sinofsky, o cineasta experimental Jem Cohen, os diretores

Introdução

recém-descobertos Noah Baumbach e Ang Lee, e um ator, então pouco conhecido, chamado Stanley Tucci.

Isso tudo foi para explicar que, tirando o ano que passei estudando produção e história do cinema na Universidade da Geórgia como bolsista da Pew National Arts Journalism Fellowship, aprendi sobre meu ofício trabalhando, e também por meio de visitas frequentes à locadora de vídeos mais próxima (lembra delas?). Quando fui convidada para ocupar o cargo de crítica de cinema do jornal *Austin American-Statesman*, em 1995, já tinha assistido a filmes suficientes — e aprendido o bastante sobre seus criadores — para ter a confiança de que seria capaz de avaliá-los de forma justa e bem-informada. Mais do que isso, meu passado como não especialista permitia que minha abordagem sobre os filmes fosse semelhante à dos meus leitores, que, mesmo na cultura norte-americana fanática por cinema, assistem em média a apenas cinco ou seis filmes fora de casa por ano.[1]

Mesmo assim, nunca vou me esquecer da experiência apavorante de sentar para escrever minha primeira crítica oficial — de *Um sonho sem limites*, dirigido por Gus Van Sant, uma sátira baseada em histórias reais sobre assassinato, autoilusão e fama pós-moderna, estrelando Nicole Kidman. Tinha adorado o filme, disso eu estava certa. A pergunta era: por quê? Na redação do *Statesman,* enquanto eu encarava o cursor que piscava insistentemente, minha mente parecia tão em branco quanto a tela do computador. Como é que eu poderia explicar para milhares de leitores — com faixas etárias, estilos de vida, gostos e temperamentos completamente diferentes — por que aquele filme era tão brilhante? Como poderia quantificar as maneiras como a atuação de Kidman era tão perspicaz e sensata, ou provar que Van Sant tinha interpretado a peça sarcasticamente engraçada de Buck Henry de forma habilidosa?

Por sorte, recebi um conselho — antes de me mudar para Austin — que me ajudou a seguir em frente, uma recomendação que me serviu bem nos vinte anos seguintes. Em uma das minhas muitas festas de despedida, meu querido amigo e colega de profissão David Friedman me puxou para um canto para compartilhar uma dica que ele mesmo recebera anos antes, quando se tornara crítico televisivo no noticiário *Philadelphia Daily News*. "Antes de escrever qualquer crítica", disse David, "faça três perguntas a si mesma: 'O que o artista queria alcançar?', 'Ele foi bem-sucedido?' e 'Valeu a pena?'".

Mais tarde, descobri que David estava parafraseando Goethe, que tinha uma visão semelhante sobre como avaliar obras de teatro. Mas não fazia diferença: essas três perguntas nortearam minha carreira enquanto tentava escrever críticas que iam além de opiniões subjetivas sobre o que gostei ou não gostei, preferindo tentar julgar os filmes por seus méritos, ajudar os leitores a colocá-los em contexto e, caso decidissem assistir ao longa-metragem em questão, prepará-los para o encontro — sem incluir *spoilers* chatos e sinopses arrastadas.

Depois de passar dois anos maravilhosos cheios de música, filmes e culinária Tex-Mex (enriquecidos pela Austin Film Society do diretor Richard Linklater, cujas exibições da sua coleção de obras clássicas e contemporâneas pioneiras ajudaram imensamente no meu contínuo aprendizado cinematográfico) enquanto trabalhava em Austin, segui para o jornal *The Baltimore Sun* e, de lá, para o *The Washington Post*. Em todas as três redações, tentei aprimorar minha compreensão sobre os objetivos artísticos dos cineastas e os desafios que enfrentam, assim como as suposições e expectativas de espectadores com

Introdução

opiniões assustadoramente diferentes sobre o que constitui um "bom filme". Um fanático por *Homem de Ferro* e *Batman: o cavalheiro das trevas* pode não ter qualquer intenção de assistir à comédia mais recente de Nicole Holofcener, mas meu trabalho como crítica exige que eu avalie todos esses filmes de um jeito que seja útil tanto para seu público natural quanto para uma audiência geral que só quer se manter bem-informada sobre o que acontece na cultura pop. E quem sabe? Por causa de alguma das minhas críticas, alguém pode tentar assistir a um filme que jamais cogitaria antes e acabar virando fã de um gênero novo.

Cada filme é diferente, com o DNA de seu gênero, peculiaridades tonais e aspirações artísticas e intelectuais próprios. Assim como não é justo sujeitar um faroeste de época aos mesmos parâmetros de um drama familiar pós-soviético romeno, não adianta esperar que um filme que almeja apenas ser uma obra de entretenimento em massa apresente ideias grandiosas sobre o significado da vida (apesar de entretenimento em massa e mensagens profundas poderem se misturar). Mas *é* razoável esperar que todos esses filmes sejam originais, bem-feitos e inteligentes, que não se aproveitem do público nem o façam de bobo. Não importa quais sejam as expectativas que almejam cumprir, todos os filmes têm uma linguagem essencial em comum: um léxico de convenções visuais, sonoras e performáticas que os conectam, ou, quando essas convenções são habilmente subvertidas, criam uma exceção revigorante. O trabalho do crítico é reconhecer essas conexões e esses rompimentos, não para tratar o leitor com pedantismo ou superioridade, mas para abrir possibilidades de interpretação e enriquecer a experiência cinematográfica, ou pelo menos oferecer uma leitura instigante.

Mesmo assim, fica a pergunta: o que torna um filme "bom"? E, inversamente, o que torna um filme "ruim"? Em 2009, como tentativa de explorar a resposta, embarquei em uma série de artigos com o objetivo de ajudar os leitores a analisar e avaliar filmes da mesma forma que faço quando sento para assisti-los. Chamada de "How to Watch a Movie" [Como assistir a um filme, em tradução livre], a série explorava várias categorias da produção cinematográfica e como o espectador médio pode reconhecer fluência, ambição e excelência quando se deparar com elas. De volta às minhas origens como jornalista, entrevistei diretores, roteiristas, produtores, atores, engenheiros de som, cineastas e editores sobre seu trabalho e o que gostariam que fosse mais valorizado pelo público. Como sabemos quando um filme foi bem-escrito, além de ter falas marcantes e um final surpreendente? Como podemos identificar que um filme foi bem-editado? O que exatamente é fotografia e como ela afeta a experiência visual e emocional do público? Como uma atuação virtuosa na telona difere de uma no palco ou na televisão?

A série me inspirou a escrever este livro, que pretende guiar os leitores por um meio que está cada vez mais presente em nossas vidas, convidando todos a se tornarem seus próprios críticos de cinema mais confiáveis. Fãs oferecem análises instantâneas no Twitter para seus amigos, coletivamente decidindo o destino de uma obra em 280 caracteres ou menos. Amigos se reúnem para tomar um vinho ou um café depois do cinema, trocando opiniões sobre o roteiro ou a atuação de um dos astros. O conteúdo extra nos DVDs e em plataformas de *streaming* ofereceu aos consumidores informações e conhecimentos detalhados que antes eram reservados apenas a historiadores que gostavam de revirar arquivos. Os dias de assistir a filmes de forma passiva ficaram para trás. Agora, somos todos especialistas.

Introdução

Mais do que nunca, os espectadores estão dando uma importância extrema ao que assistem e querem analisar com olhar crítico um meio que é uma mistura única de arte, entretenimento em massa e prática industrial complexa e ponderada. Eles buscam recursos e linguagem para dar sentido aos sons, às histórias e às imagens transmitidos nas telas, que parecem se proliferar cada vez mais.

Como muitos observadores notam, o cinema é um amálgama de quase todas as formas de expressão — pintura, teatro, dança, música, arquitetura, fotografia e escrita. No seu estado de atenção mais analítico, os espectadores devem estar cientes de como cada uma dessas disciplinas influencia o que acontece na tela, assim como seu efeito fisiológico, psicológico, emocional e até subconsciente. É muita coisa para o público assimilar, e ainda analisar, enquanto é assolado por imagens e sons poderosos.

E não se engane: esse batismo sensorial tem uma importância vital. Apesar deste livro pretender ser um manual sobre como avaliar filmes, a melhor forma de apreciá-los é pela entrega total. No seu melhor, o cinema deve ser semelhante a um estado de sonho, em que entramos coletivamente e vivenciamos individualmente. Se passarmos o tempo todo desconstruindo a atuação de um ator ou analisando nos mínimos detalhes a iluminação ou o design de produção de cenas específicas, não estamos deixando o filme entrar, ou ele não foi bem-executado o suficiente para alcançar aquela consolidação completa com nossa consciência, quase a nível celular, que define o cinema no auge do seu poder e imersão.

Dessa forma, o primeiro dever do espectador crítico é mental. Você deve limpar sua mente de quaisquer barreiras, preconceitos ou distrações prolongadas que possam atrapalhar

16   COMO FALAR SOBRE CINEMA

seu mergulho total no trabalho oferecido. No mundo ideal, o filme será mágico o bastante para você assisti-lo sem ter vontade de ficar riscando itens em uma lista imaginária ou duvidar de tudo. Se esse for o caso, sua mente crítica só será acionada quando os créditos finais começarem a rolar. Se o filme não prender sua atenção, por qualquer motivo que seja, então é provável que você comece sua análise ainda no cinema, tentando entender o que está errado e por que, e como os cineastas poderiam ter criado uma experiência mais satisfatória.

Este livro almeja ser útil nas duas situações — um guia para apreciar os filmes de forma mais completa quando são bem-sucedidos, e para explicar seus erros quando não são. O texto é estruturado mais ou menos de acordo com a produção de um filme — começando com o roteiro, depois passando para a seleção do elenco e design de produção, fotografia, e assim por diante. Deixei o capítulo sobre diretores para o final, porque — pelo menos no mundo ideal — são a orientação e a visão criativa do diretor que guiam a produção inteira, do primeiro dia de gravações até a edição final. (É bem verdade que, quando filmes são *blockbusters* com orçamentos gigantescos, de estúdios importantes, o papel dos diretores se torna um pouco menos nítido; com frequência, eles ficam à mercê dos executivos que mandam na escolha do elenco e em elementos do enredo.)

Em cada capítulo, tentei incluir exemplos de filmes que capturam os princípios e as melhores práticas de uma área cinematográfica específica; os leitores notarão que a maioria deles foi retirada da Era de Ouro de Hollywood, da década de 1930 até a de 1950, e da década de 1970 até o momento presente, períodos que coincidem com as minhas experiências mais memoráveis de ir ao cinema tanto como fã quanto como crítica. Incluí duas ou três perguntas importantes que os es-

Introdução

pectadores podem fazer a si mesmos depois de assistirem a um filme para discernir se a obra teve sucesso em áreas específicas.

Certos títulos aparecerão com frequência aqui, desde dramas de guerra como *Os melhores anos de nossas vidas* e *Guerra ao terror* até comédias sérias como *A primeira noite de um homem* e *Conte comigo*, desde suspenses tensos, incluindo *Todos os homens do presidente*, *Conduta de risco* e *Filhos da esperança*, até clássicos como *Faça a coisa certa* e *Os bons companheiros*. Esses todos são meus favoritos, e cada um exemplifica áreas discretas da arte — roteiro, atuação, design, uso de câmeras, som —, assim como o tipo de visão diretorial unificadora que faz com que funcionem como um conjunto belamente integrado. No fim de cada capítulo, incluí uma listinha de filmes que exemplificam os melhores em cada categoria.

Os leitores também irão notar a recorrência de certas palavras — adjetivos como "integrado", "expressivo", "autêntico" e "específico", e expressões como "conexão emocional", "sentimento verdadeiro", "útil à história" e "construindo um mundo na tela". Depois de conversar com centenas de artistas, técnicos e pessoas do mercado que foram meus professores não oficiais nos últimos 25 anos, ficou evidente que os artistas no auge de suas respectivas áreas mantêm esses ideais em mente durante o processo criativo, estejam buscando locações de filmagem, analisando o decote correto para um vestido de baile do século XVIII, escolhendo uma lente de câmera ou preparando um diálogo para uma cena essencial. Nunca deixo de me admirar com a forma como escritores, atores, diretores, designers e técnicos se dedicam para aprimorar cada detalhe. O mínimo que o restante de nós pode fazer é prestar atenção. Com sorte, é exatamente nisso que este livro lhe ajudará.

Capítulo Um

Roteiro

Quando as pessoas comentam que um filme é bem--escrito, geralmente querem dizer que gostaram do diálogo afiado ou viram graça em uma reviravolta diabolicamente inteligente. Mas o roteiro é responsável por muito mais do que isso. Por que adoramos determinado filme? Porque gostamos da história que ele contou, aonde nos levou e como chegou lá. Com frequência, adoramos os personagens — mesmo que não seja por *gostarmos* exatamente deles ou por compreendê-los.

Quando esses elementos estão posicionados, é porque foram colocados lá por um roteirista, geralmente depois de meses, talvez anos, de trabalho duro e não reconhecido. O roteiro serve como o documento de base de cada filme, determinando não apenas o enredo e o diálogo, mas a estrutura, as regras internas, o interior, as motivações e a credibilidade dos personagens, além de valores intangíveis como tom e tema.

O roteiro é o principal ponto de referência para o diretor e todos os colaboradores criativos do filme, que o utilizam para

COMO FALAR SOBRE CINEMA

planejar tudo, desde o figurino e sets de filmagem até esquemas de iluminação e ângulos de câmera. Quanto melhor for o roteiro, mais foco e consistência terão os colaboradores ao criar um mundo atrativo e verossímil na tela.

Um roteiro escrito com autoridade, detalhes e especificidades permite que os atores mergulhem completamente em seus papéis sem serem abalados por dúvidas sobre motivações ou comportamentos inconsistentes. Tudo que eles precisam saber sobre os personagens que vão trazer à vida está bem ali, no papel. Uma vez, George Clooney me contou que entendeu a importância dos roteiros depois que recebeu as piores críticas de sua carreira por *Batman e Robin*. Depois disso, disse ele, o roteiro passou a ser prioridade na escolha de seus novos projetos. Tanto que seus três filmes seguintes foram os inteligentes e bem-construídos *Irresistível paixão*, *Três reis* e *E aí, meu irmão, cadê você?*, que, juntos, alavancaram Clooney para a classe de galãs de cinema que também são atores sérios com bom gosto. A moral da história? "Não dá para fazer um filme bom com um roteiro ruim", disse Clooney, direto. "Dá para fazer um filme *ruim* com um roteiro bom, já vi acontecer com frequência. Mas o contrário é impossível."[2]

Nas décadas de 1980 e 1990, uma leva de cursos e livros sobre elaboração de roteiros para cinema apresentou versões interessantes de regras de escrita. Alguns se baseavam na estrutura de três atos com "pontos de enredo" cuidadosamente cronometrados. (Ato um: ambientação. Ato dois: conflito. Ato três: resolução.) Outros contavam com a clássica "jornada do herói", popularizada pelo mitologista Joseph Campbell. Independentemente da instrução que roteiristas individuais seguem, a maioria dos filmes atuais de Hollywood é fiel ao modelo clássico de narrativa, baseado no movimento linear para a frente, com cada incidente, encontro e mudança de sorte caminhando inexoravelmente rumo a uma conclusão que, se tudo acontecer de acordo com os planos, será ao mesmo tempo surpreendente e satisfatória para o público.

Moldado por esses princípios, um roteiro decente fará uma história muito previsível seguir em ritmo certo, cumprindo todos os requisitos antes de alcançar sua conclusão óbvia — isto é: garoto conhece garota; garoto e garota se apaixonam; obstáculos surgem; garoto e garota vencem tudo para ficarem juntos no final.

Um roteiro excepcional, parafraseando o roteirista-diretor Billy Wilder, agarra os espectadores pela garganta e nunca solta. Ele nos leva por um caminho pelo qual não temos escolha além de seguir, distribuindo o mínimo possível de informações a cada momento para manter o público interessado no que vai acontecer em seguida — e nunca desconectado, entediado ou extremamente confuso.

Em termos simples, é o roteiro que responde à primeira pergunta essencial que todos os cinéfilos devem fazer a si mesmos: que tipo de filme os cineastas tentaram criar? Um espetáculo escapista cheio de ação? Um espetáculo escapista cheio de ação com uma mensagem implícita e ilusoriamente inteligente sobre a vida moderna? Uma obra pequena meditativa sobre como o amor é transitório? Uma comédia romântica estilosa, sofisticada? Os propósitos de cada filme se encontram no roteiro, que, se for executado de forma competente pela equipe de criação, resultará naquilo que o autor queria, seja uma obra de arte intelectualmente exigente ou algo divertido e bonito.

COMO ENTRAR EM CENA

O filme definiu um mundo específico desde o começo, de forma vívida e eficiente?

Nós compramos a ideia e tivemos uma noção do que estava acontecendo nos primeiros dez ou vinte minutos?

Dentro dos primeiros dez minutos, um filme bem-escrito ensina ao público como assisti-lo.

Não interessa se os espectadores estão aprendendo sobre um panorama histórico denso durante a sequência dos créditos de abertura (algo que pode ou não ter sido especificado no roteiro) ou observando a protagonista do filme executar sua rotina de higiene matinal no começo do primeiro ato, é nesse momento que captamos informações cruciais sobre os personagens, a ambientação física da história, o ritmo, o clima e o tom. Pense no tour inicial pelo Café Américain de Rick Blaine em *Casablanca*, na cena do detetive particular Jake Gittes consolando um cliente abalado no seu escritório em Los Angeles no começo de *Chinatown*, ou na diminuta agente em treinamento do FBI Clarice Starling vencendo uma árdua trilha de obstáculos em *O silêncio dos inocentes*.

Em relativamente pouco tempo, cada uma dessas cenas transmite uma imensidão sobre o que e quem se trata o filme: personagens imperfeitos e intrigantes, imersos em tramas de guerra, em uma terra de ninguém considerada exótica durante a Segunda Guerra Mundial; uma releitura envolvente das histórias de detetive das décadas de 1930 e 1940; uma heroína determinada e fisicamente forte se afirmando no mundo da justiça criminal dominado por homens. A sequência de abertura determina se o público vai comprar a jornada do protagonista e se ele será interessante ou de uma complexidade cativante o suficiente para ser acompanhado até os confins da terra (ou pelo menos até o fim do filme).

Nos próximos dez a vinte minutos, depois que o público for conquistado, o contexto e o clima geral da história devem ser bem-estabelecidos, os personagens principais apresentados, e o relacionamento entre eles determinado com nitidez. A partir desse ponto, tudo deve fluir de tal maneira que o espectador possa olhar para aquela primeira parte depois e perceber que até o mais surpreendente final foi completamente sustentado pelo começo — talvez tenha até sido indicado.

O exemplo clássico de como ganhar a lealdade do público no início é a sequência de abertura magistral de *O poderoso chefão*, ambientada em uma festa de casamento enorme, exuberante. Durante a primeira cena do filme, conhecemos o chefe da máfia Don Vito Corleone enquanto ele recebe um pedinte no escritório sepulcral de sua casa. Sete minutos depois, entramos de cabeça nos ritos e rituais animados de um casamento italiano tradicional; somos apresentados a membros-chave da família envolvida com crime organizado e, finalmente, após doze minutos na sequência, conhecemos Michael Corleone, um herói que regressa da Segunda Guerra Mundial querendo distância do negócio moralmente duvidoso dos parentes. Por sorte, Michael trouxe uma forasteira para o evento — sua futura esposa, Kay — que não entende nada sobre a vida de mafiosos; ela é a representante do público, que aprende sobre uma cultura que é tão estranha para nós quanto para ela. Quando a moça expressa choque com um exemplo particularmente violento de como os Corleone lidam com as coisas, Michael a encara com um olhar emocionado e diz: "Minha família é assim, Kay.

24 COMO FALAR SOBRE CINEMA

Não eu." O roteiro de Francis Ford Coppola — adaptado do romance de Mario Puzo — é elegante ao engatar o filme nos primeiros vinte minutos, nos guiando para um final em que essas palavras se mostram proféticas ou cruelmente irônicas. Mais do que isso, ao apresentar os personagens e o ambiente de Michael e sua família de maneira tão evidente e econômica, Coppola garante que ficaremos ansiosos para acompanhar a jornada que iniciam.

Como um exemplo especialmente revigorante de ambientação, veja a primeira página do roteiro do roteirista e diretor Tony Gilroy para o suspense jurídico *Conduta de risco*, de 2007: "São duas da manhã em um grande escritório de advocacia em Nova York. As salas ocupam dez andares no centro da Sixth Avenue. Dali a sete horas, o lugar estará vibrando, cheio de vida, com a energia de 600 advogados e seus assistentes, mas, por enquanto, é uma estrutura vasta, vazia, pouco iluminada. Uma série de imagens dão ênfase ao tamanho e ao poder da empresa; em silêncio, essas imagens constroem a ideia de que, em algum lugar ali — em algum lugar naquele prédio —, algo muito importante está acontecendo."

Pá. Fomos fisgados.

Roteiristas trabalham com palavras. Mas os melhores sabem que estão lidando com um meio visual, pensando e escrevendo de acordo. Apesar de as imagens de um filme serem, no fim das contas, responsabilidade do diretor, o conceito inicial começa no roteiro, quando cabe ao roteirista contar uma história por meio da descrição de cenas potentes, que transmitem o máximo de informação com a menor quantidade possível de palavras, em vez de uma série de conversas apáticas explicando o que está acontecendo e por quê. A maioria dos roteiros segue a regra de uma página por minuto, o que significa que um roteiro médio

ROTEIRO

de longa-metragem tem entre 90 e 120 páginas; a beleza do roteiro de *Conduta de risco* de Gilroy é que ele transmite uma quantidade imensa de informações sobre seus personagens e os meios em que circulam com parcimônia, sem uma densidade novelística, mas de forma quase poética. Nem todos os roteiros precisam ser escritos com o mesmo estilo e riqueza de detalhes: apesar desse tipo de especificidade descritiva poder ser muito útil em termos de visualização da história, um roteiro com linhas mais gerais pode, nas mãos de um diretor talentoso, dar bastante espaço para criatividade e interpretação.

Enquanto espectadores, a maioria de nós nunca saberá quanto do visual de um filme e daquilo que aconteceu na tela foi especificado no script. Como regra, os melhores roteiros são precisos e seguidos à risca em termos de ambientação e personagens. Mas eles não fazem sugestões sobre ângulos de filmagem, edições ou floreios estilísticos, escolhas que estão no campo de ação do diretor e de sua equipe criativa. De fato, roteiros com trechos longos e cheios de descrição podem desanimar cineastas que buscam por uma história interessante e personagens carismáticos para dar vida do seu jeito, em vez de ficar sendo embarreirado por um roteirista ávido demais — que, na maioria dos casos, não terá qualquer envolvimento depois que a produção começar e que pode muito bem ser trocado por uma equipe de "consultores de roteiro", assim como pelo diretor ou até pelo astro do filme.

Porém, às vezes, detalhes minúsculos que presumimos ser escolha do diretor ou do editor aparecem primeiro no roteiro. A calcinha cor-de-rosa que Scarlett Johansson usa na primeira cena de *Encontros e desencontros*? Especificada no roteiro. O telefone de hambúrguer no quarto todo retrô de *Juno*? Escrito no roteiro. A famosa "transição do fósforo" em *Lawrence da*

Arábia, quando um fósforo aceso é justaposto ao sol nascente no deserto? Mesma coisa. É o roteiro que define o mundo que iremos habitar pelas próximas duas horas — e, inicialmente, é responsabilidade dos roteiristas e de suas palavras tornar esse mundo realista e vivo o suficiente para captar nossa atenção.

CHEGA DE ENREDOS, SÓ QUERO HISTÓRIAS

A história queria ser um filme?

A história foi apenas um enredo ilustrado ou um conto intrinsicamente visual?

Se a história não foi convencional, ela me levou por uma jornada ou me jogou em um mundo desconhecido?

Eu odeio enredos. Amo histórias.

Os filmes a que você assistiu uma vez e mal lembra depois foram, muito provavelmente, enredos executados no modo automático. As obras que a maioria dos críticos e fãs reconhecem como clássicos são grandes histórias, desde *Casablanca* até *O poderoso chefão* e *Fargo*. O enredo leva o protagonista do ponto A ao ponto B. Uma boa história transporta o protagonista por uma jornada que parece pessoal e universal, ao mesmo tempo que espontânea e natural. O enredo é o que acontece. A história é o significado. O enredo é a mecânica. A história é a emoção.

Em Hollywood, há a premissa de que só existe meia dúzia de enredos básicos para um filme; são os detalhes, a profundidade e a perspicácia do roteiro que os transformam em histórias únicas. O conto do herói reticente que salva o dia com relutância foi tão eletrizante em *Capitão Phillips* quanto em *Casablanca*. A jornada árdua de um desconhecido vulnerável de volta para casa produziu dramas épicos e emocionantes em *O mágico de Oz, E.T.: O extraterrestre*, e *12 anos de escravidão*, apesar de seus contextos serem extremamente diferentes. O monstro derrotado em *Tubarão* era tão apavorante quanto os de *Gravidade* e *O regresso*, mesmo que tenha tomado a forma de um peixe gigante no primeiro e do espaço sideral e da própria natureza nos outros.

Você vai notar que os filmes que mencionei são, em sua maioria, adaptações de livros, o que mostra como é difícil bolar histórias originais de verdade. Hollywood sempre precisou implorar por narrativas e personagens de trabalhos já prontos — agora, os estúdios estão explorando revistas em quadrinhos, séries de televisão antigas e até seus próprios arquivos em busca de obras para refilmagem. Se deu certo uma vez, concluem os executivos, vai dar certo de novo; e, com frequência, trabalhos prontos trazem um público cativo na forma de fãs obcecados.

O raciocínio simplista dos estúdios alcançou um êxito notoriamente irregular: para cada sucesso comercial bem--executado, como a franquia *Os Vingadores* da Disney/Marvel, há inúmeras bombas no nível de *O cavaleiro solitário*, *Battleship: a batalha dos mares* e a mais recente refilmagem de *Ben-Hur*. Na maioria dos casos, adaptações não dão certo na telona porque os roteiristas pegaram apenas o enredo e os personagens do material original em vez de explorar sua emoção, suas mensagens implícitas, suas metáforas e até sua poesia. O resultado são versões banais, unidimensionais, de trabalhos criativos que são, na verdade, profundos e cheios de nuances. É por isso que nunca houve uma adaptação realmente boa de *O grande Gatsby*, nem dos livros de Philip Roth, e o motivo pelo qual ninguém jamais deveria tentar adaptar as obras de J. D. Salinger: por mais tentador que seus personagens e ambientações sejam, é a voz literária desses autores que os transforma em arte.

A onipresença de fórmulas para elaboração de roteiros resultou em um excesso de filmes agitados, formulistas, que cumprem as necessidades indispensáveis da estrutura de um script (um herói com objetivos, complicações e desafios, e o triunfo final), mas não passam muito disso. Esses são os filmes que surgem e passam despercebidos durante o ano, tão intercambiáveis que mal vale a pena mencioná-los pelo título. Com frequência, são imitações baratas e rapidamente produzidas de longas metragens melhores e mais bem-sucedidos: por exemplo, a comédia *Tiras, só que não*, sobre camaradagem policial, tentou lucrar com o humor verdadeiro de *Anjos da lei*; o mesmo aconteceu com suas versões femininas, *Belas e perseguidas* e *As bem-armadas*.

Apesar de tanto *Tiras, só que não* quanto *Belas e perseguidas* terem atores fantásticos, são filmes tão cheios de enredo — garantindo que os personagens entrem em várias furadas hilárias antes de devidamente saírem delas — que passam a impressão de serem corriqueiros e sem graça em vez de divertidos e engraçados. Todo gênero tem convenções a serem obedecidas: nas comédias românticas, por exemplo, o casal destinado a ficar junto encontra obstáculos antes de alcançar o inevitável final feliz. No entanto, um filme bem-escrito subverte essa fórmula ou chega ao resultado mais previsível de formas diferentes. Se, no final de uma comédia romântica, o casal principal terminar do nada só para dar a um deles a desculpa de sair correndo até o aeroporto para fazer um pedido de casamento, isso é sinal de um roteiro arrogante e manipulador, remendado para a comodidade do roteirista e não de acordo com as motivações e necessidades estabelecidas dos personagens. "Quando se conhece, o casal é seco e competitivo um com o outro, trocam farpas, e, dez minutos depois, estão apaixonados", disse o roteirista-diretor Kenneth Lonergan sobre outro clichê romântico banal. "Mas eu me dei bem com a maioria das garotas com quem me envolvi assim que as conheci. A tensão vinha de outras coisas. E essas tensões existem por aí para todo mundo usar, se quiserem prestar atenção."[3]

Para uma história dar certo, ela deve parecer nova e surpreendente, mesmo que use fórmulas antigas. O arco de história de *Gravidade*, no qual Sandra Bullock interpreta uma astronauta que fica à deriva depois da destruição de sua estação espacial, é simplíssimo (basicamente, é uma clássica narração de "fuga da casa mal-assombrada", ambientada no espaço). Mas, da forma como foi elaborada pelo roteirista-diretor Alfonso Cuarón, e seu filho e corroteirista Jonas Cuarón, a luta por sobrevivência da personagem de Bullock inclui momentos inspirados de sagacidade e autorreflexão, e, no fim, um renascimento simbólico emocionante. A essência do sequestro e eventual fuga da escravidão de Solomon Northup eram extremamente familiares em *12 anos de escravidão*, mas o roteiro de John Ridley lhes deu uma urgência e uma singularidade complexa, resultando em uma obra que parece algo que jamais vimos antes. Uma das coisas que mais admiro no roteirista-diretor John Carney, responsável pelos cativantes musicais *Apenas uma vez*, *Mesmo se nada der certo* e *Sing Street*, é que ele tende a evitar o final satisfatório padrão em que o casal principal termina junto. Mesmo dentro do reconfortante gênero do romance, ele insere um toque bem-vindo de ambiguidade e incerteza.

Às vezes, um filme nem precisa de história para dar certo. Alguns dos meus favoritos foram produzidos por cineastas que eram — e permanecem sendo — bem menos interessados na narrativa convencional do que nos personagens, na ambientação e no clima. O diretor italiano Michelangelo Antonioni era o mestre dessa forma meditativa de produção, assim como Robert Altman; de forma semelhante, os roteiristas-diretores Richard Linklater (*Slacker, Antes do amanhecer* e suas sequências), Sofia Coppola (*Encontros e desencontros*) e Terrence Malick (*A árvore da vida, Amor pleno, Cavaleiro de copas*) costumam evitar noções convencionais sobre a estrutura de três atos e o familiar movimento linear para a frente, dando prioridade à exploração do comportamento humano e de ambientes. Todos eles usam roteiros, mesmo que sejam apenas esboços rudimentares, como o mapa de cenas que Linklater entregou ao seu elenco não profissional em *Slacker*, ou as páginas de diálogo sugerido que Natalie Portman, Cate Blanchett e outros receberam durante as filmagens de *Cavaleiro de copas* (dizem que o astro do filme, Christian Bale, nunca recebeu script algum, já que Malick preferia deixá-lo à vontade com suas improvisações).

Jem Cohen, cujo trabalho descobri quando ele fazia clipes de música e filmagens de shows para o R.E.M., construiu uma carreira brilhante criando filmes-ensaio sem narrativas que, por meio da justaposição cuidadosa de imagens, apresentam ao espectador a visão reflexiva e incansável de Cohen sobre um mundo que ele acha ser ao mesmo tempo estranho e intimamente familiar. *Horas de museu*, seu filme de 2012 sobre uma turista na Áustria que faz uma amizade hesitante com um guarda do museu de história da arte Kunsthistorisches, em Viena, é sua narrativa mais convencional até o momento, mas a qualidade penetrante, de fim aberto, certamente está relacionada ao fato de Cohen jamais ter produzido um roteiro completo para a obra, algo que diria ser "antiético para o filme, uma traição".[4] Em vez disso, ele escreveu apenas algumas cenas cheias de diálogo; para o restante, deu aos atores principais,

Mary Margaret O'Hara e Bobby Sommer, uma ou duas falas em que poderiam se basear. O resultado é um filme muito semelhante a um passeio por uma cidade ou um museu desconhecidos — e o tour, apesar de condicionado e gentilmente guiado pela estrutura dos espaços em si, também incentiva o espectador a se abrir para prazeres e descobertas inesperadas.

Depois de passar boa parte do ano sendo atacada por filmes hollywoodianos cheios de enredo disparados, fico grata pelos esforços de qualquer cineasta disposto a explorar algo diferente da usual narrativa de três atos. Como o próprio Cuarón me disse certa vez, o cinema está correndo o risco de se tornar um "veículo para leitores preguiçosos"[5] — a versão de orçamento grande de um livro de imagens simplista e de fácil digestão. É maravilhoso ter uma boa história, mas não precisa ser só isso. Não importa se um filme é um mergulho profundo em um mundo próprio, uma jornada de final aberto sem conclusão certa ou uma viagem extremamente estruturada do ponto A para o B para o C, ele provavelmente foi concebido por um roteirista que queria contar uma história específica — mesmo que ela não fosse convencional.

O QUE MOTIVA SAMMY?

As pessoas no filme eram complexas, imprevisíveis, verossímeis?

Eu me afeiçoei a elas?

Elas mudaram ou continuaram iguais?

Filmes ruins tratam de personagens. Filmes ótimos tratam de pessoas — mesmo que não sejam exatamente humanas.

Um dos maiores prazeres de entrevistar o diretor Guillermo del Toro é ter uma visão em primeira mão dos cadernos de rascunho que ele carrega consigo para todo canto, transbordando de páginas com anotações escritas à mão e desenhos detalhados das criaturas fantásticas que, um dia, podem parar em algum de seus filmes. Os cadernos não servem apenas para ideias visuais, insistiu ele quando conversamos sobre *O labirinto do fauno*, sua fantasia dramática de 2006. Eles o ajudam a bolar personagens completos, complexos. "Tudo faz diferença", segundo del Toro, quando está imaginando as pessoas que habitam suas obras, até a forma como "o personagem abotoa a camisa até o fim, ou deixa quatro botões abertos, ou seis. Tudo isso grita quem é aquela pessoa para os outros personagens".[6]

Com frequência, se nos importamos com o que acontece nas telas, é porque nos importamos com os personagens. De forma mais crucial, nós gostamos do protagonista, o personagem principal que age como o guia do público durante a história. E, assim como a estrutura de um bom filme, um protagonista forte é estabelecido logo no começo, mostrando a essência de sua personalidade e seus desejos por meio de ações, diálogos e envolvimento pessoal.

Apesar de o espectador raramente conseguir ler os roteiros antes de ver os filmes, é fácil saber quando um personagem não foi concebido ou moldado de forma cuidadosa no texto. Se um roteirista apresenta outro agente especial aposentado da Marinha de rosto quadrado que volta ao serviço com relutância para salvar o mundo, ou uma prostituta com coração de ouro, não é de se estranhar que os atores que os interpretam apresentem atuações sem qualquer originalidade, cheias de

ROTEIRO

clichês: porque clichês sem originalidade eram as únicas coisas que tinham para se guiar.

Pense em como os personagens da comédia romântica *Ele não está tão a fim de você*, imediatamente esquecível, são apresentados no roteiro: Gigi, "linda e simpática"; Conor, "fofo, mas apegado ao seu passado de farras"; e Anna, "gostosa, mas de um jeito despojado". Não há muito material para ajudar os atores a incorporarem seus personagens. Agora, veja como Lonergan apresenta Sammy Prescott, a personagem de Laura Linney no tenro e complexo drama entre irmãos *Conte comigo*: "Ela é uma moça bonita com aparência arrumada, salva da afetação por um ar elusivo, agradavelmente agitado. Uma pessoa que é malsucedida na sua elegância. Ela veste roupas de escritório — blusa branca, saia escura, salto alto, uma casaco impermeável leve por cima de tudo. Ela arranca algumas ervas daninhas, inclina a cabeça para baixo e fecha os olhos."

Sammy podia não ser heroica de um jeito convencional nem impressionante, mas era complicada e enigmática o suficiente para atrair meu interesse, que foi aumentando durante os primeiros minutos de *Conte comigo*. Foi revelado que não apenas ela era uma pessoa malsucedida na sua elegância, mas também a mãe de um menino inteligente de oito anos, a funcionária otimista porém explorada de um chefe novo e controlador em um banco de cidade pequena e, longe de ser pudica, alguém que gosta de sexo, uma taça de vinho e ocasionais cigarros escondidos. Em outras palavras, Sammy era contraditória, charmosa, bem-intencionada e extremamente intrigante. "Uma pessoa malsucedida na sua elegância." E exatamente o que Linney interpretou no filme.

Fiquei bem menos interessada — e fui bem menos convencida — na credibilidade forçada do personagem de Leonardo

DiCaprio em *O regresso*, apesar de ter sido baseado na história real de sobrevivência do comerciante de peles Hugh Glass, em parte por causa da tentativa dos cineastas de amenizar e "melhorar" o caráter de Glass. Aparentemente acreditando que o público não simpatizaria muito com um protagonista cujo desejo por vingança era motivado apenas por ter sido deixado para morrer por seus colegas comerciantes de peles, Alejandro González Iñárritu e seu corroteirista Mark L. Smith lhe deram um passado lírico e tocante, envolvendo uma família de indígenas norte-americanos e muitos *flashbacks* romantizados, sentimentais.

O termo para esse tipo de polimento no personagem se chama "motivação", quando os roteiristas inserem mais gravidade em suas histórias e deixam os protagonistas mais empatizáveis, criando justificativas dramáticas e moralmente compreensíveis para seus atos. Se sua esposa não estivesse dentro do prédio ameaçado por um terrorista maluco, John McClane seria apenas um policial fazendo seu trabalho fora do expediente em *Duro de matar*; se tivesse sido o filho de dezesseis anos do vizinho a ser sequestrado em *Busca implacável*, e não sua filha e a melhor amiga dela, a viagem de vingança cruel de Liam Neeson pareceria o exagero de um justiceiro. Esse estratagema não apenas permite que o filme amenize a empolgação horrível da violência sádica que ele finge denunciar, mas é uma caraterização preguiçosa, dando um estímulo instantâneo e irrepreensível ao protagonista para embarcar em uma série de atos que, caso contrário, seriam moralmente repulsivos.

Os melhores mocinhos não são perfeitos — não seria chato se fosse o caso? E muitos deles não apenas são falhos, como também obviamente mal-intencionados. Não importa se estamos falando de Harry, de *Perseguidor implacável,* ou de

Travis Bickle, de *Taxi driver: Motorista de táxi*, o público vai acompanhar até o anti-herói mais difícil do mundo contanto que seus defeitos não se originem de uma maldade inerente, mas da simples fragilidade humana. Um dos melhores cineastas de filmes encabeçados por anti-heróis é Alexander Payne, cujas obras *Ruth em questão, Eleição, As confissões de Schmidt, Sideways: Entre umas e outras* e *Os descendentes* — todas escritas ou coescritas por ele —, com frequência giram em torno de personagens de pavio curto, egocêntricos, às vezes completamente desagradáveis. Porém, no auge de sua antipatia, eles ainda são dignos do tempo e do investimento emocional do espectador, porque seus defeitos e erros são resultado de uma vulnerabilidade extremamente humana. Payne pode olhar com descrença para os pontos fracos deles, mas nunca menospreza seus personagens mesquinhos, egoístas e emocionalmente fechados; em vez disso, parece encará-los com humor em vez de desdém, com compaixão em vez de desprezo.

Aaron Sorkin, que deu vida a personagens reais e fictícios notoriamente detestáveis durante sua carreira, me contou que escreve os piores "como se estivessem argumentando com Deus sobre por que merecem entrar no paraíso".[7] Porém, pelo mesmo motivo, até o mocinho-vilão mais antissocial precisa passar por alguma transformação significativa até o fim do filme, mesmo que seja o resultado quase imperceptível de algum conflito interior não resolvido. Além de oferecer dinamismo e um senso de progressão à história, uma pequena mudança também permite que os espectadores se sintam reconfortados, talvez até esperançosos, sobre seus próprios medos, conflitos e fracassos.

O roteirista-diretor James Cameron é muito talentoso em vários quesitos, incluindo a concepção e elaboração de espetáculos visuais impressionantes; seus roteiros, porém, geralmente são cheios de clichês e exageros, especialmente quando se trata dos personagens. O sucesso *Titanic*, de 1997, foi divertidíssimo de assistir, mas a história era piegas e forçada, e os personagens, outdoors humanos do Bem e do Mal — especialmente se tratando do malvado Cal Hockley, o burguês esnobe interpretado por Billy Zane, um vilão tão óbvio que poderia muito bem ter retorcido um bigode encerado à la personagem de desenho animado.

Em contraste, Karen Crowder, a executiva ambiciosa de Tilda Swinton em *Conduta de risco*, de 2007, não chega nem perto de ser uma vilã clássica. A complexidade de Karen fica nítida desde sua primeira aparição no roteiro de Gilroy: "Karen Crowder sentada na privada, completamente vestida. Ela é assessora jurídica interna sênior da maior fabricante de insumos químicos e agrícolas do mundo. Ela está escondida. Está tentando lutar contra um ataque de pânico, usando um exercício de respiração que aprendeu em uma revista de avião."

E, assim, após a montagem de abertura tensa do filme (acompanhada pela ária verbal enigmática e agourenta declamada pelo advogado bipolar interpretado por Tom Wilkinson), conhecemos Karen, tentando acalmar seu nervosismo no banheiro da firma, uma pilha de nervos e ansiedade cada vez maior. Durante o filme, Gilroy atribui a Karen camadas cada vez mais complexas de insegurança e desespero agitado, em vez da amoralidade irritadiça e trapaceira que passamos a esperar de vilões semelhantes em grandes corporações. Assim como Sorkin, Payne e todos os grandes roteiristas, Gilroy sente certa pena até de seus personagens mais asquerosos, sabendo que, sem esse sentimento, não apenas ele seria indiferente a essas pessoas, como nós também. Em outras palavras, Gilroy trata seus personagens como se fossem gente.

UM UNIVERSO ALTERNATIVO

O filme seguiu até as regras mais fantasiosas que estabeleceu?

Para um filme dar certo, precisamos acreditar nele — até a última palavra, olhar, prendedor de gravata e xícara de chá.

Em um veículo tão poderosamente realista quanto o cinema, a credibilidade pode ser a virtude mais fundamental e não valorizada. A credibilidade — ou a falta dela — é um reflexo da compreensão do roteirista sobre a natureza humana, de sua sintonia com as falhas, os pontos fracos e o comportamento, tanto racional quanto irracional, das pessoas. Com frequência, a credibilidade se trata de especificidade — a autoridade do roteirista para contar detalhes que determinam a diferença crucial entre o meramente aceitável e o mais memorável e duradouro.

Nos típicos *blockbusters* de grande orçamento, é comum que até meia dúzia de roteiristas — aparecendo nos créditos ou não — mexam no roteiro, um melhorando o diálogo ali, outro apimentando o interesse romântico acolá. Com uma frequência excessiva, essa abordagem em grupo acaba roubando do filme a principal coisa que todo roteiro ótimo deveria apresentar: autenticidade.

Isso vale principalmente para roteiros de filmes de ação cheios de efeitos especiais lançados no verão e suas sequências, que parecem existir apenas para explodir tudo; se você já se perguntou por que filmes como *Twister, Armagedom, Impacto profundo, O dia depois de amanhã* e *Terremoto: a falha de San Andreas* são tão misteriosamente parecidos, a resposta é simples: é muito comum (mas, por sorte, não acontece sempre) que seu objetivo principal seja oferecer desordem visceral e espetáculo, não histórias memoráveis ou personagens complexos e cheios de nuances. Então ganhamos filmes que sofreram uma engenharia reversa para apresentar a quantidade requerida de "obstáculos" (sequências de ação como perseguições de carro ou explosões), mas deixando de lado as nuances, os detalhes ou a complexidade. Em outras palavras, recebemos muito enredo, mas nada de história; personagens, não pessoas; estímulos, não sentimentos. E credibilidade nenhuma.

É claro, a abordagem em grupo nem sempre resulta em um lixo impessoal. Muitos filmes bons, até ótimos, foram criados por mais de um roteirista. A maioria das melhores (e mais engraçadas) falas de *Casablanca* foram elaboradas pelos roteiristas Julius e Philip Epstein; o corroterista Howard Koch forneceu o idealismo político; Casey Robinson foi responsável por desenvolver a heroína com o coração dividido, Ilsa Lund, interpretada por Ingrid Bergman; e o cenário, os personagens e boa parte do enredo vieram de uma peça de Murray Burnett e Joan Alison. *Homem de Ferro*, o suprassumo do *blockbuster* barulhento de verão, foi montado por quatro roteiristas — que criaram um roteiro inteligente, sagaz, e um dos exemplos mais revigorantes e gratificantes do gênero.

Ainda assim, como regra geral, quanto menos escritores, mais especial e bem-definido é a perspicácia do filme. Mark Boal, um jornalista que virou roteirista e escreveu *Guerra ao terror*, refez várias vezes o resumo sobre o estado psicológico de seus personagens principais, um grupo de especialistas em bombas na guerra do Iraque. Sua meticulosidade foi recompensada na versão final do filme, que possui uma credibilidade impressionante mesmo quando toma licenças poéticas com a verdade literal. Sobre o trabalho com a diretora Kathryn Bigelow, ele disse: "Nós tivemos o cuidado de determinar todos os pormenores das sequências de ação para deixá-las realistas. No contexto certo, um detalhe que normalmente não parece cheio de suspense pode causar tensão, como vestir um traje antibomba... Você sabe que existe um motivo para estar vendo aquilo. Só não entende o motivo."[8]

Depois de anos me perguntando por que nunca fui apaixonada pelos filmes de Alejandro González Iñárritu como tantos de meus colegas, decidi que a credibilidade pode ser o principal problema. Com pouquíssimas exceções, acho seus filmes bonitos e muito bem-atuados — mas também pretenciosos, superficiais e artificiais, moldados e adaptados não pelas necessidades e motivações naturais dos personagens, mas pela ambição do cineasta de impressionar os espectadores com observações profundas sobre interligações e a falta de humanidade das pessoas umas com as outras. Quando li uma entrevista com o roteirista Guillermo Arriaga, que escreveu *Amores brutos*, *21 gramas* e *Babel*, dirigidos por Iñárritu, entendi o problema: Arriaga raramente faz pesquisas ou planeja seus scripts; ele também não passa muito tempo desenvolvendo o passado dos personagens. Com frequência, vai escrevendo sem saber como a história vai acabar.[9] Acredito que essa falta de detalhamento tenha resultado na ausência de credibilidade em seus filmes, que, apesar do talento visual óbvio de Iñárritu, nunca me impressionaram. (Tive o mesmo problema com *O regresso*, que não foi escrito por Arriaga, mas que sofreu ao assumir os moldes de uma história exagerada e completamente absurda em vez do drama histórico realista e desolador que se propôs a ser.)

Mesmo a fantasia mais bizarra precisa seguir as mesmas regras de plausibilidade para criar um espaço impecável em que os espectadores abrem mão da descrença. Parte do brilhantismo de *Feitiço do tempo* — que é ensinado em muitos cursos e palestras sobre elaboração de roteiros como um exemplo ideal de estrutura cômica e desenvolvimento de personagens — é como sua premissa sobrenatural está firmemente fundamentada na realidade rotineira. Não existe um momento mágico para o Phil de Bill Murray repetir o mesmo dia; ele fica preso no laço temporal por causa de seu próprio egoísmo e imaturidade, só conseguindo escapar depois que amadurece e se torna um ser humano decente. De forma semelhante, o relacionamento romântico entre um homem e o sistema operacional de seu computador no romance tecnológico *Ela* parece completamente crível ao final do filme, talvez até algo corriqueiro, porque o roteirista-diretor Spike Jonze criou um mundo que, apesar de vagamente futurista, parece habitado, familiar e muito plausível. Todos nós já assistimos a filmes que não deram certo por motivos que não sabemos explicar; não havia nada obviamente ruim neles, mas apenas não pareciam verdadeiros. É provável que seus roteiros nunca tenham alcançado esse tipo de credibilidade dedicada que apenas meses, às vezes anos, de reflexão e pesquisa conseguem alcançar.

AGUENTE FIRME E SIGA EM FRENTE

O filme fluiu?

Eu me importei com o que aconteceria em seguida?

Eu me surpreendi?

Todos nós conhecemos a sensação de terminar um filme de que gostamos de verdade. Todas as partes se encaixavam. O ritmo era correto. A história fazia zigue-zagues nos momentos certos. A gente não viu a Grande Reviravolta marchando pela rua principal. Tudo simplesmente... passou uma *sensação* boa.

A qualidade inexprimível da sensação boa — e o oposto, o desconforto inquietante quando um filme é frustrante e esquisito — geralmente é causada pela estrutura, que se torna ainda mais crucial para um filme por ser invisível. As melhores histórias parecem naturais, cada cena e conflito seguindo de forma lógica e graciosa para o próximo, com um clima de inevitabilidade e surpresa total ao mesmo tempo. Assim como é necessário um dia inteiro para conseguir o penteado estilo "acordei assim" de Meg Ryan, um roteirista precisa de meses de trabalho árduo para escrever um script que, ao chegar às telas, parece revigorante e espontâneo. Não apenas todas as cenas, mas cada momento em cada cena foi pensado e aprimorado de forma a se encaixar perfeitamente com o restante, sem qualquer resquício de falhas ou de terem sido grudados um no outro.

A estrutura cinematográfica mais convencional é linear e cronológica: eventos ocorrem em sequência por um período, finalmente alcançando sua conclusão natural e gratificante. Mas é sempre interessante observar como um cineasta brinca com conceitos estruturais já estabelecidos, seja em dramas em tempo real, como *Festim diabólico* e *Matar ou morrer*, que acontecem junto com seu tempo de exibição, ou narrativas quebradas que vão de trás para a frente (*Amnésia*), dão saltos dramáticos para o futuro (*Boyhood: Da infância à juventude*) ou parecem irradiar em várias direções ao mesmo tempo (*Pulp fiction: Tempo de violência*).

Um dos melhores exemplos recentes de como a estrutura pode alavancar ou acabar com um filme é *A rede social*, sobre Mark Zuckerberg, fundador do Facebook. A abordagem

42   COMO FALAR SOBRE CINEMA

padrão para um filme como esse seria um conto à la Horatio
Alger moderno, sobre um aluno brilhante de Harvard que, por
meio de erros e acertos, doma a tecnologia computacional e
transforma o mundo. Em vez disso, o roteirista Aaron Sorkin
produziu uma visão prismática de Zuckerberg, retratando-o
pela perspectiva dos amigos e concorrentes que ele acumulou
em sua jornada. O resultado é um retrato ambíguo e fascinante, aberto a interpretações opostas, e um reflexo sobre a
história contemporânea que ainda está sendo moldada. De
forma parecida, para o roteiro de *Lincoln*, Tony Kushner tomou
a decisão brilhante de estreitar o foco do filme — que tinha
sido concebido desde o princípio pelo diretor e produtor Steven Spielberg como a narrativa da administração presidencial
completa de Abraham Lincoln — para um período específico:
durante sua luta para aprovar a Décima Terceira Emenda à
Constituição dos Estados Unidos, que abolia a escravidão. O
filme não teve o tom de uma biografia histórica suave, mas se
tornou um drama político ágil, urgente, com uma paridade
contemporânea impressionante.

A estrutura também se trata de ritmo correto. Digamos que
um filme tenha conseguido fisgar sua atenção nos primeiros
vinte minutos. Você gosta da protagonista, está completamente
cativado pelos desejos e vulnerabilidades dela, por tudo que
está em jogo naquela jornada, torcendo pelo seu sucesso, an-
sioso para ver como as coisas vão se resolver. E então — areia
movediça. De repente, a história fica abarrotada demais, com
as cenas se empilhando uma em cima da outra, com pouco
ou nenhum ímpeto.

Você chegou à Crise do Segundo Ato, a perdição do trabalho
dos roteiristas e do traseiro dos cinéfilos. Um dos problemas
mais comuns em filmes até então decentes é o ritmo irregular,

principalmente partes medianas arrastadas, soltas, nas quais o foco e a dinâmica se perdem, levando à confusão fatal do público sobre o que os personagens estão fazendo e por que deveríamos nos importar. Isso acontece, por exemplo, quando a protagonista que está lutando para encontrar uma forma de sair do seu casamento arruinado passa vinte minutos arrumando briga com um guarda de shopping e tentando dar um jeito de pagar sua fiança. Ou quando o mocinho prefere ir a um bar em vez de ir atrás da mocinha, passando dez minutos preciosos conversando com seus amigos antes de ser convencido de que está no lugar errado. Ou também quando um personagem aparece do nada, apenas para desaparecer pouco depois — sem nenhum motivo específico nos dois casos. Um segundo ato ruim costuma acontecer quando o roteirista recorre a obstáculos habituais ou não convincentes a serem superados pelo protagonista antes de alcançar o objetivo final, ou acrescenta empecilhos e acontecimentos demais, que perdem sentido para o público. Segundos atos fracos, saturados — em que os personagens parecem estar fazendo as coisas só por fazer, ou em que obstáculos e oponentes parecem surgir do nada apenas para ocupar os protagonistas —, são o motivo para as três prequelas de *Star Wars*, *A ameaça fantasma*, *Ataque dos clones* e *A vingança dos Sith*, serem tão inferiores aos seus predecessores na série, obras muito mais delineadas, motivadas e coerentes. Eles fazem filmes promissores perderem o gás no meio do caminho ou motivam você a sair para comprar pipoca ou revisar mentalmente sua lista de compras de mercado. Eles são um dos erros mais difíceis de consertar — e com frequência não são consertados, o que explica a quantidade de filmes esquecíveis, completamente dispensáveis e abaixo da média que inundam os cinemas todo fim de semana.

44 COMO FALAR SOBRE CINEMA

O ritmo é uma função de várias áreas diferentes no processo de produção — em especial da edição, que será explorada em um capítulo específico. Mas ele deve começar com um roteiro que mantém a história avançando em um embalo cativante, até repleto de suspense, oferecendo apenas informações suficientes para manter o público curioso, mas não irremediavelmente confuso.

O roteiro de *Chinatown*, escrito por Robert Towne, costuma ser ensinado em faculdades de cinema por esse motivo. Nele, Towne é extremamente prudente ao distribuir informações sobre o detetive Jake Gittes e a família rica de Los Angeles a quem investiga, mantendo o espectador imerso e surpreso até a conclusão final e chocante. Todas as cenas em *Chinatown* têm um propósito, seja avançar a história, revelar algo sobre algum personagem ou armar uma situação que depois será revelada. Em *Manchester à beira-mar*, ao apresentar o retrato intenso de Lee Chandler (Casey Affleck), um homem sofrendo as consequências de uma tragédia inenarrável, Kenneth Lonergan cria uma estrutura quase de origami com as revelações que se desdobram aos poucos, enquanto descobrimos o que aconteceu com Lee vários anos antes. Lonergan não criou essa estrutura para prender a curiosidade do público — apesar de ficarmos curiosos —, mas porque o próprio Lee tenta desesperadamente se distanciar de suas memórias e da sua imensa vergonha. "É um processo simultâneo em que, se feito do jeito correto, a estrutura do filme é norteada pelas personalidades dos protagonistas, e vice-versa", explicou Lonergan. "E é isso que passa uma sensação boa."[10]

Quando um filme não se desdobra com tranquilidade — quando sua jornada do ponto A para os pontos B, C e D parece cansativa ou imediata demais, os críticos o acusam de ser "episódico" —, significa que as cenas se conectam de um jeito desarticulado e picado, parando e começando de forma esquisita, em vez de fluindo em harmonia. Outro termo para esse problema é "esquemático", que se refere a personagens e situações artificiais que foram obviamente inventadas apenas por conveniência, seja para encobrir erros fatais do enredo ou para desenhar as mensagens implícitas do filme. É bem provável que não seja justo culpar o roteiro pela estrutura de *Forrest Gump: o contador de histórias*, que foi adaptado de um livro, mas, na minha opinião, o filme de Robert Zemeckis sempre foi um dos principais infratores desse aspecto, com seu conceito — de um sonhador obtuso passando aos trancos e barrancos pelos eventos mais importantes do século XX no pós-guerra — que nitidamente pretendia ter toques de fábula, mas acaba se tornando cada vez mais forçado e paternalista em sua linha de aconteceu-tal-coisa-e-depois-tal-coisa. Apesar de a estrutura da comédia romântica *Quatro casamentos e um funeral* ser episódica de propósito, ao usar cinco eventos para contar a história de um casal aparentemente fadado ao fracasso, mas destinado a ficar junto, o roteiro de Richard Curtis transborda de sagacidade, e seus personagens são tão vívidos que tudo flui de um jeito natural e integrado; em contraste, seu filme *Simplesmente amor* parece atulhado de incidentes e conflitos artificiais que criam desculpas convenientes para amarrar tudo em um laçarote bonito.

A maioria dos roteiros tenta obedecer às regras da narrativa clássica, estabelecendo a situação de forma eficiente, acrescentando complicações, desenvolvendo os personagens e a história, alcançando um clímax gratificante. É essa parte do meio — acrescentando complicações e desenvolvendo os personagens e a história — que é complicada, já que o roteirista precisa encontrar uma forma de fazer os personagens avançarem sem expor seus métodos. Nesse âmbito, existe um termo para um método especialmente fácil de solucionar problemas: *deus ex machina*, em que algo ou alguém muito conveniente surge do nada, na hora certa, para salvar o dia ou encaminhar o protagonista para a próxima parte da jornada. A maioria dos roteiristas evita recorrer a esse tipo de trapaça, que foi satirizada de forma brilhante no roteiro de *Adaptação*, escrito por Charlie Kaufman.

Junto com o *deus ex machina*, a exposição — diálogos que explicam o passado ou as entrelinhas emocionais do personagem — é inaceitável na elaboração de um roteiro. Mike Myers fez paródia desse problema em *Austin Powers*, com o personagem *Basil Exposition*, mas ele persiste sempre que um "especialista" surge em um filme de desastre para explicar exatamente o que vai acontecer e por que isso é muito ruim. (Como um exemplo recente, basta olhar para *O contador*, de 2016, no qual J. K. Simmons declama um monólogo explicativo especialmente pomposo em um momento crucial do filme, estragando o que poderia ter sido um suspense de ação melhor do que a média.)

A exposição certamente é problemática em termos de credibilidade: será que, na vida real, alguém já pronunciou as palavras "Fiz insira-nome-do-prato-aqui, é sua comida favorita"? A gente realmente precisa de uma legenda na tela dizendo "Paris, França" por cima de uma imagem da Torre Eiffel? Mas a artimanha também abala o ritmo, especialmente quando os personagens interrompem os acontecimentos para falar sobre alguma coisa que já sabem, apenas para beneficiar o público. É inevitável usar um pouco de exposição, porém os roteiristas mais hábeis fazem isso de forma inventiva e graciosa — como as famosas caminhadas faladas de Sorkin, em que os personagens têm uma conversa rápida e engenhosa enquanto andam rápido por um corredor, animando o que poderia ser uma cena estática entre duas pessoas cheia de blá-blá-blá. De acordo com relatos, Humphrey Bogart certa vez brincou: "Se algum dia eu precisar interpretar uma exposição, só peço a Deus para dois camelos estarem transando no fundo da cena." As caminhadas faladas são os camelos de Sorkin.

Bem parecido com a exposição é o desafio complicado de mencionar ou explicar o passado sem *flashbacks* ou narração. Há muitos filmes que fazem bom uso da narração — *Crepúsculo dos deuses, Pacto de sangue, Terra de ninguém* e *Na natureza selvagem*, para citar alguns —, mas, no geral, é um recurso que deve ser evitado quando possível. No mundo ideal, *flashbacks* devem ser usados apenas para elucidar os personagens — suas motivações não declaradas, aspectos emocionais e problemas psicológicos — e não para avançar a história. Como uma técnica de narração, devem ser usados para transmitir uma informação impossível de ser oferecida de outra maneira — ou quando o cineasta quer estabelecer uma distância estética entre o público e o que acontece na tela. Exemplos de cenas ótimas de *flashback* incluem *A última tentação de Cristo*, de Martin Scorsese, e *A última noite,* a homenagem de Spike Lee a ele; demorados, elaborados e detalhados o suficiente para serem filmes dentro de um filme, esses dois *flashbacks* expressam os riscos materiais e emocionais enormes dos protagonistas ao encarar escolhas morais dramáticas. De forma semelhante, o prólogo de *Up: altas aventuras* se destaca como uma obra de arte da narrativa resumida, poética, contando o romance, o casamento e a velhice de um casal com uma economia e sensibilidade de tirar o fôlego.

Seja direto e literal ou obscuro e não linear, um roteiro bem-estruturado, se executado com cuidado por uma equipe de produção dedicada, resultará em um filme que prende a atenção

48 COMO FALAR SOBRE CINEMA

dos espectadores do princípio ao fim, deixando-os satisfeitos, sem dúvidas incômodas sobre qual era a relação de uma cena específica com a história ou se a aparição de um personagem qualquer foi incluída por conveniência e não por motivos e atos autênticos. Um filme de noventa minutos mal-estruturado pode parecer se arrastar por uma eternidade, enquanto um épico bem-estruturado de três horas passa num piscar de olhos; conflitos introduzidos no meio do caminho em uma história com estrutura ruim parecem arbitrários, até sem sentido, enquanto, em uma história com boa estrutura, parecem integrados com as cenas e os personagens já estabelecidos. Todos nós já assistimos a filmes em que algo se encaixa direitinho ou estraga tudo: na maioria dos casos, é a estrutura que faz diferença.

COMO COLOCAR PALAVRAS NAS BOCAS DELES

Os personagens conversaram ou os atores recitaram o texto?

As palavras soaram espontâneas? Decoradas? Inteligentes? Afetadas?

Seja com um tom natural ou diferenciado, a linguagem do personagem foi adequada ao ambiente, à história e à abordagem estética do filme?

"Prenda os suspeitos de sempre."
"O segredo está morto e o segredo está enterrado."
"Deixe a arma. Pegue os cannoli."
"Você me ganhou quando disse 'Oi'."

Roteiro

Entre os principais prazeres de assistir a filmes, escutar uma fala ótima é um dos mais deliciosos.

Roteiristas são muito mais do que apenas diálogo. Mas é impossível ter um roteiro bom sem diálogos bons. E "bom", nesse caso, não significa discursos perfeitos, refinados, que saem da boca dos atores com uma facilidade ensaiada em excesso (apesar de eles poderem ser bem divertidos, como acontece em qualquer filme de Preston Sturges ou Howard Hawks). Diálogos estabelecem os personagens, a credibilidade e o tom do filme. Então, se ele não se encaixa — se é eloquente demais, cheio de gagueira e pausas, excessivamente engenhoso —, a estrutura inteira entra em colapso. O diálogo precisa ser convincente, seja a prosa poética floreada e operisticamente profana encontrada em roteiros de Quentin Tarantino ou os "hums" e "ahs" improvisados nas produções norte-americanas de baixo orçamento habilmente nomeadas de "mumblecore" [grupo do resmungo, em tradução livre].

Paul Schrader, que escreveu *Taxi driver: Motorista de táxi* e *Touro indomável*, entre muitos outros, certa vez disse que um bom drama "deve ter umas cinco falas boas e umas cinco falas ótimas. Mais do que isso, começa a ficar muito abarrotado e pouco convincente. Você começa a prestar atenção naquelas palavras todas e não no filme".[11] A maioria dos filmes ótimos tem falas memoráveis, mas os melhores vão além de ser uma coleção de citações. Em vez disso, as palavras que os personagens enunciam devem ser mínimas, sem explicar ou reforçar aquilo que já está sendo mostrado na tela, mas acrescentando uma camada extra ou um contraponto à cena.

Diálogos bons são verossímeis no sentido de que os personagens devem falar de forma natural e aparentemente espontânea, sem pronunciamentos teatrais ou declamações discursistas — e devem ser moderados. Os melhores diálogos, parafraseando o grande escritor Ernst Lubitsch, permitem que o público some dois mais dois e encontre quatro: é implícito, não explícito. Ele leva sutilmente o espectador a compreender algo velado que talvez nem os personagens saibam sobre si mesmos. É o bate-bola verbal zombeteiro entre James Stewart e Grace Kelly em *Janela indiscreta*, e as respostas irritadas, com falso tom alegre, de Mary Tyler Moore para seu filho distante em *Gente como a gente*. É Robert De Niro e Al Pacino conversando em uma cafeteria sobre sonhos, mulheres e a predação do momento no clímax do suspense criminal *Fogo contra fogo*. Nenhum dos personagens nessas sequências fala sobre o que *parecem* estar falando; está tudo nas entrelinhas, em destaque mas não dito com todas as letras (tirando, é claro, a cena da varanda em *Noivo neurótico, noiva nervosa*, de Woody Allen, talvez o maior triunfo das mensagens implícitas já registrado em um filme).

Para Kenneth Lonergan, o diálogo quase se resume ao que é dito nas entrelinhas, e é por isso que costuma insistir em dirigir seus roteiros originais. Os trabalhos dele se destacam pelos tipos de cenas que roteiristas convencionais aprendem a não fazer, porque não "avançam o enredo" ou não oferecem "desenvolvimento de personagem". Nos filmes de Lonergan, esses momentos intersticiais — que seriam absurdamente chatos ou superficiais nas mãos de outros roteiristas — se tornam a essência dramática da vida. "Parece que nada está acontecendo", explicou Casey Affleck, que estrelou *Manchester à beira-mar*:

A sensação é como se você tivesse passado duas horas assistindo a uma briga. Tantas das cenas têm muitos conflitos, mas eles quase nunca se relacionam com a história do filme. São sempre pessoas discutindo sobre alguém ter colocado a comida no congelador, onde estão as chaves do carro, essas coisas todas. E, em alguns casos, com um roteirista diferente, seria só isso mesmo. Não acrescentaria nada à história. Seria apenas um recorte da vida. Aqui, você está acompanhando os personagens e seus conflitos às vezes mesquinhos, seus problemas às vezes maiores, mas nunca se sente manipulado. E, no final, a gente chega a alguma conclusão e achamos que fizemos isso por conta própria, mas não foi assim.[12]

No começo de *Manchester à beira-mar*, o personagem de Affleck, Lee Chandler, tem uma conversa tensa com um médico e uma enfermeira no corredor de um hospital; o público quase consegue ver as engrenagens de sua mente girando enquanto ele faz perguntas, escuta as respostas e decide o que fazer a seguir. Bastam esses detalhes cotidianos para o espectador descobrir que Lee é um personagem que carrega um fardo desconhecido, porém terrivelmente opressivo; o mistério de sua angústia capta nosso interesse e nossa pena pelo restante do filme. E tudo isso é conquistado nas entrelinhas.

"Se você tirar todos aqueles detalhes rotineiros, só resta oferecer conflitos que geralmente parecem muito falsos", disse Lonergan, explicando seu foco habitual em momentos supostamente "não dramáticos". "É por isso que tantos filmes, acredito eu, são elaborados em excesso, porque existe uma ansiedade em colocar no diálogo aquilo que qualquer um consegue enxergar por conta própria. Por que o personagem principal precisa ser insolente com o chefe? Por que o amigo é um babaca? Esses são conflitos muito fáceis, que você já viu um milhão de vezes."[13]

Nesses filmes, o diálogo caminha junto com os elementos visuais — o trabalho corporal dos atores, os figurinos e o estado emocional dos personagens — para expressar o que está acontecendo. Porém um excesso de filmes contemporâneos consiste em cenas estáticas de duas pessoas conversando diante de uma série de cenários bonitos, reduzindo-os a novelas sensacionalistas com astros de cinema, interrompidos a cada dez minutos por alguma explosão, caso sejam filmes de ação, ou uma piada visual grosseira e proezas sexuais caso sejam comédias irreverentes. Se o roteirista não conseguir dar forma aos personagens e suas motivações sem recorrer a cenas cheias de diálogo em que só mostram a cabeça dos atores, é sinal de que o roteiro é ruim. (Como exemplos de roteiros que colocaram as entrelinhas em destaque em vez de disfarçá-las de um jeito artístico, veja *Gladiador* e *Foi apenas um sonho*, ambos abrigando diálogos dolorosos de tão óbvios; ou a verborragia extremamente insípida de George Lucas nas supracitadas prequelas de *Star Wars*.)

Não é que não existam filmes ótimos que consistam apenas em pessoas falando — *Meu jantar com André* permanece um clássico do gênero, e o recente *Locke*, com Tom Hardy, foi igualmente cativante. *O homem que não vendeu sua alma, 12 homens e uma sentença, A rede social*: todas essas obras foram totalmente construídas em torno de diálogos esplêndidos, atuados, montados e editados com primor para transmitir a sensação acelerada de um suspense e não de uma cena verborrágica complexa.

Até os cineastas devotos de filmes impulsionados por diálogos — roteiristas-diretores como Woody Allen, Kenneth Lonergan, Richard Linklater, Nicole Holofcener, Wes Anderson, Quentin Tarantino e Joel e Ethan Coen — nunca se contentam em simplesmente filmar seus personagens como uma coleção inerte de imagens com pessoas falando.

ROTEIRO

Esses filmes foram feitos para serem ouvidos e vistos, transmitindo informação tanto pelo visual quanto pelo som. Como Linklater me explicou: "Na verdade, o que importa não são palavras específicas, mas o que sai dos atores. O que importa são as ideias."[14] E conversar sobre ideias é um esporte de contato: o diálogo não se trata apenas daquilo que os personagens dizem, mas da ação em si, com todo o dinamismo e a movimentação que o termo possui. Todas as palavras fazem diferença, cada uma foi escolhida e organizada com cuidado, e cada uma contém uma imensidão de significados implícitos.

CUIDADO COM O TOM

Qual é o clima do filme?

Ele pretendia ser divertido? Sério? Uma mistura das duas coisas?

Os cineastas foram solidários com os personagens? Eles estavam dentro de suas mentes ou mantiveram uma distância crítica para observá-los?

O tom pode ser a parte mais importante e mais difícil do trabalho de um roteirista. E é quase impossível de definir.

No começo da década de 1960, quando Stanley Kubrick e Terry Southern pensaram em adaptar o romance *Red Alert* [Alerta vermelho, em tradução livre], de Peter George, sobre o impasse nuclear entre Estados Unidos e União Soviética, eles imaginaram uma sátira política sombria, absurda, que se transformou em *Dr. Fantástico*. Ao mesmo tempo, o roteirista

54   COMO FALAR SOBRE CINEMA

Walter Bernstein adaptava o semelhante *Limite de segurança* como um suspense sério, quase um documentário. Uma jovem diagnosticada com câncer era uma tragédia em *Love story: uma história de amor*, mas o mesmo tema foi a base de uma mistura melancólica de comédia observacional e drama comovente no maravilhoso filme *50%*. Cada abordagem foi perfeita para o material usado, e cada filme conseguiu manter seus respectivos tons até o final com sucesso.

Em última análise, o tom é executado pelo diretor, por meio de suas preferências e senso de proporção e julgamento. Mas ele começa no roteiro. O filme tem a intenção de ser irreverente, delicadamente provocador, zombeteiramente cruel? Superficial e abrangente ou consciente de seus objetivos e sofisticado? Ele é dramático, levando o público à sua conclusão catártica aos poucos, com sinais sutis, discretos? Ou melodramático, com uma linguagem estilizada e a emoção à flor da pele? Se o filme quiser equilibrar drama e comédia, a mistura é fluida e natural ou esquisita e intrusiva? Se for uma obra de ficção científica, um faroeste ou uma história de detetive, seu objetivo é se tornar um clássico do gênero ou está "brincando" com a temática, ajustando ou criticando suas convenções mais amadas?

Um roteirista pode escolher representar a selvageria e a insanidade inerente da escravidão nos Estados Unidos por meio do vernáculo exagerado de um bangue-bangue à italiana, como fez Quentin Tarantino em *Django livre*, enquanto outro prefere um drama com ritmo meditativo, profundamente imersivo, como *12 anos de escravidão*; um roteirista transforma uma missão espacial em um enigma complicado, existencial (*Interestelar*), enquanto outro cria uma aventura engraçada e otimista (*Perdido em Marte*). Nos últimos anos, uma gravidez inesperada foi a base de pelo menos três roteiros de comédia — *Ligeiramente grávidos*,

Juno e *Entre risos e lágrimas* —, cada qual completamente diferente um do outro em perspectiva e, mais importante, um tom.

Foi pelo tom que Sofia Coppola capturou a estranheza silenciosa de dois ocupantes com *jet lag* de um hotel tranquilo em Tóquio, que iniciam uma amizade hesitante em *Encontros e desencontros*, e que, em *Conte comigo*, Kenneth Lonergan conseguiu escrever um filme que é várias coisas ao mesmo tempo, inclusive engraçado e triste, emocionante e surpreendente, humano, mas grandioso o suficiente para ser intrigantemente dramático. O tom pode ser encontrado no zelo e no comedimento que permeiam o drama jornalístico *Spotlight: Segredos revelados*, no qual o corroterista e diretor Tom McCarthy, junto com Josh Singer, decidiu deixar de lado grandes furos e comemorações espalhafatosas ao impulsionar a narrativa de uma investigação histórica do jornal *The Boston Globe*, se focando nos detalhes cotidianos do processo de publicação de notícias.

Para os cineastas, o aspecto mais importante de sua arte pode ser o mais difícil de refinar e dominar; para os críticos, é quase impossível de descrever ou quantificar. "O tom é a parte mais difícil de explicar", certa vez me disse o roteirista-diretor Jason Reitman. "É como quando você se dá conta de que ama alguém."[15]

Às vezes, reconhecemos o tom ao vê-lo; com mais frequência, nós o reconhecemos ao *senti-lo*, detectando os sinais sutis transmitidos pelo cineasta em cada palavra e olhar, em cada alusão visual ou sonora. O tom é o peso emocional do filme, é o clima e a *gestalt*; é o princípio de estética principal que, dependendo da habilidade de sua condução, determina aquilo que o cineasta transmite com um filme além da trama básica — se é que consegue transmitir alguma coisa. Ele pode ser formado pelo que vemos e ouvimos, mas toma a forma daquilo que sentimos.

QUAL ERA O SIGNIFICADO DE TUDO?

O filme queria transmitir algo além do que aconteceu na tela?

Ainda estou pensando nele?

Havia alguma mensagem sobre a história, a vida contemporânea, a natureza humana, a esperança ou o desespero?

Existe o que acontece em um filme e aquilo do que ele realmente *se trata*.

Algumas obras só querem oferecer horas divertidas de entretenimento escapista, sem se preocupar com tópicos mais profundos sobre o significado da vida e moralidade. Outras, mesmo disfarçadas de espetáculos superficiais, buscam trazer à tona questões que vão além dos princípios da história aparente, seja por meio de mensagens implícitas, metáforas ou dicas visuais sutis. Uma diferença entre esses dois tipos de objetivo é o tema.

Aparentemente, *Matar ou morrer* — no qual Gary Cooper interpreta um xerife que tenta, sem sucesso, engajar sua comunidade em uma batalha contra um bando de criminosos abusados — é um faroeste clássico sobre um policial honrado ajudando sua cidadezinha; mas, se você olhar com mais atenção, verá que se trata de uma denúncia sobre a covardia política diante da demagogia populista. Na superfície, *Robocop: o policial do futuro* é um filme de ação agressivo, irônico, sobre um policial de Detroit que é — *maneiro!* — parte robô. Em um nível mais profundo, o filme fala sobre a natureza humana, sobre o controle corporativo social e paternalista do capitalismo tardio, e da construção social da masculinidade. *Boogie nights: prazer sem limites* é um vislumbre afetuosamente sensual de trabalhadores da indústria pornográfica na Los Angeles da década de 1970, cheio de músicas e detalhes da época; indo mais fundo, ele fala sobre encontrar a si mesmo ao se juntar a uma tribo, sobre como os valores e os conceitos de identidade mudam com a evolução da tecnologia, e sobre o romance e a fragilidade do meio cinematográfico em si. Todas essas mensagens são transmitidas por trás do que é dito ou mostrado de forma explícita. Um bom roteiro permite que os espectadores usem a própria imaginação e aquilo que acontece na tela para atribuir sentido ao todo.

Os melhores filmes lidam com questões importantes e emoções profundas que vão além das histórias que contam. Muito mais do que um acúmulo de itens de enredo ou comportamentos de personagens, eles apresentam uma camada extra de ambiguidade — ou até de desconforto —, que permanece fascinante muito tempo depois de os créditos rolarem. Se, quando acordar pela manhã, você ainda estiver pensando no filme a que assistiu na noite anterior — se perguntando sobre os personagens, quebrando a cabeça sobre um mistério não resolvido — é porque um roteirista habilidoso plantou essas sementes tão fundo na narrativa que se tornaram invisíveis a olho nu. É apenas com o tempo que elas alcançam seu estado mais recompensador e duradouro.

COMO MUITAS COISAS PODEM MUDAR durante uma produção cinematográfica, é impossível saber com qualquer grau de certeza o quanto de um filme específico é resultado do plano do roteirista. Mesmo assim, se uma obra dá certo de alguma forma, grande parte do motivo começa por um bom roteiro.

58 COMO FALAR SOBRE CINEMA

Se o filme a que você acabou de assistir fez um mundo inteiro ganhar vida — um mundo que você nunca viu, um mundo que não poderia existir ou que lhe cerca diariamente — é porque o roteirista o conjurou com detalhes vívidos e um plano de fundo revelador. Se, depois de dias, você continua pensando e falando sobre os personagens — sejam eles tirados de histórias em quadrinhos, eventos históricos reais ou simplesmente inventados —, é porque um roteirista deu a eles moldes comportamentais e a complexidade emocional de pessoas reais, reconhecíveis. Se você ficou encantado, entretido, emocionado, assustado ou incomodado, é porque um roteirista teve o cuidado enorme de garantir que isso aconteceria. Se você continuou assistindo e se importando com o que aconteceria a seguir, é porque um roteirista escreveu um script que era uma leitura compulsiva, que ninguém queria largar. Se você atravessou para o outro lado do espelho, mesmo que só por pouco tempo, é porque um roteirista o elaborou e o poliu até não sobrar nenhuma rachadura nem pontas afiadas em que se prender.

FILMES RECOMENDADOS:

Casablanca (1942)
O poderoso chefão (1972)
Chinatown (1974)
Noivo neurótico, noiva nervosa (1977)
Feitiço do tempo (1993)
Manchester à beira-mar (2016)

Capítulo Dois

Atuação

A gente sabe quando encontra: Daniel Day-Lewis se transformando para interpretar um punk londrino louro oxigenado, ou um artista irlandês com uma deficiência debilitante, ou um magnata do óleo norte-americano na virada do século. Helen Mirren apagando completamente sua personalidade fora das câmeras para se tornar a rainha Elizabeth. David Oyelowo se transformando em Martin Luther King Jr., apesar de não possuir nenhuma semelhança física ou vocal aparente com o líder dos direitos civis. Ou Vivien Leigh, Gregory Peck e Audrey Hepburn dando vida, respectivamente, a Scarlett O'Hara, Atticus Finch e Holly Golightly de forma tão vívida que parecem pessoas que conhecemos intimamente, como se fossem nossos amigos e parentes.

A atuação pode ser o aspecto mais ilusoriamente difícil da produção de um filme, porque seus melhores profissionais passam a impressão de ser fácil. Após um intenso trabalho intelectual, emocional e físico, o ator deve fazer sua performance parecer relaxada e não planejada — mesmo quando repete

60 COMO FALAR SOBRE CINEMA

a mesma fala por tomadas seguidas, expressando as mesmas emoções arrasadoras quando exigido, acessando sentimentos íntimos, vulneráveis, na frente de dezenas de técnicos, holofotes de luzes quentes e a onipresente confessora e juíza, a câmera.

De muitas formas, a atuação é o elemento mais fundamental da linguagem cinematográfica. Afinal, a primeira coisa que pioneiros como Thomas Edison e os irmãos Lumière fizeram quando inventaram o cinema no fim do século XIX foi registrar a performance humana. Como uma base essencial, é comum que a atuação pareça o único propósito de filmes modernos, uma vez que até os exemplos mais simplistas e visualmente inertes oferecem oportunidades para os atores executarem representações poderosas, memoráveis.

Como eles fazem isso? Essa é a pergunta que fãs e críticos, meros mortais, vivem tentando compreender e explicar. A história a seguir pode ser duvidosa (as melhores quase sempre são), mas Spencer Tracy — o reconhecido mestre do naturalismo diante das câmeras — supostamente disse: "É simples. Você chega para trabalhar na hora certa, decora suas falas e não esbarra no cenário." É certo que uma grande performance vai além do pragmatismo despreocupado de Tracy — que, sem dúvida, também era um pouco de atuação. Mas o que constitui esse além? Ou melhor, como colocamos esse "além" em palavras?

O trabalho dos atores é comunicar o diálogo escrito no roteiro e incorporar seus personagens de forma tão convincente que os espectadores consigam mergulhar completamente nos acontecimentos na tela. Apesar de o diretor poder ajudar a orientar a atuação, no fim das contas, o resultado final se resume à série de escolhas feitas pelo ator para criar o personagem — o controle de detalhes externos e internos que

ATUAÇÃO

formam uma pessoa complexa, verossímil, convincente — que cria uma performance. Quando essas escolhas são inteligentes, originais e críveis, o público enxerga uma totalidade integrada, espontânea. Quando elas fracassam, vemos inconsistência, exagero, um ator descaradamente implorando para ser querido ou permitindo que a vaidade atrapalhe sua imersão completa no papel. Mais do que falas e comportamentos — mais do que decorar diálogos e não esbarrar no cenário —, a função primordial do ator ao colaborar em um filme é ser um instrumento emotivo dentro de um conjunto calibrado, comunitário. Basta um participante se desconectar ou perder o rumo para o filme inteiro ficar esquisito.

OS OLHOS NÃO MENTEM

Os atores desapareceram completamente em seu papel?

Seus gestos e modulações de voz eram naturais ou forçados e exagerados?

Os atores pediram pela risada ou pelo chá?

> *O aspecto mais importante da atuação é a sinceridade.*
> *Se você conseguir fingir essa parte, está feito.*
>
> — *George Burns*

Nos momentos iniciais do drama *O visitante*, de 2007, o ator Richard Jenkins para diante da janela de uma sala, tomando uma taça de vinho tinto, encarando o nada. Comparada a outras cenas, essa é breve e simples. Um homem parado, olhando pela janela. Nada acontece.

E, mesmo assim, tudo acontece. Ou pelo menos tudo que o público precisa saber sobre o personagem de Jenkins, Walter Vale. Ele está sozinho. Isolado. Deprimido. Anseia por uma conexão, mas não consegue dar o primeiro passo. Está tudo ali, na forma como ele se posiciona, na forma como seu rosto mal expressa emoções, e especialmente nos olhos — olhos infestados de dor, solidão e tristeza. Alguns segundos depois, ele participa de uma aula de piano desastrosa (e muito divertida), e o público entende: talvez a gente ainda não conheça Walter Vale, mas queremos conhecer. E mais, dentro de pouquíssimos minutos, passamos a gostar dele. Muito.

Parado diante daquela janela, Jenkins mostra aos espectadores a parte mais visível das plataformas que os atores constroem durante a preparação de um papel. Ele desenvolveu camadas de vida interior e física para seu personagem, trazendo-as à tona até nos momentos mais insignificantes, se tornando o principal veículo que conecta a plateia às ideias, aos sentimentos e aos temas do filme.

A habilidade que Jenkins exibiu em *O visitante* também pode ser encontrada em *Spotlight: Segredos revelados*, no qual Mark Ruffalo, Liev Schreiber, Michael Keaton e Rachel McAdams interpretam um grupo de jornalistas do *The Boston Globe* investigando a Igreja Católica. Apesar de os atores do drama cheio de personagens complexos terem passado semanas, às vezes meses, fazendo pesquisas individuais sobre as pessoas que interpretariam, no fim, eles se integraram de um jeito orgânico, natural e provocantemente dramático. "Acho que se trata de ter uma ótima noção de onde eles vieram e para onde estão indo, e de onde estão exatamente naquele momento",

ATUAÇÃO 63

explicou Tom McCarthy, que escreveu e dirigiu *O visitante* e *Spotlight: Segredos revelados* (e que, não por acaso, também é ator). "Todos fazem isso de um jeito diferente, mas analisam múltiplas camadas de [cada] cena."

Schreiber, que interpretou o editor do jornal, Marty Baron, "tem um momento maravilhoso em uma das cenas finais", acrescentou McCarthy. Outro personagem está "tagarelando sobre endereços de páginas e como publicar a matéria na internet, e dá para ver Liev pensando 'Aham, sei, que ótimo'. Ele escuta, porque sabe que aquilo é importante de certa forma, mas não presta atenção por completo. E isso faz tanto sentido para aquele personagem, naquele momento. E ele nem percebe o que está fazendo."[16]

No seu auge, a atuação no cinema exemplifica um equilíbrio quase super-humano entre expressividade e contenção — transparência suficiente para permitir que o público se conecte com você quase que de imediato, amenizada com impenetrabilidade suficiente para deixá-lo curioso sobre o que você fará a seguir. Observe o rosto de uma atriz quando sua personagem não está falando. Um pouquinho da luz se apaga? Ou ela permanece prestando atenção aos colegas atores com o mesmo foco e determinação que leva às próprias falas?

Os espectadores podem não enxergar de imediato a diferença, mas irão senti-la. "Sei quando fiz um trabalho ruim, há coisas essenciais que deixei de fazer", me disse Dustin Hoffman durante um almoço de quatro horas em um restaurante do outro lado da rua de seu escritório em Los Angeles. "A parte mais essencial é que não me entreguei. E, se eu não me entrego, é uma palhaçada. É só um personagem. Quando você faz um trabalho, seja mancando, seja falando de determinada forma, ou qualquer outra coisa, você se entrega... Você não

64 COMO FALAR SOBRE CINEMA

está lá para interpretar um babaca, você está lá para mostrar o *seu* babaca interior."[17]

Como atores levam boa parte de sua própria identidade para os papéis que interpretam, é tentador — e preguiçoso — acusá-los de representar a si mesmos. (Quando *Klute: o passado condena* estreou em 1971, um crítico desmereceu a atuação de Jane Fonda, dizendo que ela estava interpretando ela mesma. "E o que ela deveria ter feito?", perguntou o diretor do filme, Alan J. Pakula, um tempo depois. "Invocar Barbra Streisand?"[18]) Parte do trabalho dos atores é fundir sua persona com a do personagem que está incorporando: a questão não deveria ser se um ator está representando ele mesmo, mas se permitiu que sua vaidade, escolhas questionáveis ou maneirismos distrativos atrapalhem uma caracterização completa.

"Os olhos não mentem", disse o treinador de atuação Larry Moss sobre performances convincentes. E ele tem razão: seja a expressão silenciosa de saudade e solidão de Saoirse Ronan no drama romântico *Brooklyn*, a amável alma perdida de Mark Ruffalo em *Conte comigo* ou a forma como Tom Cruise muda sua expressão da agressão agitada para a raiva fria em uma importante cena de entrevista em *Magnólia*, boa parte do que torna convincente uma boa atuação está nos olhares mais simples, mais diretos, dos atores. "Quando você olha nos olhos de um grande intérprete, vê toda a profundidade de sua vida", continuou Moss. "Sua história, seus desejos. Acho que era isso que tornava James Dean tão extraordinariamente transparente. Com ótimos atores, você quase consegue enxergar seu coração batendo e sentir conflitos inconscientes que nem eles percebem."[19]

Quando os espectadores não acreditam em uma performance — quando acabam se distraindo da realidade na tela

ATUAÇÃO

ou até zombando do que está sendo apresentado —, é bem provável que tenham "percebido que o ator está atuando", o que significa que entenderam que o ator está representando para o público, não interpretando seja lá qual for a verdade que o filme nos pede para acreditar. É esse tipo de obviedade em busca de aprovação que os atores quiseram jogar fora na década de 1950, quando adotaram o Método, uma teoria de interpretação que valoriza o realismo psicológico em detrimento da imitação, e um estilo de atuação peculiar, até falho, em detrimento da perfeição técnica. Para uma aula de mestre sobre as duas abordagens, assista à adaptação cinematográfica de *Um bonde chamado desejo*, de Elia Kazan, que é estrelado pela epítome da adoção do Método, Marlon Brando, e Vivien Leigh, que foi treinada de forma mais tradicional na Royal Academy of Dramatic Arts de Londres. Há boatos de que Leigh se sentia deslocada dos colegas de cena, todos adeptos do Método e ex-participantes da peça na Broadway — uma sensação de afastamento que provavelmente influenciou sua caracterização da fragilíssima Blanche DuBois, fazendo com que sua performance acabasse seguindo o Método por acidente. De toda forma, ela ganhou um Oscar pelo papel, enfatizando o fato de que, no fim das contas, a forma como um ator decide se transformar em um personagem não importa tanto. (Como já falei de Dustin Hoffman e Vivien Leigh, não consigo resistir à tentação de compartilhar uma história muito contada sobre a experiência de Hoffman ao filmar *Maratona da morte* com o marido de Leigh, Laurence Olivier. Depois de Hoffman dizer a Olivier que não dormia há setenta e duas horas para se preparar para uma cena, o diretor supostamente respondeu: "Meu rapaz querido, não seria melhor você só tentar atuar?")

Por mais absurdo que pareça, talvez o gênero que mais se beneficie da capacidade de um ator de não ser pego atuando seja a comédia — que, como a maioria dos profissionais afirmaria, jamais deve ser interpretada em uma tentativa de arrancar risadas.

Faz anos que uma história querida circula nos meios teatrais: o ator Alfred Lunt reclamou para a esposa, Lynn Fontanne, que não recebeu as gargalhadas inesperadas quando pediu por uma xícara de chá em determinada peça. A resposta seca dela foi: "É porque você pediu pela risada, não pelo chá."

Os atores que nos deram as performances mais engraçadas, de Charlie Chaplin a Robin Williams, compartilham uma qualidade: eles estariam igualmente à vontade participando de um drama, porque todos pedem pelo chá. Um dos efeitos infelizes da atual tendência de comédias irreverentes é que elas dependem em excesso do pastelão e do choque de grosserias para seu humor, tornando difícil que os atores apresentem o tipo de performance sutil e emocionalmente contraditória que é reminiscente de Jack Lemmon ou Marilyn Monroe em seus auges. Uma notável exceção recente é Amy Schumer no filme *Descompensada*, de 2015, no qual troca de rumo de um jeito impressionante no meio de uma comédia sobre sexo para interpretar uma jovem atolada em confusão e tristeza pela perda repentina do pai. (Seu coprotagonista no filme, Bill Hader, é outro exemplo de um ator que traz tanta profundidade dramática e comoção às suas caracterizações cômicas quanto às dramáticas.)

"Em uma comédia, 'tentar ser engraçado' é morte certa", escreveu Michael Caine no seu livro *Acting in Film* [Atuação no cinema, em tradução livre]. "A história do cinema está cheia de grandes comediantes que fracassaram na telona em grande

ATUAÇÃO 67

parte porque não eram atores; eles não conseguiam transmitir verdade."[20]

Assim como vamos ao cinema em busca de risadas, também vamos em busca de lágrimas. Não há nada mais catártico do que assistir a uma purgação completa, de dar murros no chão e arrancar cortinas. Porém, como o professor de atuação Sanford Meisner aconselha seus alunos, eles não podem chorar, gritar ou começar a destruir o cenário antes de se esforçarem ao máximo para se conter. Caso contrário, o ator cria emotividade, não emoção. Há uma cena em *Babel* na qual Brad Pitt, interpretando um homem cuja esposa acabou de ser gravemente ferida em um país distante, liga para os filhos em casa, nos Estados Unidos. Suas tentativas de segurar as lágrimas enquanto o filho lhe conta sobre seu dia são de partir o coração, especialmente porque ele não se permite ser dominado pelas emoções. Em *Questão de vida,* Robin Wright apresenta uma proeza da restrição semelhante em menor escala, quando sua personagem encontra um ex-namorado no supermercado. Choque, curiosidade, carinho, tristeza e arrependimento surgem em seu rosto durante uma cena em que ela consegue recapitular um relacionamento inteiro quase apenas com expressões faciais, em menos de dez minutos.

Quando entrevistei Robert De Niro, ele foi generoso e falante, mas — sem surpreender ninguém — pouco direto ao explicar como faz o que faz. ("Não se explique demais" é uma de suas máximas favoritas, que segue ao pé da letra.) Porém, quando conversei com outros cineastas sobre De Niro, "repressão" foi a palavra mais usada. Não importa quão absurdo ou fisicamente expressivo é o papel, concordaram eles, De Niro sempre parece reprimir algo essencial do público. "Acho que, muitas vezes, atores ótimos... sempre parecem ter um segredo", disse Barry

68 COMO FALAR SOBRE CINEMA

Levinson. "[É] algo a mais que você não consegue distinguir."[21] É comum que a gente escute sobre a "presença" de certos atores diante das câmeras, mas a curiosidade também tem um peso: grandes atores de cinema sempre nos deixam querendo mais, ao mesmo tempo que ficamos satisfeitos em nunca saber o suficiente.

O ELENCO DO DESTINO

Foi um problema de atuação ruim ou de escolha de elenco ruim?

O ator pareceu integrado ao papel ou lutando contra ele?

"Se você escolher o elenco do jeito certo, seus problemas acabaram."[22]

Foi o que disse o roteirista-diretor John Sayles, afirmando aquilo que muitos cineastas me contaram no decorrer dos anos: a escolha dos atores certos é, sem dúvida, noventa por cento do trabalho.

Os anais de Hollywood estão cheios de histórias deliciosas, às vezes vergonhosas, sobre como o elenco de certos filmes poderia ter sido diferente: em determinado momento, George Raft, Ann Sheridan e Hedy Lamarr foram cogitados como os protagonistas de *Casablanca*, que teria sido um filme muitíssimo diferente do que acabou se tornando — e, talvez, não um clássico. Da mesma forma, imagine Miriam Hopkins ou Tallulah Bankhead em vez de Vivien Leigh como Scarlett O'Hara em *...E o vento levou*, ou Doris Day e Robert Redford em *A primeira noite de um homem* em vez de Anne Bancroft e Dustin Hoffman. (Todos foram opções iniciais para esses papéis.)

ATUAÇÃO

Se a atuação é a principal ferramenta do cinema, a escolha do elenco é sua melhor amiga. A arte de selecionar atores para papéis específicos é uma mistura de experiência, predileções, instinto, tomada de risco, negociações e pura sorte. Em primeiro lugar, o cineasta precisa identificar os trabalhos anteriores e a identidade que o ator desenvolveu na tela para o público durante a carreira. Roger Michell queria apenas um ator para *Um final de semana em Hyde Park*, seu filme sobre o caso extraconjugal de Franklin Delano Roosevelt com uma amiga da família: por ser um tema tão sensível, precisava ser Bill Murray, disse Michell, "porque tem alguma coisa em Bill que o faz parecer perdoável. Alguma coisa que o faz parecer travesso. Alguma coisa que o faz parecer indescritivelmente charmoso. E ele não é melancólico. Se o filme se transformasse em uma história tipo a de Dominique Strauss-Kahn, em dez minutos daria para entender tudo... Seria um conto antigo e medonho sobre um sedutor abusivo. E eu estava completamente convencido de que Bill conduziria o filme sem torná-lo ofensivo demais".[23]

O problema, é claro, surge quando um papel pede por Bill Murray e acaba sendo interpretado por Ed Harris: quando a calamidade inevitavelmente chega, foi porque o ator fez um trabalho ruim ou porque ele jamais deveria ter sido escolhido para aquele filme? Certamente há casos de atores ótimos que não conseguiram corresponder às expectativas de seus papéis — atuando de forma artificial, teatral, óbvia e repetitiva. Porém, com mais frequência, aquilo que proclamamos ser uma performance ruim é, na verdade, o caso de um bom ator preso no papel errado. Depois de mostrar reviravoltas dramáticas em filmes independentes como *Quero ser John Malkovich* e *Coisas que você pode dizer só de olhar para ela*, os espectadores sabiam que Cameron Diaz não era só outra lourinha bonita. Mesmo assim, ela foi uma escolha péssima para *Gangues de Nova York*, de Martin Scorsese, no qual nunca conseguiu mesclar de forma convincente sua persona moderna com a personagem do século XIX que deveria estar interpretando. Sempre que Diaz aparecia na tela, era como se a trama do filme fosse rasgada, mostrando o século XXI por trás.

Como o diretor Lee Daniels preferiu que *O mordomo da Casa Branca* fosse uma produção independente, foi preciso encontrar atores muito conhecidos para atrair investimentos. Forest Whitaker, que interpretou o personagem principal, não tinha "banca" suficiente por conta própria para garantir o orçamento do filme; portanto, Daniels precisou caminhar pela corda bamba de contratar estrelas para papeis coadjuvantes — especialmente como os presidentes norte-americanos para quem o personagem de Whitaker trabalhou durante várias décadas na Casa Branca — sem transformar a produção em um desfile brega de aparições especiais à la *O destino de Poseidon*. É por isso que Jane Fonda aparece como Nancy Reagan, Robin Williams interpreta Dwight D. Eisenhower e John Cusack faz Richard Nixon, mesmo que fosse melhor usar atores desconhecidos ou "de apoio" — aqueles que, por seus traços e comportamentos distintos, passam facilmente como pessoas excêntricas, de aparência comum —, que desapareceriam nos personagens e os tornariam mais discretos.

Por outro lado, atores desconhecidos podem ajudar a determinar o tom de um filme mais do que atores famosos nos mesmos papéis. Quando Kathryn Bigelow escolheu o elenco de *Guerra ao terror*, ela sabia que seu intérprete mais famoso, Guy Pearce, morreria na primeira cena, acabando completamente com as expectativas da plateia; quando Jeremy Renner surge para substituir o personagem de Pearce como o sargento líder, a ausência da familiaridade do público com ele removeu o senso de segurança que a presença de um astro costuma trazer. Ao despachar Pearce de forma tão repentina e violenta, o filme removeu a distância estética. O público foi jogado dentro dos acontecimentos com um grupo de rapazes que nunca tinha visto antes — assim como seria se nós mesmos tivéssemos sido recrutados. Basta conduzir um experimento mental e trocar os papéis de Renner e Pearce para entender como a escolha do elenco foi essencial para transformar *Guerra ao terror* na experiência imprevisível e essencialmente potente que acabou sendo.

OS ASTROS NÃO SÃO *NADA* PARECIDOS COM A GENTE

Até o ator mais famoso conseguiu desaparecer e fazer um personagem ganhar vida?

Se o astro não desapareceu, o personagem conseguiu coexistir de forma equilibrada com a imagem real do ator?

O que é um astro de cinema? Em termos simples, um astro é um ator que, graças a sua beleza física, carisma ou presença diante das câmeras, se conecta com a cultura de uma época, criando uma persona nas telas e uma versão pública de sua personalidade na vida real que transcende qualquer papel específico. Nas décadas de 1930 e 1940, era esperado que os atores não se distanciassem muito das identidades que criaram para si mesmos; a plateia que assistia a um "filme de William Holden" sabia o que esperar. Hoje, é impossível para os astros agradar a

72 COMO FALAR SOBRE CINEMA

gregos e troianos, se equilibrando sobre uma linha tênue entre explorar sua capacidade técnica e emocional e não afastar os fãs que esperam que eles se comportem como as estrelas que amam. Atores como George Clooney, Angelina Jolie e Denzel Washington se tornaram tão conhecidos que é quase impossível para eles desaparecer por completo em um papel. Suas escolhas de projetos precisam ser mais cuidadosas, certificando-se de que os personagens que interpretam se integrem organicamente à variedade de expectativas que seus fãs levam para o cinema.

É comum que estrelas tenham um relacionamento contraditório com os filmes de que participam. Assim como Daniels e *O mordomo da Casa Branca,* e Scorsese e *Gangues de Nova York*, os produtores frequentemente precisam de atores famosos para conseguir financiamento para obras que não são exageros cheios de efeitos especiais ou espetáculos com super-heróis. Porém, em quase todos os casos, esses filmes seriam melhores com atores de apoio que, apesar de não tão bonitos ou conhecidos, trariam mais nuances e, talvez, até talento técnico para o projeto. A gestão da presença de um astro em um filme pequeno depende tanto do ator — de sua disposição a integrar seu ego ao conjunto maior — quanto do diretor, que precisa ser capaz de auxiliar a agilização do processo sem destruir o magnetismo que inspirou a contratação do astro em si.

Robert Redford era famosíssimo quando produziu *Todos os homens do presidente*, sobre Bob Woodward e Carl Bernstein, os jornalistas do *The Washington Post* que deram o furo sobre Watergate. Redford nunca teve a intenção de interpretar Woodward, e o diretor Alan J. Pakula concordava, se perguntando se ele seria capaz de "sublimar a si mesmo" em prol da história, com medo de que o "senso de competência inapagável"[24] dele entrasse em contradição com um personagem que

ATUAÇÃO 73

estava abrindo caminho quase às cegas entre pistas confusas e becos sem saída. Apesar de preferir a ideia de atores desconhecidos interpretarem Woodward e Bernstein ("porque a história se tratava demais sobre tudo que era desconhecido"), Redford acabou concordando em aceitar o papel, com relutância, para agradar a Warner Bros., o estúdio copatrocinador do filme. "Meu único foco era ser totalmente fiel, tentando amenizar minha personalidade para me adaptar a Woodward", me contou Redford em uma entrevista que conduzi trinta anos depois, acrescentando que nunca encarou o filme como uma forma de promover a sua carreira ou a de Dustin Hoffman. "Eu não estava preparado para a glamorização da nossa participação. Simplesmente não pensei."[25]

Apesar de *Todos os homens do presidente* ter sido ancorado por não apenas um, mas dois dos maiores astros da época, ele foi um sucesso absoluto — não como uma gracinha de Hollywood ou um filme simpático sobre uma dupla, em que a fama e o sex appeal dos protagonistas famosos se torna o prato principal, mas como um suspense tenso, soberbamente calibrado, no qual Hoffman e Redford se permitiram desaparecer dentro de uma história maior. É isso que acontece quando grandes estrelas também são atores maravilhosos. E é algo cada vez mais difícil de se encontrar hoje em dia, quando os fãs sentem uma conexão mais íntima com os atores por meio de redes sociais e sites de fofoca ininterrupta como o TMZ. Devido a esse novo cenário da mídia vorazmente intrusiva, não é de surpreender que os atores se tornem obcecados com sua imagem pública e tentem protegê-la — e é ainda mais impressionante quando dedicam tempo e esforço para se livrar desses hábitos e mergulham no comportamento e na forma de pensar de seus personagens até passar a adotá-los de forma automática e não "fingida".

74 COMO FALAR SOBRE CINEMA

(Jennifer Lawrence, que se tornou famosa praticamente do dia para a noite depois de ser indicada ao Oscar por seu trabalho no minúsculo filme independente *Inverno da alma*, fez um trabalho muito hábil no cultivo de uma imagem amigável e querida para os fãs fora das telas.)

Os atores mais sagazes conhecem sua capacidade e seus limites, assim como aquilo que seu público jamais aceitaria. Marilyn Monroe era um exemplo fenomenal, apresentando performances cômicas em *Quanto mais quente melhor*, *Como agarrar um milionário* e *Os homens preferem as loiras* que poderiam parecer bobas no papel, mas foram de um brilhantismo extremo em sua execução e ritmo. Jack Lemmon atribuía o sucesso dela a instinto e não talento como atriz, dizendo que Monroe "com frequência atuava para você e não com você".[26] Não importa se ela era um produto de reflexos ou de habilidade técnica bem-disfarçada, Monroe sentia de forma inata quando uma cena estava dando certo e contava com esse impulso para criar algumas das performances mais marcantes nas telas do século XX no Pós-guerra.

Quando perguntei a George Clooney se já tinha cogitado estrelar uma série de filmes de ação à la Liam Neeson em *Busca implacável*, ele disse que já estava velho demais "para isso", e acrescentou: "Acho que não é minha praia."[27] Sua praia, como seria de se esperar, é a versão moderna do Rat Pack na refilmagem da franquia *Onze homens e um segredo*, o projeto mais lucrativo da carreira de Clooney; de acordo com a bilheteria, seus fãs gostam de vê-lo em Las Vegas, de preferência com uma carta na manga. Mas não gostam dele em projetos peculiares e originais feitos por tipos como Steven Soderbergh (*Solaris*, *O segredo de Berlim*) ou os irmãos Coen (*E aí, meu irmão, cadê*

ATUAÇÃO
75

você?, *Ave, César!*), que não tiveram resultados financeiros especialmente bons, apesar do desempenho às vezes emocionante, às vezes engraçado, de Clooney.) Curiosamente, Denzel Washington quase nunca erra em termos de dar aos fãs aquilo que eles querem, seja estrelando em um filme de ação (*Incontrolável, O sequestro do metrô 1 2 3*), um suspense contemporâneo pesado (*O gângster, O protetor*) ou um faroeste (*Sete homens e um destino*). Não importa o papel que esteja interpretando, Washington se certifica de que ele se adapte à sua persona de integridade confiável e controle firme, mesmo que seja o vilão.

Existe uma linha tênue entre Washington encarar sua persona para subvertê-la, como faz ao interpretar o carismático piloto alcoólatra no suspense de aviação *O voo*, e alguém que recorre a expressões e maneirismos já esperados para cumprir as expectativas do público. Em anos recentes, o discurso dramático e os gestos exageradamente enfáticos de Al Pacino começaram a parecer mais com alguém imitando Al Pacino do que um personagem incorporado por completo e ganhando vida, enquanto Tom Cruise fez um trabalho fascinante ao usar sua personalidade pública de formas transgressivas, como sua atuação surpreendentemente afiada em *Magnólia*, e então se escondendo sob enchimentos na sátira hollywoodiana *Trovão tropical*. Em *No limite do amanhã*, uma ficção científica sobre viagem no tempo, ele usa quase todas as suas imagens mais amadas — um cara legal e simpático, um herói de ação durão, um homem comum bem-humorado — em um filme que lhe deu a chance de provar como realmente é um ator versátil e autoconsciente por baixo de toda a banca.

Angelina Jolie é outra estrela famosíssima que avalia com perspicácia a forma como é vista, primeiro como uma rebelde predatória, e, mais recentemente, como filantropa, ativista e mãe. No suspense de ação *Salt*, ela interpreta a anti-heroína clássica — uma espiã russa — que não pede muita pena do público. O diretor do filme, Phillip Noyce, observou que "poucos intérpretes conseguiriam manter a conexão com a plateia, dada a natureza contraditória das ações [de sua personagem] e a postura completamente casca-grossa com que age durante o filme. Mas ela estava disposta a fazer isso e muito mais... De várias formas, os extremos da personagem são crédito dela. E acho que a gente a impulsionava tanto quanto ela nos puxava".[28]

"O instinto, quando se trata de uma mulher, seria amenizar as coisas", explicou Jolie para mim quando a entrevistei sobre o filme, "só que, em vez disso, decidimos que [ela] precisava ser mais fria. Ela precisava tomar decisões difíceis e precisava lutar sujo e pior do que o normal, porque é isso que temos que fazer para ganhar de um homem muito maior do que nós."[29]

Curiosamente, dois filmes nos quais Jolie aceitou papéis mais "amenos", tradicionalmente femininos, *O preço da coragem* e *A troca*, não fizeram sucesso com o público, apesar de seu trabalho ser convincente. (Não é de surpreender que seu maior sucesso até hoje seja *Malévola*, conto *live-action* sobre a bruxa má, que se encaixou perfeitamente com todas as imagens de Jolie e se aproveitou ao máximo de suas maçãs do rosto esculpidas em blocos de gelo.) Apesar de muitos atores sonharem com o superestrelato de Jolie, poucos invejariam as amarras que ele acarreta quando se trata da disposição e da capacidade da plateia de separar atores conhecidos de seus papéis mais famosos, ou de sua vida fora das telas. Os melhores atores sabem como se aproveitar dessa dificuldade — ou contornam a questão com habilidade, de forma que a gente só pense "Olha, é a Angelina Jolie!" quando ela permitir.

ATUAÇÃO 77

ATÉ OS OSSOS

A atuação foi dos pés à cabeça?

Os atores estavam no momento do momento?

O ator atuou ou mostrou?

"Dos pés à cabeça."

Foi assim que David O. Russell descreveu sua abordagem — e seu conselho para os atores — em *Trapaça*, um filme sobre um golpe na década de 1970, assim como em *O vencedor* e *O lado bom da vida*, que o precedeu. "Não acredito que qualquer história possa ser um clichê se for apresentada dos pés à cabeça", me contou ele. "Se ela for vivenciada, não é um clichê."[30]

"Dos pés à cabeça" também é como a maravilhosa atriz Beulah Bondi descreveu a interpretação de um personagem: "Desde a base — na voz, no corpo, na imaginação, no interesse pela humanidade."[31] Na prática, interpretar um personagem dos pés à cabeça significa literalmente andar, falar, pensar e viver como ele faria. É mais do que apenas recitar falas — é criar uma vida além do que aparece no roteiro, bolando um passado o mais detalhado possível, de forma que cada palavra e cada gesto sejam baseados em uma história pessoal única e um mundo interior e exterior que o ator habitará — e nos convencerá a entrar — durante todo o filme.

Ao contrário de imitações superficiais ou brincar de faz de conta, a abordagem dos pés à cabeça expõe camadas de motivações e desejos implícitos tanto do personagem quanto na história maior. É esse foco discreto, obstinado, que com frequência resulta em atuações que o público acredita por

78   COMO FALAR SOBRE CINEMA

instinto, sem saber explicar o motivo. É assim que um ator consegue prender nossa atenção, esteja ele amarrando um sapato ou comandando um batalhão invadindo a praia de Omaha.

Descrever a arte da atuação como "desaparecer dentro do personagem" parece superficial. Mas é verdade que os melhores atores conseguem se transformar por completo — no âmbito mental, vocal e psicológico — para se tornar a pessoa que interpretam. Eles alcançam esse tipo de integração por meio de várias técnicas — memórias sensoriais (usar imagens, sons, aromas, gostos e toques do passado ajuda a despertar reações emocionais adequadas nas cenas), "momentos pessoais" (quando um ator repassa um ato normalmente íntimo diante de uma plateia para remover inibições), exercícios animais (o uso de um animal como inspiração para uma postura e movimentos físicos) —, mas o resultado é sempre muito pessoal e específico.

Exemplo: no set de filmagens de *Demônio de mulher*, durante uma briga com Judy Holliday, Jack Lemmon estava com dificuldade para injetar na cena o tipo de ânimo que ela exigia, até o diretor, George Cukor, lhe perguntar como ele costumava reagir a discussões. Lemmon disse que tinha calafrios terríveis e dor de barriga — algo que imediatamente incorporou ao trabalho, dando nova credibilidade à cena.

O cinema é dominado por rostos maravilhosos — é um meio regido por *close-ups*, afinal —, mas as melhores atuações não acontecem apenas do pescoço para cima. Apesar de nos lembrarmos de Anthony Hopkins em *O silêncio dos inocentes* como olhos frios por trás de uma máscara assustadora, ele trouxe todo um trabalho corporal para o papel, imaginando seu personagem, Hannibal Lecter, como uma mistura de gato e lagarto: "Alguém que não pisca, que permanece imóvel por horas seguidas. Como um louva-a-deus ou uma aranha na pa-

ATUAÇÃO

rede... Com Lecter, ele só encara, observa, e então se mexe."[32] E, quando isso acontece, sai de baixo.

Na era do cinema mudo, quando sets de filmagem não precisavam ser silenciosos, os diretores costumavam guiar os atores durante cenas importantes, fazendo com que a performance na tela fosse uma arte colaborativa de verdade. Hoje, a atuação se trata de escolhas específicas feitas por cada ator individual, com o diretor geralmente opinando de leve sobre a melhor forma de um papel ser incorporado. Se um ator sobreviveu a aulas de teatro, testes, *callbacks*, ensaios e produções, podemos presumir com bastante segurança que ele dominou habilidades básicas como decorar falas e seguir deixas. São as escolhas sobre como personificar e interpretar o papel que exigem originalidade e talento artístico.

Quando Heath Ledger interpretou o caubói gay reprimido em *O segredo de Brokeback Mountain*, ele supostamente decidiu interpretar o papel como se tivesse um punho fechado na boca, o que significava que cada palavra que dizia devia ser resultado da luta para se expressar. Essa única escolha determinou a totalidade da atuação de Ledger: o personagem foi definido por aquilo que prendia dentro de si e não pelo que falava. Por impulso, ao filmar uma cena com Eva Marie Saint em *Sindicato de ladrões*, Marlon Brando pegou uma luva que ela deixou cair e distraidamente tentou colocá-la em sua própria mão enorme. O gesto foi espontâneo e emocionante, exibindo a ternura do personagem sem precisar de obviedades ou até de diálogo.

Esses pequenos toques gritam na tela. Por ser um meio íntimo, o cinema não pede pelo tipo de projeção vocal ou gestos amplos que são necessários no teatro. Na verdade, quando dizemos que a atuação de alguém foi "ruim", com frequência queremos dizer que o ator exagerou na dose — executou uma

80 Como falar sobre cinema

interpretação entrevada, artificial, dramatizada em excesso, que não foi verossímil nem remotamente convincente.

No linguajar do teatro, esse tipo de obviedade é chamado de "*overacting*" ou "canastrão". É quando um intérprete usa maneirismos e modulações de voz para transmitir emoções em vez de simplesmente vivenciá-las. Eles "fazem" o que acham que o personagem faria, em vez de deixá-lo se destacar de sua própria personalidade. (Um dos exemplos mais memoráveis e dolorosos é visto em *Showgirls*, agora considerado um clássico do exagero pela forma como Elizabeth Berkley pesa a mão na sexualidade agressiva e impulsiva de sua personagem.) Enquanto olhos esbugalhados e bocas escancaradas em surpresa podem ser necessários para projetar um sentimento no palco, são recursos desnecessários e ofensivos ao espectador dentro do mundo íntimo do cinema.

Talvez não exista ator moderno que receba críticas mais polarizadas que Nicolas Cage. Apesar de vencer um Oscar por sua representação inabalável de um suicida alcoólatra em *Despedida em Las Vegas*, ele é constantemente ridicularizado por suas escolhas bizarras, maneirismos pomposos e atuações exageradas e artificiais.

De muitas formas, Cage é um tutorial humano sobre como a estética e as expectativas do público mudaram junto com o cinema. Na época em que o meio foi criado, quando os filmes ainda eram mudos, gestos teatrais amplos não apenas eram familiares para os espectadores, devido à sua experiência com o teatro e espetáculos de variedade, mas necessários para transmitir informações sem a palavra falada. Mesmo com o advento do som e durante a Era de Ouro da década de 1930 e 1940, certo estilo sofisticado e refinamento teatral predominavam,

Atuação

apesar de gestos afetados, facilmente "interpretados", irem se tornando mais invisíveis.

Novas regras de comportamentos e padrões de discurso para atores surgiram na década de 1940, quando Spencer Tracy e Henry Fonda trouxeram um novo naturalismo para a tela, abrindo a porta para Marlon Brando revolucionar a atuação no cinema com o estilo peculiar, espontâneo e psicológico associado ao Método. Na década de 1950, as representações cuidadosamente enunciadas e muito estilizadas de ícones da Era de Ouro como Katharine Hepburn e Cary Grant foram deixadas de lado em prol da taciturnidade resmungona e profundamente interiorizada de Brando, James Dean e Montgomery Clift.

Cage alterna demais entre esses dois estilos, acabando por revelar ambos como arcaicos para os olhos do século XXI. De certa forma, ele é o mais próximo que temos de um ator brechtiniano, no sentido em que abraça o artifício da atuação e tenta destacá-lo, e não apagá-lo com um naturalismo ensaiado ou atenuações. (Podem argumentar que ele está seguindo os passos de Jack Nicholson, cuja escolha de exagerar demais em sua persona maldosa em *O iluminado* ainda causa controvérsias.) Por maior que seja a frequência em que Cage pareça loucamente desproporcional aos filmes que estrela, há momentos — como sua interpretação comprometida em *Despedida em Las Vegas* ou no mais recente e divertidíssimo *Vício frenético* — em que é ótimo assisti-lo justamente porque está disposto a fazer um escarcéu.

Cage acrescenta a seus filmes algo parecido com a sensibilidade autoconsciente de cineastas como Wes Anderson e os irmãos Coen, cujos roteiros costumam exigir atores que sejam igualmente declamatórios e hábeis em sua performance. Apesar de ser fácil concluir que a ambientação intencionalmente artificial das obras de Anderson restringiria os atores e limitariam suas opções expressivas, o oposto acontece, de acordo com pessoas que trabalharam com ele.

"Às vezes, existe liberdade na limitação", explicou Edward Norton durante a divulgação para a imprensa de *Moonrise Kingdom*, de Anderson, que, como todos os seus filmes, foi projetado, planejado e coreografado até o mínimo micrômetro. "Um ambiente que parece muito controlado pode, na verdade, oferecer ao ator muitos materiais estimulantes para interagir. Quando certas coisas são predeterminadas, então outros improvisos podem desabrochar." Norton destacou uma cena em que seu personagem, um chefe de tropa de escoteiros, caminha por um acampamento de meninos e faz uma parada para conversar com um garoto preparando fogos de artifício. Como o chefe fuma, ele precisa segurar o cigarro com o braço esticado, longe dos fogos, para não acendê-los — um momento de expressão corporal engraçado que Norton adorou. "É esse tipo de situação divertida que surge por causa das constrições na forma em que a filmagem é feita."[33]

Após décadas em que interpretações relaxadas, aparentemente improvisadas, foram o padrão, esses desvios bolados com tanto cuidado parecem um retorno a uma época mais precisa, refinada e "teatral". Mas não importa se é de uma tranquilidade discreta ou loucamente excessiva e dramática, a atuação sempre deve ser julgada em termos da conexão emocional com o espectador: a performance nos ajudou a entrar no mundo da tela ou nos distraiu ao ponto de "sairmos" dela? Os universos de Wes Anderson, em que tudo está em seu devido lugar, exigem interpretações em que tudo acontece em seu devido lugar — qualquer outra coisa nos distrairia da cena.

Atuação

Quando um ator não está lidando com algo tão refinado, boa parte do que vemos no filme se resume a escolhas individuais sobre um personagem ou como interpretar um papel. Tais escolhas costumam pedir por pesquisas, que sempre foram uma parte importante de grandes performances. Na verdade, muito antes de Daniel Day-Lewis ficar famoso por permanecer no personagem durante cada minuto das gravações de um longa, Joan Crawford era conhecida pelo dever de casa imenso que fazia antes de interpretar seus papéis. Quando um ator recebe um roteiro, seu primeiro trabalho é analisá-lo, destrinchando o diálogo e o comportamento de cada pessoa para chegar ao âmago de cada palavra dita ou tudo que é feito (ou não) pelo personagem.

Mas o público precisa ser informado sobre esse preparo? Saber disso melhora nossa experiência no cinema? Acho que não. Hoje em dia, é uma estratégia de marketing conveniente vender a autenticidade aparente de um filme. Na época do Oscar, a publicidade sobre pesquisas vira uma febre, como Leonardo DiCaprio contando a jornalistas de fofoca empolgados sobre como devorou um fígado de bisão de verdade para *O regresso*, ou Julianne Moore falando sobre passar tempo em clínicas de Alzheimer por causa de *Para sempre Alice*.

Assim como a pesquisa, transformações físicas extremas se tornaram uma alegoria recorrente na produção e na divulgação dos filmes, desde De Niro engordando para *Touro indomável* e Christian Bale emagrecendo para *O operário* até William Hurt, Hilary Swank e Eddie Redmayne interpretando personagens de orientações sexuais e identidades de gênero diferentes em *O beijo da mulher aranha, Meninos não choram* e *A garota dinamarquesa*, respectivamente. Sem dúvida, o sacrifício a que esses atores se submetem para ir ao fundo de seus personagens é impressionante, um compromisso determinado à sua arte. Mas ele também faz parte de uma economia que se beneficia do culto pela transformação em prol da seriedade artística e de sensacionalismo midiático antiquado. Histórias sobre os extremos ao qual um ator se submete para incorporar o personagem são um assunto fácil para entrevistas, dando aos jornalistas e aos atores algo para debater, saindo do assunto proibido de vidas pessoais ou dos mistérios das técnicas de atuação. Além disso, durante a temporada de premiações, a competição entre quem se sacrificou mais pela arte se torna uma "narrativa" sobre quais atores se destacaram de seus colegas indicados.

Mudanças físicas drásticas como ganho de peso e a adoção de sotaques estrangeiros sempre recebem publicidade, especialmente durante a temporada de premiações. Mas, se essas coisas não forem consolidadas pelas escolhas cuidadosas de um ator, correm o risco de parecerem artificiais. Informações excessivas sobre o processo podem criar um obstáculo para os espectadores aceitarem a realidade que os atores se esforçam tanto para criar. Assim como o público não precisa saber que tipo de introspecção pessoal, improvisações ou exercícios de aquecimento um intérprete fez em preparo para seus papéis, não precisamos ser informados sobre quanta pesquisa foi necessária para a criação do mundo que vemos nas telas. Só precisamos entrar nele.

O PAPEL DA VIDA

Foi uma performance ou uma imitação?

O ator criou um "terceiro personagem" que personificava as qualidades e os valores simbólicos que associamos com a pessoa que ele estava interpretando?

ATUAÇÃO

Atores interpretam pessoas reais desde a criação do cinema.

O público tem um apetite insaciável, ao que parece, por assistir a artistas se encarregando de histórias baseadas em histórias reais que, reconstituídas como dramas, passam a ocupar uma terceira dimensão entre o mito e a realidade. Isso pode ser difícil para os atores, que devem evitar uma mera "imitação" e, em vez disso, criar uma impressão por meio de um equilíbrio delicado entre gestos e expressões familiares e seus próprios dons de atuação.

Para os espectadores acreditarem na realidade dramatizada na tela, o ator deve apresentar uma coleção calibrada de aspectos externos — a aparência, o modo de andar e falar do personagem — e internos psicológicos, uma mistura sutil de interpretação e osmose psíquica. Quando dá certo, não apenas o filme mostra alguém que a plateia consegue imediatamente reconhecer e aceitar como a pessoa que conhece por eventos históricos ou atuais, mas também apresenta uma nova criação, um terceiro personagem nascido da verdade e transparência emocional do ator.

Quando uma interpretação é construída apenas pelo mimetismo, por melhor que seja, ela se torna um exercício da afetação: em vez de oferecer um *insight* novo ou importante sobre a pessoa retratada, o público tem o prazer divertido, porém relativamente breve, de assistir a uma novidade e façanha técnica (por exemplo, veja a representação do cantor Bobby Darin por Kevin Spacey em *Uma vida sem limites*). Quando o ator e o personagem se mesclam de forma mais complexa, inesperada, a criação resultante se torna tanto um artefato cultural divertido quanto uma obra de arte edificante.

Teria sido fácil para Frank Langella interpretar a versão familiar de Richard Nixon em *Frost/Nixon*. Se tivesse feito isso, sua performance como o ex-presidente decadente teria quase a mesma importância artística de que uma velha esquete de comédia de Rich Little no programa *The Tonight Show*. Não me entenda mal: uma boa imitação pode ser divertida e hilária, como Jimmy Fallon, Jamie Foxx e Bradley Cooper mostram com frequência no circuito de *talk-shows* noturnos. Mas ela não é uma caracterização em termos de desenvolver uma psicologia e uma vida interior completa para a pessoa satirizada.

Em contraste, Langella desenvolveu uma persona física e vocal descomunal, quase shakespeariana, dando a Nixon uma fisicalidade taciturna, semelhante a um urso, e um barítono rosnado completamente oposto ao tom real do ex-presidente. A performance deu certo porque não era superficialmente "correta", mas baseada na imaginação do próprio Langella e em suas escolhas de trabalho corporal, elaboradas após preparo e pesquisa. O resultado foi um personagem que pode não se parecer nem se comportar exatamente como o Richard Nixon que muitos espectadores lembram, mas cujo temperamento sombrio e inteligência cortante são reconhecidos como nixonianos suficientes para serem aceitos.

Foi relativamente fácil para Philip Seymour Hoffman dominar os atributos físicos de Truman Capote para o filme epônimo de 2005; na verdade, ele começou o processo criativo com as características externas de Capote: sua inconfundível voz infantil, seu jeito de caminhar, seus trejeitos delicados. Mas foi apenas quando passou a compreender e internalizar a ambição, a fragilidade e a solidão de Capote — e alinhá-las com sua própria ambição, fragilidade e solidão — que a representação de Hoffman deixou de ser uma imitação e se transformou em uma performance.

ATUAÇÃO   87

Na época, o treinador de atuação Larry Moss observou que era uma questão de combinar os detalhes externos certos com os internos. "Se ele não tivesse encontrado a vida interior [de Capote], seria uma caricatura", disse ele. "É fácil reproduzir as esquisitices e excentricidades ceceadas e afeminadas de Capote, mas [ele nos mostrou] a avidez dentro do homem, é aí que se encontra o pote de ouro."[34]

David Oyelowo passou por um processo semelhante para interpretar Martin Luther King Jr. em *Selma: Uma luta pela igualdade*. Seu primeiro trabalho, disse ele, foi demolir o ícone que foi santificado e, de certa forma, desnaturado desde o assassinato de King. "Não se trata de estufar meu peito e dizer 'Sou um homem negro forte'", me explicou Oyelowo. "Sou um ser humano cheio de conflitos, defeitos, inseguranças, às vezes brilhante, às vezes confuso, que enfrenta obstáculos e tenta superá-los."[35]

Dois dos exercícios de atuação mais fascinantes em filmes biográficos recentes surgiram por conta do roteirista Oren Moverman, cujos roteiros de *Não estou lá* e *The Beach Boys: uma história de sucesso* narram a vida dos músicos Bob Dylan e Brian Wilson, respectivamente. Mas Moverman tomou a decisão sagaz de que eles fossem interpretados por vários atores; no caso de Dylan, por seis intérpretes que o representaram em várias fases de sua vida pessoal e profissional. A performance mais abstrata, de longe, é a de Marcus Carl Franklin, um jovem ator negro que canalizou as influências e a paixão de Dylan por músicos negros, assim como sua disposição em assumir personas completamente diferentes em nome de sua arte; por outro lado, Cate Blanchett apresenta uma impressão — não uma imitação — assustadoramente precisa de Dylan no auge da sua amargura e do assédio dos fãs. Em *The Beach Boys: Uma história de sucesso*, o jovem Wilson é interpretado por Paul Dano em uma atuação surpreendentemente ressonante e fisicamente autêntica; na segunda metade do filme, John Cusack, que, em contraste, não lembra em nada Wilson na meia-idade, apresenta uma honestidade dolorida ao seu retrato de um artista sofrendo de doença mental e bloqueio criativo.

A representação combinada que Dano e Cusack fazem de Wilson oferece uma oportunidade perfeita de refletir sobre a diferença entre caricatura e caracterização e porque, apesar de semelhanças em traços faciais, físicos e vocais talvez ajudarem, elas estão longe de ser aquilo que cria uma pessoa totalmente concretizada, capaz de atravessar a tela e se conectar com o espectador. É então que a atuação deixa de ser um mero truque e se transforma em algo semelhante a uma comunhão espiritual. E uma terceira pessoa é criada, uma figura no limiar entre a realidade e a personificação, permitindo que o público conjure alguma essência da pessoa real em questão e reflita sobre o que a vida dela significa para nós nos dias atuais.

O PROBLEMA DA IMPLICÂNCIA

Se você não gosta de algum ator específico, isso acontece por causa de características fora do controle dele ou por escolhas que fazem como artistas?

O desempenho do ator foi forte suficiente para você conseguir se esquecer de suas pressuposições mais negativas?

Todos nós temos implicância com certos atores — intérpretes que, por motivo nenhum, simplesmente não nos interessam, nos incomodam ou não se conectam.

Não é uma questão de preciosismo nem de ficar encontrando defeito em atuações passadas. Isso acontece quando, apesar de uma imensidão de fãs acreditarem piamente que fulano é um gênio, você não entende o motivo para tanto alarde. Talvez não ache que o ator é fisicamente bonito. Talvez a atriz faça você se lembrar da menina popular maldosa da escola. O que importa é que você não vê graça neles, e não há nada que qualquer crítico, Oscar ou multidão no Twitter diga que lhe faça mudar de ideia.

A maioria dos espectadores tem o luxo de poder evitar filmes com atores que desgostam; os críticos, por outro lado, são pagos para deixar suas vontades de lado e dar uma oportunidade para todo mundo. Nem sempre é fácil — apesar de interpretações interessantes em *Embriagado de amor* e *Espanglês*, estou quase chegando ao ponto de desistir da persona engraçadinha, preguiçosa e narcisista de Adam Sandler, e ainda não me convenci completamente de que Rose Byrne tenha o talento cômico sugerido por sua contratação frequente em filmes de comédia contemporânea irreverente.

A esta altura, é importante observar que nada disso é pessoal. Ninguém, que dirá um crítico profissional, deveria ter má vontade com artistas criativos que trabalham duro. Quando as luzes se apagam, apenas as pessoas mais maldosas torceriam para eles fracassarem. De fato, só podemos admirar a coragem que uma pessoa precisa ter para exibir sua vida interior e exterior para nosso escárnio ou prazer.

E, mesmo assim, a avaliação de atores e seu desempenho é, por necessidade, algo muito pessoal, porque a pessoa deles é a única coisa que podem levar para seu trabalho. A compreensão daquilo que irracionalmente gostamos e desgostamos em certos atores acaba nos ajudando a alcançar a essência do que eles fazem, que é ser um instrumento interpretativo que ajuda a plateia a captar o significado e a emoção de uma história. As únicas ferramentas que os atores têm para esse trabalho são seus aspectos físicos — seu rosto, seu corpo e sua voz — e psíquicos, na forma das reflexões, análises e imaginação necessárias para dar vida aos personagens de forma verossímil.

Ao avaliar o desempenho de um ator de quem você não "gosta" muito, cabe ao espectador separar aquilo que os artistas podem ou não controlar. Eles não conseguem se tornar mais altos, mais baixos, mais gordos ou mais magros em um piscar de olhos. Mas podem se comportar de forma mais ou menos educada, nobre, grosseira ou discreta, conforme pede a ocasião. É natural que o público reaja ao rosto dos atores, não importa se apresentem a versão com que nasceram ou a que foi alterada por cirurgia plástica e procedimentos estéticos. Porém, depois de registrar essa primeira impressão, a pergunta que os espectadores devem fazer a si mesmos não é se acham o ator bonito ou desejável, mas se acreditam nele no papel em questão.

Cada escolha que um ator faz — desde seu modo de andar e expressões faciais até a forma como interpreta as falas e gesticula espontaneamente — permite que o público se torne mais imerso ou se distraia da realidade na tela. É por isso que intérpretes como Adam Sandler podem ser tão polêmicos: eles tendem a levar os mesmos maneirismos e truques para cada papel que interpretam, abrindo mão das sutilezas da caracterização em prol de cumprir as expectativas da plateia. (Antes de desmerecê-los como canastrões, vale mencionar que Jack Nicholson, Bill Murray e Kristen Wiig podem ser acusados de fazer a mesma coisa, mas nunca receberam tanta hostilidade.)

Não existe uma resposta certa ou errada quando se trata dos atores de quem desgostamos por instinto: não importa se você

ATUAÇÃO

está olhando para alguém do outro lado da sua mesa ou em uma tela de trezentas polegadas, tudo se resume a química. É impossível forçar o amor. Mas ele pode ir se desenvolvendo, e sou prova disso. Depois de anos achando que Kevin Costner era sem graça e limitado, passei a admirar seu trabalho, que foi se tornando cada vez mais elaborado e expressivo com o tempo. Eu costumava achar que Sam Rockwell era irritadinho e vaidoso, mas ele faz um trabalho maravilhoso como um astronauta que passa por uma crise e se reencontra em *Lunar*, projetando empolgação e orgulho ao mesmo tempo, e é um protagonista bem sexy na pequena comédia romântica *Encalhados*. Fui limitada ao desmerecer Elizabeth Banks como uma "loura genérica" até ela dividir a tela com Cusack no já mencionado *The Beach Boys: uma história de sucesso*, no qual faz um trabalho de sensibilidade impressionante, cheio de nuances e emocionante, como Melinda, a futura esposa de Brian Wilson.

O desempenho de Banks em *The Beach Boys: uma história de sucesso* foi ainda mais impressionante pelo fato de que ela passa a maior parte do filme apenas escutando. A arte da atuação, é claro, se resume a exatamente isso em seus melhores momentos. E, quando os atores conseguem fazer com que a gente se conecte completamente com aquilo que eles escutam, tudo mais desaparece, inclusive nossas próprias implicâncias e pressuposições. Os astros deixam de ser as pessoas que achávamos que eram. E, por algumas horas, nos convidam a nos tornar alguém diferente, junto com eles.

AVALIAR O DESEMPENHO DE UM ator é uma das tarefas mais difíceis para os críticos. Devido ao fato de boas performances parecerem tão naturais — e por obedecerem de forma tão verossímil nossas ideias de como as pessoas vivem, conversam

Como falar sobre cinema

e se comportam —, elas quase literalmente desafiam qualquer descrição. E como as melhores performances, em geral, são produto de preparos, análises e reflexões frequentemente invisíveis, é impossível identificar o que o ator está "fazendo" quando, por fim, surge diante da câmera. Boas atuações tratam apenas de contar a verdade, sem exageros atrapalhados ou caretas, controlando a voz, o corpo, expressões faciais, emoções, e seguindo alguma intuição profunda, inexplicável.

Depois de tanto treinamento, exercícios, análises de roteiro e pesquisa, depois de uma vida interior ter sido inventada e uma vida exterior, estabelecida, depois que as memórias de sensações foram desenterradas e as falas, decoradas, quando as luzes esquentam e a câmera liga — é então que o ator para de atuar e simplesmente é. Ele não está simplesmente no momento. Ele está no *momento* do momento.

É nessa altura que o público completa o circuito, dando significado a um papel que só existia no papel e desenvolvendo o personagem junto com o artista. No suspense *O espião que sabia demais*, de 2011, Gary Oldman interpreta o agente da MI-5 George Smiley, e a última cena do filme é simplesmente ele sentado à uma mesa de reunião, se virando para encarar o público. "Alguém me perguntou... O que eu estava pensando na última cena", lembrou Oldman quando o entrevistei. "E respondi: 'Bom, eu entro, sento e preciso olhar ao redor e encarar pessoas imaginárias que não estavam ali. Então, em determinado momento, sei que preciso virar a cabeça para a câmera, e a câmera precisa estar posicionada de um jeito certo sobre a mesa antes de eu me virar. Então sento, olho e viro a cabeça.' Falei: 'Era nisso que eu estava pensando. Mas você acabou de assistir ao filme, então está colocando [pensamentos] na minha cabeça. Está fazendo o trabalho por mim.'"[36]

ATUAÇÃO 93

Oldman ecoava seu colega Smiley, Alec Guinness, que, ao receber um Oscar honorário em 1980, se recordou que, quando estudava teatro, "entendi que, se eu queria mesmo ter uma carreira no cinema, a coisa mais sábia a fazer seria absolutamente nada. E é mais ou menos isso que faço desde então".[37] E é mais ou menos isso que todos os grandes atores têm em comum: eles não fazem nada e transformam esse nada em alguma coisa.

FILMES RECOMENDADOS:

Maria Falconetti, *A paixão de Joana D'Arc (1928)*
Marlon Brando, *Sindicato de ladrões (1954)*
Robert De Niro, *Taxi driver: Motorista de táxi (1976)*
Meryl Streep, *A escolha de Sofia (1982)*
Chiwetel Ejiofor, *12 anos de escravidão (2013)*
Viola Davis, *Um limite entre nós (2016)*

Capítulo Três

Design de produção

Críticos de cinema costumam usar a expressão "valor da produção" ao avaliar um filme. Mas o que exatamente significa isso?

Por via de regra, o termo se refere ao visual geral de um filme, o senso de vivacidade, textura e detalhamento que cria na tela um mundo que parece real e habitado — mesmo que a história se passe há muito tempo ou em uma galáxia muito, muito distante. Várias áreas agregam valor à produção, incluindo fotografia e som. Porém, de imediato, o aspecto mais notável é a identidade visual, uma área artística que abrange toda a esfera física de um filme, desde os cenários de fundo, locações, sets de filmagem e objetos usados em cena até fantasias, cabelo e maquiagem. (Em geral, o diretor contrata o diretor de arte bem no começo do processo; essa pessoa então gerencia um departamento composto por decoradores, artistas e artesãos. O diretor de arte trabalha em proximidade com cabelereiros, maquiadores e figurinistas, e todos eles são subordinados ao diretor.)

Em termos mais simples, o diretor de arte é responsável por tudo que vemos na tela — cada ambiente que os personagens habitam e pelos quais passam, cada elemento que usam ou observam, cada item de decoração, por mais minúsculo que seja. Mesmo as locações mais naturais e "simples" foram modificadas de alguma forma pelo diretor de arte para se adequar às necessidades do filme sendo gravado.

Algumas pessoas usam o termo francês *mise-en-scène* (traduzido de forma literal como "montar o palco") para se referir à aparência e disposição dos elementos visuais de um filme dentro de cada *frame*. Eu também gosto de dizer que elas são a cultura material de um filme: as "coisas" tangíveis, palpáveis, que estabelecem um senso de localização e incentivam o público a aceitar a realidade daquilo que são incentivados a acreditar. Os elementos da direção de arte projetam informações — não apenas sobre o mundo e os personagens na tela, mas também sobre o gosto, a perspectiva e o julgamento estético da pessoa por trás da câmera.

Na verdade, o diretor trabalha em tanta proximidade com o diretor de arte — e os dois trabalham em tanta proximidade com o diretor de fotografia — que com frequência é difícil distinguir onde termina a contribuição de um e começa a do outro.

O título "diretor de arte" se originou com William Cameron Menzies. Apesar de ele ter executado trabalhos pioneiros em filmes mudos como *O ladrão de Bagdá* e, depois, *As aventuras de Tom Sawyer*, o produtor David O. Selznick lhe deu o título de diretor de arte em *...E o vento levou*, para o qual Menzies criou a elaborada sequência da queimada de Atlanta, assim como os opulentos e belamente detalhados cenários interiores do filme. O crédito de Menzies como diretor de arte era um reflexo da sua autoridade na produção, na qual Selznick lhe deu a palavra final sobre todos os elementos visuais, inclusive a paleta de cores em tecnicolor vibrante do filme.

DESIGN DE PRODUÇÃO

Às vezes chamados de designers de produção, editores de arte ou diretores de arte, Menzies e seus colegas contemporâneos como Cedric Gibbons (*O mágico de Oz, Cantando na chuva, Núpcias de escândalo*), Albert S. D'Agostino (*Soberba, Interlúdio*) e Van Nest Polglase e Perry Ferguson (*Cidadão Kane, Suspeita, Os melhores anos de nossas vidas*) criaram alguns dos cenários mais exuberantes e criativos da história do cinema, abrangendo fantasia com tons de fábula, glamour idealizado, realismo diário e abstração surreal.

Hoje em dia, tendemos a associar a direção de arte com cineastas de estilos visuais fortes, marcantes: os Wes Andersons, Guillermo del Toro e George Millers da vida. E, assim como veremos na seção sobre edição, o Oscar de design de produção geralmente recompensa os exemplos mais óbvios e chamativos da arte — dramas históricos com figurinos extravagantes ou espetáculos visualmente engenhosos, como *Mad Max: estrada da fúria*, o vencedor de 2016. Essa tendência é compreensível, porque a direção de arte é mais evidente em filmes de época e fantasia. Mas também passa aos espectadores a mensagem errada de que a ostentação é o fator mais importante — que uma boa direção de arte sempre significa os cenários mais chamativos e exagerados. Na verdade, o design de produção é tão crucial para filmes realistas e simples quanto para os extravagantes.

A melhor direção de arte é tão natural e discreta que talvez nem seja percebida pelo espectador — um etos personificado pelas pedrinhas pretas que o diretor de arte John Box acrescentou às cenas no deserto de *Lawrence da Arábia* para dar ao público um ponto de referência na imensidão vasta e bege, ou os truques engenhosos que Joe Alves usou para transformar um tubarão mecânico que mal funcionava em um monstro realista e ameaçador em *Tubarão*. Quando o design de produção dá errado, o resultado pode ser de uma obviedade dolorosa, como quando Bradley Cooper segura um bebê nitidamente falso em *Sniper americano*, causando um momento em que todo mundo revira os olhos para um filme que, fora isso, é convincente.

No auge de sua suntuosidade e imaginação, a direção de arte aumenta a diversão do público de forma incalculável. Por décadas, os apetrechos, carros e covis de vilões criados por Ken Adam definiram o mundo fantasioso, divertido e sexy de James Bond, assim como o figurino, as criaturas e os ambientes físicos dos filmes de Ridley Scott criam visuais com estilos distintos e um clima emocional pesado. Em contraste, os dramas contemporâneos leves, aparentemente improvisados, de cineastas como Mike Leigh (*Segredos e mentiras*) e Noah Baumbach (*Enquanto somos jovens, Mistress America*) frequentemente parecem estar capturando momentos por impulso, mesmo que exista a possibilidade de suas produções terem sido elaboradas com cuidado e construídas por meses. O efeito do produto final é de uma espontaneidade desprendida, natural. Os melhores diretores de arte se inspiram em tensões inerentes — entre invisibilidade e intromissão, verossimilhança e inibição — que resultam em experiências visuais agradáveis e texturizadas para os espectadores, e ambientes muito detalhados nos quais os atores podem apresentar suas performances mais fundamentadas.

O SEGUNDO PLANO EM PRIMEIRO PLANO

O que está acontecendo no fundo da tela e o que isso nos indica?

O fundo ajuda a contar a história ou nos distrai dela?

DESIGN DE PRODUÇÃO

A primeira pergunta que um filme bem-escrito propõe é: "Quem somos nós?" A direção de arte oferece a resposta mais óbvia e imediata.

Na maioria dos dramas modernos — ou narrativas históricas que almejam ser precisas —, o objetivo é o realismo, de forma que o público acredite que a história se passa em Nova York ou em Boston, mesmo que seja filmada em Toronto.

Em *Todos os homens do presidente*, o diretor de arte George Jenkins não apenas reproduziu em Los Angeles, em tamanho real, a redação do *The Washington Post* na 15th Street; ele trouxe de avião o lixo real das cestas dos jornalistas (eles receberam caixas de papelão para guardar correspondências indesejadas e detritos que jogariam fora). O detalhismo de Jenkins é refletido no cuidado do diretor do filme, Alan J. Pakula, e do produtor-protagonista, Robert Redford, que insistiram em uma precisão meticulosa para recriar as locações reais de Washington, especialmente a redação. "Além de nos concentrarmos no primeiro plano, estávamos sempre vigiando o segundo plano", contou Redford a Jared Brown, biógrafo de Pakula. "Eu e Alan concordávamos sobre como os detalhes no fundo da tela eram importantes, porque preenchiam a cena e deixavam a obra mais profunda."[38] (Dizem que os walkie--talkies usados na cena de abertura eram do modelo exato que os ladrões reais de Watergate usaram, e as notas de cem dólares que receberam eram da mesma ordem sequencial.)

Esse tipo de atenção tão obsessiva à verossimilhança pode parecer excessiva aos espectadores, talvez até um desperdício — porém, se um diretor e um diretor de arte optam por fazer as coisas de qualquer jeito ou são forçados a isso por restrições de orçamento ou tempo, o resultado será um ambiente físico que sempre parece falso, independentemente de quão autênticos sejam os acontecimentos, diálogos e comportamentos em cena. Elia Kazan, quando trabalhou com o diretor de arte Richard Day, insistiu em usar locações reais em Hoboken para o drama *Sindicato de ladrões*, de 1954, sobre trabalhadores no porto de Nova Jersey, em parte porque estava insatisfeito com o design de produção de sua estreia como diretor, *Laços humanos*, dez anos antes. Apesar de ser uma obra de época, mais tarde ele admitira que seu visual era "essencialmente falso... [Os] cômodos eram limpos demais, bonitos demais, o nítido trabalho do aderecista".[39]

Jeannine Oppewall, que trabalhou como diretora de arte em *Los Angeles: cidade proibida*, *Prenda-me se for capaz*, *Pleasantville: a vida em preto e branco* e *Regras não se aplicam*, dirigido por Warren Beatty e lançado em 2016, defende que a atenção obsessiva aos detalhes é uma forma de o diretor de arte estabelecer uma ética de trabalho para toda a equipe. "A gente chega na frente", disse ela, explicando que o departamento de design e arte geralmente é o primeiro a ser contratado em uma produção. "É nosso dever, no melhor de todos os mundos possíveis, determinar o tom, o padrão e o clima... E preciso elevar o padrão ao máximo para todo mundo que vem atrás de mim, para ninguém ficar de preguiça, para todos sentirem a pressão, para perceberem que existe um nível de trabalho que devem manter. Então é por isso que guardamos o lixo dos outros, e é por isso que fotografamos a mesa de todo mundo, e é por isso que passamos tanto tempo indo atrás de materiais."

Quando Oppewall estava criando os cenários para *Prenda-me se for capaz*, o filme bem-humorado sobre golpes na década de 1960, dirigido por Steven Spielberg, no qual Leonardo DiCaprio interpreta um rapaz que finge ser piloto de avião,

DESIGN DE PRODUÇÃO

101

ela pediu a um assistente que fosse aos arquivos da companhia aérea Pan Am para encontrar materiais que pudessem ser usados como fundo para uma cena rápida em um corredor. Enquanto DiCaprio e outro personagem caminham e falam, toda a história da aviação pode ser vista atrás deles em uma série de fotos e manequins de aeromoças em vitrines. As imagens e roupas antigas certamente acrescentam um interesse visual a um cenário que, de outra forma, seria tedioso, seguindo o plano de Oppewall. Mas também transmitem o próprio relacionamento idealizado do personagem de DiCaprio com a aviação, e compartilha isso com o público. "Foi um momento na história dos Estados Unidos em que entrar em um avião era maravilhoso, era libertador, você podia ir a lugares em que jamais tinha ido", explicou Oppewall. "Então pensei, o que podemos colocar lá para transmitir a sensação de como aquilo era divertido, de como era interessante e do quanto esse garoto precisa aprender? Mesmo que você não se concentre nas fotos, sabe que existem informações lá que ele pode absorver."[40]

De forma parecida, em *A rede social*, o diretor David Fincher e o diretor de arte Donald Graham Burt dispensaram a imagem de Harvard como uma torre de marfim chique; em vez disso, preferiram a realidade desmazelada, surrada, por trás da fachada, com "móveis feios produzidos em massa, lençóis ásperos e alarmes de incêndio no meio da parede"[41], conforme explicou Fincher. (Inclusive, eles encontraram tudo de que precisavam na Universidade John Hopkins, em Baltimore.) Essas escolhas não apenas refletiram a marcante ausência de romance em *A rede social*, mas ajudaram a estabelecer uma ideia específica desde o início: que o protagonista Mark Zuckerberg e seus colegas começavam no mesmo "pé de igualdade", apesar de suas classes sociais distintas.

102   COMO FALAR SOBRE CINEMA

Porém, em alguns casos, os filmes pedem por um design de produção que reconheça e até se jogue por completo no fato de que é tudo um faz de contas. Em *Dick Tracy*, por exemplo, o diretor de arte Richard Sylbert e o diretor Warren Beatty escolheram quadros foscos para os fundos de cena em vez de imagens computadorizadas mais modernas, buscando consistência com a estética estilizada da história em quadrinhos a que davam uma vida tridimensional. (Sylbert, cuja carreira englobou *Um rosto na multidão, Sob o domínio do mal, Chinatown* e *Cidade dos sonhos*, ganhou seu segundo Oscar pelo trabalho em *Dick Tracy*.) Ao usarem locações tão fáceis de identificar em Los Angeles, como as ruas ladeadas por palmeiras e pontos de referência como o Pantages Theatre e o Formosa Café, *Chinatown* e *Los Angeles: cidade proibida* anunciaram sua ambientação física literal; com suas persianas, chapéus fedora, batons vermelho-sangue e cigarros fumegantes, eles se inseriram dentro de uma tradição de filmes sobre outros filmes; nestes casos, os suspenses *noir* da década de 1940 em que se inspiraram.

Um estilo meio semelhante inspirou o visual de *Blade Runner: o caçador de androides*, o suspense de ficção científica de Ridley Scott, no qual elementos familiares do *noir*, como neon, fumaça e ruas brilhantes, foram sobrepostos com carros e arquitetura obviamente imaginados para criar um ar de "futuro gasto" — a mesma mistura de antigo e novo que deu a *Star Wars* a impressão de um mundo que sempre existiu, mesmo que nós o descobríssemos apenas agora.

Alfonso Cuarón queria uma qualidade densamente misturada de passado e futuro semelhante para seu suspense de ficção científica *Filhos da esperança*, que se passa na Inglaterra distópica de 2027. Em todos os seus filmes, começando com *E sua mãe também*, me explicou Cuarón, "o plano de fundo é tão

DESIGN DE PRODUÇÃO 103

importante quanto um personagem".[42] Isso é mais verdade do que nunca em *Filhos da esperança*, que oferece um verdadeiro banquete de informações visuais enquanto Theo, o protagonista interpretado por Clive Owen, faz uma jornada desesperada entre casas, espaços abandonados e um campo de refugiados à beira-mar. Cuarón instruiu os diretores de arte, Jim Clay e Geoffrey Kirkland, a se certificarem de que cada elemento visual fizesse referência aos dias atuais, com toques futuristas discretos, até os cartões-postais cuidadosamente selecionados que decoram a parede do personagem interpretado por Michael Caine. Cada *frame* do filme é abarrotado com sinais sobre como é viver naquele momento e espaço — na verdade, por causa da importância que Cuarón deu ao ambiente material, *Filhos da esperança* quase não tem cenas em *close-up*.

Para *Dick Tracy*, Sylbert adotou a artificialidade — seu mundo não foi criado para nos sentirmos à vontade, apesar de a história em si ser familiar. Em contraste, os cineastas por trás de *Blade Runner: o caçador de androides*, *Star Wars* e *Filhos da esperança* tornaram suas histórias obviamente fantásticas mais verossímeis ao lhes dar uma aparência surrada, desamparada e real. Por outro lado, existem filmes em que a teatralidade existe em uma terra de ninguém inconstante, que alterna entre a credibilidade e uma estilização às vezes bizarra. *De olhos bem fechados*, dirigido por Stanley Kubrick, nem tentou esconder o fato de que foi filmado em um estúdio londrino, apesar de alegar se passar em Nova York.

Apesar de os diretores de arte Les Tomkins e Roy Walker terem sido obsessivos ao recriar as dimensões de Greenwich Village para o filme de Kubrick — chegando a tirar medidas da largura de ruas e registrar a posição de caixas de venda automática de jornais —, o cenário parece montado e teatral, uma escolha estilística que reverbera pela atuação curiosamente distante e apática de Tom Cruise. Entre fachadas de lojas recorrentes e momentos de projeção traseira de aparência artificial (uma técnica arcaica em que atores são filmados diante de uma gravação antiga para sugerir um cenário no fundo), nada transmite a aparência nem a impressão de ser remotamente verdadeiro no filme — porém, como defensores de Kubrick gostam de observar, talvez esse fosse o objetivo de uma obra que almeja ocupar um espaço entre o sonho e a realidade.

O perigo, especialmente em filmes de época, é que o diretor e o diretor de arte façam um excesso de detalhes cair no território fetichista da paródia, usando todos os indicadores possíveis daquele período específico. Como David Fincher disse sobre seu drama criminal *Zodíaco*, passado na década de 1970, "não queríamos fazer um filme sobre gravatas largas e costeletas".[43] *Trapaça*, dirigido por David O. Russell, outro filme ambientado nos anos 1970, chega à beira da paródia com seu papel de parede laminado, acessórios de acrílico e figueiras; *O agente da U.N.C.L.E.*, por outro lado, cai do precipício, com sua estética *mod* da década de 1960 parecendo falsa — e, verdade seja dita, alegre e divertida — em vez de autêntica. Tanto a verossimilhança natural quanto a estilização óbvia são abordagens estéticas válidas, contanto que sejam intencionais e se integrem à história que contam.

Às vezes, o equilíbrio delicado entre o realismo e o estilo pode ser auxiliado por anacronismos inteligentes, bem-posicionados — como piscadelas ou interrupções na narrativa para se conectar com uma era passada e muito distante da nossa. Os diretores Derek Jarman (*Caravaggio*), Alan Rudolph (*A arte do amor*) e Baz Luhrmann (*Moulin Rouge: amor em vermelho*) incluíram sinais modernos brincalhões em obras de época para dar às histórias

DESIGN DE PRODUÇÃO 105

uma relevância revigorante. Talvez o exemplo mais ousado — e mais eficaz — possa ser encontrado em *Maria Antonieta,* de 2006, dirigido por Sofia Coppola, no qual a diretora acrescentou um par de tênis All Star em tom pastel no figurino da rainha adolescente, que, fora isso, era adequado para a época.

Enquanto "erros" propositais deram certo para um filme que buscava humanizar Maria Antonieta como uma jovem vulnerável que acabaria sendo destruída por seu materialismo insensato, a história do cinema está cheia de exemplos em que o visual geral briga com os períodos da história — a cafonice dos épicos bíblicos da década de 1950 ou as paredes artisticamente pintadas com cal de *O discurso do rei*, dirigido por Tom Hooper. A diretora de arte Eve Stewart defendeu estas últimas como fiéis ao gosto teatral do terapeuta Lionel Logue real, porém, no filme, elas parecem estranhamente deslocadas, uma tentativa bonita de estimular interesse visual em um cenário estático. Em outros termos, a direção de arte de *O discurso do rei* — e de *A garota dinamarquesa*, outra colaboração entre Hooper e Stewart — com muita frequência se comporta como um plano de fundo que vai *contra* as performances na tela, em vez de formarem um mundo interior *em que* as pessoas falam, respiram e seguem vidas completas. Seja no primeiro ou no segundo plano, os cenários de um filme devem ser tão vivos quanto as pessoas dentro dele.

DIREÇÕES PSICOLÓGICAS DO PÚBLICO

Que sentimentos são evocados pelos espaços físicos do filme?

Que sentimentos eles refletem?

106 COMO FALAR SOBRE CINEMA

O design de produção não estabelece apenas uma ambientação física. Ele também transmite informações psicológicas e emocionais cruciais.

Apesar da direção de arte propositalmente artificial de *De olhos bem fechados* ter sido uma distração malfeita, os filmes de Stanley Kubrick oferecem uma aula magistral no uso de design exagerado para provocar sentimentos fortes no público, desde os imponentes filmes sobre centros de comando *Glória feita de sangue* e *Dr. Fantástico* ao vazio ecoante do hotel Overlook em *O iluminado.*

Construído em um estúdio londrino por Roy Walker, o Overlook serve como um exemplo intenso de como o cenário de um filme pode enfatizar e ecoar a psicologia de seus personagens. Conforme o escritor com bloqueio criativo interpretado por Jack Nicholson enlouquece, a mistura bizarra de detalhes antigos, tetos exageradamente altos, combinações de cores espalhafatosas e a repetição do tema labirinto pelo hotel aumenta o clima de deslocamento e incentiva a sensação de seres humanos encolhendo diante de forças dominantes, sinistras. (Walker com certeza se inspirou na direção de arte monumental de Perry Ferguson para *Cidadão Kane*, que reinterpretou a propriedade de William Randolph Hearst em San Simeon como uma mansão chamada Xanadu, uma fortaleza majestosa e parcamente mobiliada que Ferguson criou para aproveitar ao máximo a fotografia com profundidade de foco de *Cidadão Kane.*)

Mesmo quando os diretores de arte almejam o máximo de realismo e precisão, eles estão cientes do simbolismo psicológico de seu trabalho. No caso de *Todos os homens do presidente*, o objetivo era realismo, mas Pakula, Jenkins e o diretor de fotografia Gordon Willis também escolheram as locações em

DESIGN DE PRODUÇÃO

Washington pensando em se aproveitar da monumentalidade das instituições que Bob Woodward e Carl Bernstein desafiavam, exibindo os prédios com ares fascistas. Em *A primeira noite de um homem*, o diretor Mike Nichols e o diretor de arte Richard Sylbert concordaram que as duas famílias no filme, os Braddock e os Robinson, deviam personificar os dois lados do sonho californiano de prosperidade e diversão — uma comportada e inofensiva, e a outra mais sinistra e predadora. A casa dos Braddock teria toques de valores da classe média, com linhas retas e a piscina turquesa, enquanto o ambiente dos Robinson seria mais inacessível, lembrando uma selva, implicitamente ameaçador.

Kristi Zea, a diretora de arte de *O silêncio dos inocentes*, criou dois espaços distintos para a heroína, Clarice Starling, circular: as imediações frias, neutras e burocráticas do prédio do FBI em que ela treina, e a prisão úmida, labiríntica e gótica que abriga seu coadjuvante, Hannibal Lecter. Cada um representa uma parte da jornada dela no filme: uma política, enquanto Starling busca avançar em uma carreira dominada por homens, e a outra profundamente emotiva e psicológica, enquanto ela supera seus medos mais primitivos e autodestrutivos. *O silêncio dos inocentes* pode ser responsável por algo que se tornou recorrente na direção de arte, quando um suspense policial precisa incluir pelo menos uma imagem de um quadro cheio de fotos, mapas, nomes e documentos aleatórios, todos conectados por pedaços de linha vermelha. É uma ideia usada com tanta frequência que beira ao clichê, mas sem dúvida serve ao útil propósito de evitar sequências de exposição vazias e ajudar o público a permanecer informado sobre vários personagens e seus relacionamentos. Talvez a gente não perceba na hora, mas a direção de arte de um filme constantemente ajuda a ancorar

108 COMO FALAR SOBRE CINEMA

nossa percepção e compreensão, permitindo que o filme nos afete a nível visual, mental e até subconsciente.

COLORINDO NOSSO MUNDO

As cores são intrusivas, espalhafatosas, óbvias? Ou discretas e quase não aparecem?

As cores ajudam a contar a história ou oferecem contexto em torno de emoções e informações que são perfeitamente claras?

As cores podem definir um filme, criando seu universo simbólico e emocional e engatilhando reações inconscientes no público.

Elas são uma ferramenta tão poderosa que a criação da paleta de um filme costuma ser a primeira coisa que um diretor de arte faz após ler o roteiro. Pense em como o clima exaurido e quase sem cor de *O vencedor*, dirigido por David O. Russell, capturou o ambiente oprimido de Lowell, Massachusetts, e compare-o com os toques de amarelo e dourado que animaram o bem menos naturalista e mais fabuloso *Trapaça*, alguns anos depois. O esquema de cores de cada obra transmitiu mensagens vitais para o público sobre o tom, a perspectiva e o objetivo emocional delas.

A diretora de arte Sarah Greenwood buscava locações para *Desejo e reparação* em mansões na Grã-Bretanha quando se deparou com um tom especialmente notável de "verde-arsênico incrível"[44] em uma cozinha. Ela decidiu torná-lo um tema recorrente do filme no período Pré-guerra, associando-o com

DESIGN DE PRODUÇÃO

109

a sensualidade verdejante do fim do verão e reproduzindo o tom por todo o longa. De forma parecida, o esquema de cores de Sylbert para *Dick Tracy* permitia apenas as sete cores originalmente usadas pelo criador da história em quadrinhos, o cartunista Chester Gould. O resultado foi a adoção bem--humorada das raízes populistas em tirinhas de jornal do filme, em vez de uma adaptação contemporizada, que se leva a sério demais, como é tão comum hoje em dia. Curiosamente, Lee Daniels e sua diretora de arte Roshelle Berliner também se concentraram em tons fortes de vermelho, azul e amarelo para os planos de fundo do drama intenso *Preciosa: Uma história de esperança*, a história do amadurecimento difícil de uma garota em meio a pobreza e abuso na Nova York moderna. Seria fácil, talvez até esperado, apresentar o mundo dela como um ambiente sombrio, desprovido de cores ou alegria, mas Daniels quis capturar a vitalidade e o otimismo da luta infatigável da protagonista por prosperar. "Nós precisávamos mostrar a beleza junto com a dor",[45] explicou ele.

A maioria dos cineastas busca por cores discretas, que reflitam com precisão a época e os ambientes. Mas existem aqueles que não têm medo de cores fantásticas, até vulgares, para dar a seus filmes um emocionalismo assumidamente exaltado. Uma obra de arte dessa abordagem é o musical *Os guarda-chuvas do amor*, de 1964, dirigido por Jacques Demy, a fábula de um romance malfadado transmitida por meio de tons ousados e açucarados de cor-de-rosa confeitado, em uma paleta extravagantemente chamativa que seria ecoada no musical sobre as dificuldades do amor *La La Land: Cantando estações*, de 2016. Os diretores Spike Lee, Pedro Almodóvar e Todd Haynes usaram cores com uma ousadia semelhante, evocando o estilo impressionante dos melodramas da década de 1950 que tanto amam. Uma tese inteira poderia ser escrita sobre o uso do vermelho em *Faça a coisa certa*, *Tudo sobre minha mãe* e *Carol*, no qual a cor denota estratagemas femininos, desejo e violência iminente, respectivamente.

Desde o casaco vermelho posicionado de forma estratégica (lá vem essa cor de novo!) da garotinha no drama do holocausto em preto e branco *A lista de Schindler*, dirigido por Steven Spielberg, às tonalidades saturadas dos suspenses *Fogo contra fogo* e *Colateral*, dirigidos por Michael Mann, as cores são fundamentais para a composição visual e psicológica de um filme. Infelizmente, elas também podem ser vítimas de clichês, como a fumaça amarela-esverdeada sulfúrica que parece ter dominado dramas militares desde *Falcão negro em perigo*, ou a névoa azul-acinzentada que cobriu os filmes de época mais recentes de Steven Spielberg, incluindo *Lincoln* e *Ponte dos espiões*. Se e quando você notar uma cor, faça esta pergunta: qual é a função dela na cena ou no filme em geral (pode ser algo tão básico quanto ajudar a acompanhar um protagonista em meio a uma multidão ou destacar a parte mais importante dos acontecimentos na tela)? Se ela for bonita e útil, seja de forma simbólica, narrativa ou por fisicamente guiar o olhar, então cumpriu seu objetivo.

UMA VISÃO PRÓPRIA

De quem é o mundo em que estamos?

As melhores direções de arte tornam possível que os espectadores não apenas compreendam o ponto de vista do protagonista, mas o compartilhem.

DESIGN DE PRODUÇÃO

Para a cena central de hipnose no suspense da Guerra Fria *Sob o domínio do mal*, dirigido por John Frankenheimer, Richard Sylbert construiu três sets diferentes, um para um grupo de soldados norte-americanos sofrendo lavagem cerebral, um para um encontro do clube de jardinagem de mulheres e outro para a sessão de hipnose vista apenas pela perspectiva de soldados negros. Em colaboração com o diretor de fotografia Lionel Lindon, Frankenheimer filmou a cena inteira três vezes, circulando completamente cada set. Depois trabalhou com o editor Ferris Webster para editar os trechos de forma que todos se juntam em um sonho que se desdobra com naturalidade.

De forma parecida, os elementos com frequência apavorantes de *Um corpo que cai*, dirigido por Alfred Hitchcock, e *Réquiem para um sonho*, dirigido por Darren Aronofsky, puxam os espectadores para uma visão agitada e distorcida de seus protagonistas, que sofrem de uma ansiedade paralisante e vícios, respectivamente. (A diretora de arte Thérèse DePrez executou um design de produção subjetivo semelhante para *Cisne negro*, no qual acompanha o colapso mental de uma bailarina com o uso de engenhosos temas duplicados por espelhos, janelas e outras superfícies refletoras.) Parte do que tornou *Trainspotting: sem limites* um sucesso tão grande para o diretor Danny Boyle no seu lançamento em 1996 foi a maneira como ele capturou a experiência física e psicológica do vício em heroína do protagonista com detalhes tão ousados e espantosos que chegavam a causar enjoo. A cena mais famosa do filme, quando o público acompanha o personagem de Ewan McGregor para dentro de uma privada enquanto ele tenta recuperar suas drogas perdidas, foi um golpe de mestre da imaginação e execução visual, ainda mais impressionante por ter sido executada de forma relativamente primitiva: a designer de produção Kave Quinn

112 COMO FALAR SOBRE CINEMA

simplesmente cortou uma privada ao meio e pediu a McGregor para deslizar por uma rampa estrategicamente posicionada atrás dela (McGregor acrescentou o toque sagaz de retorcer as pernas para parecer que estava literalmente descendo pelo ralo). Ao capturar a sordidez e o desespero do vício em drogas com uma subjetividade tão inteligente e agoniante, Quinn e Boyle criaram uma das sequências mais memoráveis da época.

O design de produção não apenas ajuda a definir o personagem para os espectadores, mas com frequência transmite valores, ânsias e desejos de um jeito que os personagens principais não podem transmitir — como em *Carol*, sobre duas mulheres se apaixonando na Nova York da década de 1950, no qual o diretor Todd Haynes e a diretora de arte Judy Becker chegaram ao limiar da cafonice ao evocar o cada-coisa-em-seu--lugarsismo impecável da época, convidando os espectadores tanto a admirar a beleza superficial quanto a contemplar aquilo que as personagens queriam esconder ou expressar sobre si mesmas por meio de suas roupas.

Especialmente em filmes de época, a direção de arte faz o trabalho pesado em transmitir a mudança de sorte dos personagens, seja o assentamento esquelético no Noroeste Pacífico de *Onde os homens são homens*, cujas construções vão se tornando mais sólidas e adornadas com o passar do tempo, ou os interiores domésticos criados por Patrizia von Brandenstein para *Amadeus*, que gradualmente se tornam mais vazios de móveis e acessórios conforme as despesas de Mozart aumentam e seus trabalhos diminuem. Sob a direção de Martin Scorsese, a diretora de arte Kristi Zea encheu todas as cenas de *Os bons companheiros* com o máximo possível de informações para transmitir a prosperidade e o senso de segurança relativos de Henry e Karen Hill em todos os momentos. Como Scorsese observou mais tarde,

Design de produção

113

"precisava haver... um caráter frenético de transmitir tudo que fosse possível para o público, quase atordoando-o com imagens e informações, para você poder assistir ao filme algumas vezes e ainda conseguir absorver alguma coisa".[46]

Para seu filme semiautobiográfico, *Toda forma de amor*, de 2010, Mike Mills gravou em uma casa histórica projetada por Richard Neutra, em Los Angeles, que serviu como a residência fictícia de um homem levemente baseado em seu pai, o falecido diretor de museu Paul Mills. "A família Topper morou ali por, tipo, quarenta anos, e o lugar tem toda a aura e a bagunça da família", disse Mills na época. "Então... Na cozinha e em alguns dos quartinhos, são só as coisas deles. Mal toquei em nada, porque é impossível recriar aquele acúmulo... Nós quase não usamos iluminação, e a pintura permanece igual, a mesa e as cadeiras da sala de jantar são deles, e só levei algumas cadeiras e obras de arte tradicionais dos meus pais, alguns de seus panos para cobrir o sofá e colchas. Então a gente lidou com o cenário meio como se gravasse um documentário."

Como resultado, a casa de *Toda forma de amor* é a imagem do lar elegantemente abarrotado de um ex-curador de arte. Depois, Mills — que já foi designer gráfico — colocou seus próprios desenhos e design no filme como trabalho do personagem baseado nele mesmo, interpretado por Ewan McGregor. "Ele é um personagem bem reflexivo. Não expressa muita coisa", disse Mills sobre o Oliver de McGregor. "Então os desenhos, as partes gráficas... Tudo se tornou uma forma de ajudar o público a visualizar pelo que ele estava passando."[47] Mills seguiu uma abordagem parecida em *Mulheres do século 20*, seu filme de 2016, no qual homenageou sua falecida mãe; ele deu à atriz Annette Bening algumas pulseiras de prata da mãe para usar durante as filmagens, e o set foi decorado com os mesmos panos que a casa de Montecito de seus pais. É só nesse acúmulo cuidadoso de detalhes motivados pelo personagem que um filme consegue ganhar vida, inserindo o público em ambientes que revelam tanto sobre seus habitantes quanto nossas casas reais revelam sobre nós.

ESTOU PRONTA PARA O MEU *CLOSE-UP*

Como era a aparência dos atores?

O cabelo e a maquiagem combinaram com os personagens?

Nós queremos que nossos astros sejam bonitos. Os problemas começam quando *eles* querem ser bonitos.

O cabelo e a maquiagem representam sacrifícios relativamente pequenos, mas mesmo assim importantes, que os atores fazem em nome de sua arte, especialmente quando são forçados a se apresentar de um modo pouco lisonjeiro. Os bons deixam a vaidade de lado e permitem que seus personagens imponham um estilo, seja Charlize Theron se tornando irreconhecível como a protagonista corpulenta e estressada de *Monster: desejo assassino*, ou Javier Bardem permitindo que os irmãos Coen lhe dessem um corte de cabelo de cuia absurdo para seu papel como o assassino psicótico de *Onde os fracos não têm vez*. Apesar de transformações tão excepcionais costumarem ser recompensadas pela imprensa e na temporada de premiações (tanto Theron quanto Bardem ganharam um Oscar pelo aborrecimento), é comum que astros se recusem ou não recebam permissão para mudar seu visual de forma dramática para um papel, para não alienar os fãs.

DESIGN DE PRODUÇÃO 115

A aparência de um ator é um equilíbrio delicado entre autenticidade e expectativas do público, e, geralmente, as expectativas ganham, um fato atestado pelo cabelo e a maquiagem de Julie Christie, Faye Dunaway e Barbra Streisand nos filmes de época *Dr. Jivago, Bonnie e Clyde: uma rajada de balas* e *Funny girl: uma garota genial*, respectivamente; o mullet típico dos anos 1980 de Patrick Swayze no musical *Dirty Dancing: ritmo quente*, que se passa na década de 1960; ou o cabelo e maquiagem perfeitos em *Pearl Harbor*, no qual Ben Affleck e seus colegas de cena parecem estar brincando de se fantasiar com roupas vintage caras.

Comentários de complexidade talmúdica ainda são feitos tanto a favor quanto contra o nariz prostético de Nicole Kidman na adaptação literária pomposa de *As horas*, de 2002. Para alguns, a disposição de Kidman a abrir mão da vaidade para interpretar Virginia Woolf foi um gesto admirável de seriedade artística; para outros, o nariz foi uma distração desnecessária.

Por um acaso, eu acho que o nariz funcionou. Mas há muitos casos em que próteses atrapalharam performances que teriam sido ótimas sem elas: não havia qualquer necessidade de tornar Emma Thompson tão exageradamente horrorosa na comédia *Nanny McPhee: a babá encantada*. Nem Leonardo DiCaprio precisava parecer tão disfarçado para estrelar *J. Edgar*, o filme biográfico sobre Hoover, o diretor de longa data do FBI. Mais recentemente, a decisão de ressuscitar a peruca vermelha de Julia Roberts de *Um lugar chamado Notting Hill* para a comédia irrefletida *O maior amor do mundo* podia ter passado como uma piada interna engraçada, mas ficou parecendo falsa e imperdoavelmente feia, assim como Angelina Jolie em uma cena no clímax de *O turista*, quando seu visual passou de espiã internacional glamorosa para matrona em treinamento apenas por causa de um vestido de festa preto antiquado e um penteado igualmente bolorento.

Enquanto trabalhos de maquiagem complicados antes eram apenas questão de o ator passar horas aboletado em uma cadeira sendo maquiado e paramentado com próteses (chamadas de "apliques"), hoje em dia, eles costumam ser uma mistura do velho *pancake* com tecnologia de ponta. Esse foi o caso de Brad Pitt, que passou horas sentado para que fossem tirados moldes do seu rosto para *O curioso caso de Benjamin Button*, durante o qual sua idade é revertida em mais de setenta anos, uma ilusão conquistada por meio da combinação impecável de maquiagem e efeitos especiais. Apesar de ambos os processos serem meticulosos e demorados, envolvendo remendos translúcidos, finíssimos, de rugas para a testa de profundidades variadas, sofisticada tecnologia de captura de movimento e o encaixe meticuloso do rosto de Pitt aos corpos dos atores que o "interpretaram" em idades diferentes, nada disso foi gritante para os espectadores enquanto assistiam ao filme, tão imersos estavam no romance extraordinário entre Button e sua amiga de infância. Em vez de nos perguntarmos "Como fizeram isso?", nós só nos importamos com o que aconteceria a seguir — o teste decisivo para o cabelo e maquiagem que ajudam a história em vez de chamarem atenção para seu próprio espetáculo, por mais impressionante que seja.

AS ROUPAS FAZEM O FILME

Os atores usaram as roupas ou as roupas usaram os atores?

DESIGN DE PRODUÇÃO 117

Assim como as roupas fazem o homem, elas fazem — ou destroem — um filme.

Quando comecei na carreira como jornalista de cinema, um dos primeiros famosos que entrevistei foi Michael Douglas, que teve a bondade de fazer alguns comentários para uma matéria sobre a figurinista de *Wall Street: poder e cobiça*, Ellen Mirojnick. Mirojnick foi meticulosa ao planejar e montar o guarda-roupa de 28 mil dólares do personagem de Douglas, Gordon Gekko, criando um visual que se tornaria o símbolo da moda do dinamismo agressivo da década de 1980 — ternos de Alan Flusser impecavelmente ajustados, camisas feitas sob medida, suspensórios irreverentes. Porém, para Douglas, o figurino teve um papel diferente: ele o ajudou a encontrar seu personagem. "Quando eu vestia aqueles ternos e colocava as abotoaduras pela manhã e fumava aquele primeiro cigarro, tudo entrava no lugar",[48] me contou ele. Mirojnick já havia passado pelo desafio de preparar o figurino de Douglas para *Instinto selvagem*, que foi lançado no mesmo ano. "Eu queria fazer com que Gekko fosse o maioral", explicou ela. "É o corte do terno, como ele é arrumado, aquilo que basicamente diz 'Quero mais é que você se dane.'"[49]

Assim como os atores fazem uso de recursos psicológicos e faciais e de trabalho corporal para transmitir seus personagens, o figurinista trabalha com silhuetas, caimento, cores e texturas para reforçar e expressar esses personagens, não importa se são abrutalhados e animalescos (a blusa justa e manchada de Marlon Brando em *Um bonde chamado desejo*), se estão se transformando de um modo importante, porém implícito (os ternos russos severos de Greta Garbo em *Ninotchka* sendo substituídos por vestidos de chiffon cheios de babados, mais femininos) ou se vivem o tempo todo na incerteza (Matt Damon usando apenas uma jaqueta fina e um casaco em *A supremacia Bourne*).

Assim como o figurino transmite a classe, a história, as raízes regionais e até a religião e os hábitos sexuais de um personagem, ele também pode expressar desejos implícitos e autoimagens não realizadas. O figurino, nas palavras de Elia Kazan, deve "parecer uma expressão da alma do personagem".[50] Mas ele também apresenta os astros no auge do seu glamour e sedução, dando ao público um frisson de escapismo aspiracional e prazer sensual. A moda e o cinema estão simbioticamente entrelaçados desde a criação deste último: começando com os cinejornais falando sobre alta costura e continuando com sequências de desfiles da moda em voga e montagens de transformações de visual, assistir aos nossos atores favoritos em roupas maravilhosas é uma parte enorme da experiência estética de ir ao cinema. O figurino também oferece mensagens nas entrelinhas: pense na divisão implícita do trabalho escravo que é demonstrada com a criada interpretada por Hattie McDaniel amarrando os vestidos esvoaçantes de Vivien Leigh em *...E o vento levou*, no vestido frente única inocente (ou não?) de Marilyn Monroe em *O pecado mora ao lado* ou no robe que Katharine Hepburn veste após nadar em *Núpcias de escândalo*, a personalidade emocionalmente distante de sua personagem sendo firmada de forma impagável no caimento severo e escultural da peça. Essa silhueta seria elaborada para se tornar ainda mais icônica trinta anos depois, em *Star Wars*, no qual a capa e o capacete pretos de Darth Vader lhe dão o peso e a monumentalidade de um deus imponente.

Mas as roupas também operam em um nível mais sutil, criando tendências de moda que se exteriorizam em nossos próprios gostos e escolhas. Os designs de Flusser para *Wall*

DESIGN DE PRODUÇÃO   119

Street: poder e cobiça — e os ternos da Armani em *Gigolô americano*
antes disso — tiveram um forte impacto na moda masculina
dos anos 1980, assim como as saias midi retas e boinas joviais
de Faye Dunaway em *Bonnie e Clyde: uma rajada de balas* e as
calças cáqui e gravatas finas de Diane Keaton em *Noivo neurótico,
noiva nervosa* levaram as mulheres a incorporar esses *looks* nas
décadas de 1960 e 1970. Como a maioria dos outros elementos
do design de produção de um filme, o figurino depende de sua
autenticidade para dar certo ou ser um fracasso, mas ele exerce
uma força igualmente poderosa para atrair a identificação do
público, convidando os espectadores a imaginarem a si mesmos
no lugar das pessoas a quem assistem na tela. Quando o figurino
de um filme consegue chegar ao mercado da moda popular,
significa que se conectou com as pessoas em um nível que
vai além da história e do personagem, alcançando as maiores
aspirações do espectador.

Não importa se são meticulosamente planejados e costura-
dos à mão ou comprados em uma loja, os melhores figurinos do
cinema trabalham junto com a direção de arte geral para definir
a ambientação, a época, o personagem e a emoção — e fazem
isso com até o último figurante, que deve ser tão cuidadosamente planejado e vestido quanto os personagens principais.
(Curiosamente, o diretor Ang Lee me contou que, quando
estava escolhendo os figurantes para usar os shorts cortados
e as camisas com estampa tie-dye que dominaram seu filme
Aconteceu em Woodstock, teve dificuldade para encontrar corpos
jovens que não fossem muito malhados para convencerem
como a versão adolescente amaciada da geração *baby boomer*.)[51]

É por isso que obras como *Mad Max: estrada da fúria* e *Star
Wars* ganham Oscars pelo figurino em vez de os dramas de
época cheios de roupas elaboradas: os dois mostram um nível

120   COMO FALAR SOBRE CINEMA

de detalhamento extraordinário para sugerir um mundo esfarrapado, desgastado, que existe fora dos estúdios. Bem menos chamativas, porém igualmente exatas, foram as calças cáqui com pregas e as camisas de botão sem graça e largas que os jornalistas usam em *Spotlight: Segredos revelados*, no qual as roupas gastas não atribuem muito glamour ou estilo aos usuários, mas desaparecem — do jeito que precisa ser.

EFEITOS ESPECIAIS

Talvez eles tenham feito você olhar, mas você prestou atenção?

Ao contrário de boa parte do design de produção, os efeitos visuais costumam ser acrescentados no final de tudo. Mesmo assim, sua contribuição para o aspecto geral de um filme pode ser tão essencial quanto a construção e a decoração do set, figurino, cabelo e maquiagem, elementos que geralmente são unidos para criar uma unidade uniforme, natural.

Os efeitos especiais se tornaram uma parte tão essencial da experiência de ir ao cinema que faz sentido o público se sentir um pouco cansado deles. Será que os efeitos especiais continuam sendo tão especiais assim?

Diga lá: Quando foi a última vez que os efeitos especiais de um filme impressionaram você? Agora, compare-os com o último filme a que você assistiu com um mundo tão completamente criativo, tão milimetricamente elaborado e tão absolutamente distante de sua experiência diária que você *esqueceu* que estava olhando para efeitos especiais. (Um dos meus exemplos mais recentes foi assistir ao arrebatador *Mogli: o menino*

DESIGN DE PRODUÇÃO

lobo, de 2016, feito quase por completo com imagens criadas por computador, com exceção das filmagens reais do único ator humano, Neel Sethi, que interpretou o pequeno Mogli.)

Ao falar de efeitos especiais, alguns títulos marcantes sempre são citados: o rudimentar — e mesmo assim cativante — experimento de George Méliès de 1902, com truques visuais ainda embrionários, em *Viagem à Lua*; as miniaturas, as pinturas foscas e a montagem de *Metrópolis*, dirigido por Fritz Lang; e os cenários detalhados e as técnicas inovadoras de fotografia de *2001: uma odisseia no espaço*, dirigido por Stanley Kubrick. Em anos mais recentes, filmes como *Matrix, Titanic, Avatar* e *As aventuras de Pi* elevaram os efeitos a novos patamares, conforme a tecnologia digital torna possível que os cineastas realizem suas visões mais surreais.

Porém, com frequência, o meio pelo qual um filme executa suas façanhas físicas mais impressionantes — a recriação do naufrágio de um navio lendário, por exemplo, ou fazer os espectadores acreditarem que um garoto dividiu um barquinho com um tigre-de-bengala vivo — acaba não passando de uma ferramenta de marketing. Apesar da dedicação do diretor James Cameron de pesquisar o Titanic e reconstruí-lo em mínimos detalhes ter resultado em um espetáculo tecnicamente impressionante, isso não ajudou o roteiro a superar os pontos fracos que já discutimos; essas limitações ficaram ainda mais dolorosamente nítidas em *Avatar*, também dirigido por Cameron, que solucionou o desafio de fundir performances reais com performances em captura de movimento e digitalmente aprimoradas, mas tudo em nome de uma história clichê e personagens insossos.

Avatar pode ter sido o auge da modernidade em 2009, porém gostei muito mais do menos tecnológico *O Labirinto do Fauno*, dirigido por Guillermo del Toro alguns anos antes, para o qual del Toro e sua equipe de arte criaram bonecos complexos de látex e fibra de vidro para popular o mundo de sonhos assustador de uma menina durante a era Franco na Espanha. Parte da graça que o público encontrou em *Forrest Gump: o contador de histórias* foi observar como o diretor Robert Zemeckis usava novas técnicas de edição para inserir o ingênuo personagem-título, interpretado por Tom Hanks, em filmagens reais de eventos mundiais famosos; porém, dentro de uma história desajeitadamente simplista, aquilo logo começou a parecer um truque irritante. Anos depois, o ator Armie Hammer interpretaria irmãos gêmeos em *A rede social* com uma tática visual parecida, porém bem mais sutil e sagaz (especialmente em seu trabalho de voz, ajustando levemente o tom de acordo com o irmão que interpretava). Tudo isso apenas para dizer que, no geral, os melhores efeitos especiais são aqueles que você nem percebe.

Com a invasão atual de filmes sobre histórias em quadrinhos e espetáculos movidos por efeitos especiais, Hollywood parece determinada a descobrir de quantas bolas de fogo um grupo de heróis machões consegue desviar sem muito esforço antes de o público parar de se impressionar. Para mim, esse limite foi alcançado há muitos anos. Graças a softwares de "pré-visualização", usados pelos técnicos de efeitos especiais para inserir estrondos, colisões e explosões em rascunhos computadorizados do filme, agora temos obras que usam a mesma versão automática desses efeitos sempre que precisam de uma dose de adrenalina (existem bibliotecas digitais com esse propósito — as pessoas mais entendedoras do assunto conseguem notar as explosões e proezas genéricas de ação que foram reutilizadas em vários filmes). É bem mais impressionante do

DESIGN DE PRODUÇÃO

que simplesmente explodir coisas pela milésima vez quando a tecnologia e cenários práticos, da vida real, são usados para criar um mundo convincente nas telas — que então pode ser destruído com muito estardalhaço.

Estou convencida de que o motivo para eu ter gostado tanto de *A origem*, dirigido por Christopher Nolan, foi por ele e sua equipe de design de produção terem executado os efeitos sonhadores absurdos do filme sem computadores sempre que possível. O resultado foi um mundo que desmoronava, girava, se inclinava e rodava sem uma verossimilhança nauseante. Outro bom exemplo é *Minority Report: a nova lei*, dirigido por Steven Spielberg, no qual o diretor quis criar um "futuro com os pés no chão" na capital Washington. Junto com o diretor de arte Alex McDowell e uma equipe de consultores das áreas de medicina, criminologia, transporte e ciência da computação, Spielberg criou uma "bíblia da tecnologia" com todos os apetrechos e ferramentas que o personagem de Tom Cruise usaria em sua vida diária. Porém, após ser meticuloso ao criar um visual futurista, Spielberg começou a "jogar tudo fora", diminuindo sua importância nas cenas. Desde o princípio, insistiu Spielberg, ele queria que *Minority Report: a nova lei* fosse a história sobre uma "perseguição psicológica", não um filme cheio de efeitos especiais. "Paguei uma fortuna para fazer uma caixa de cereal falante", me contou ele quando o filme foi lançado, em 2002. "Mas, em vez de chamar atenção para ela, a coloquei no fundo da cena."[52] (A abordagem casual de Spielberg com a tecnologia acabou sendo surpreendentemente profética, ainda mais se tratando das imagens holográficas e da computação pessoal que os consumidores do século XXI agora encaram como coisas corriqueiras.)

124 COMO FALAR SOBRE CINEMA

Está na natureza do cinema — que é tanto uma tecnologia quanto uma forma de arte e uma indústria — continuamente buscar novas fronteiras nos meios de produção. Pioneiros como James Cameron, George Miller de *Mad Max* e Peter Jackson sem dúvida enxergam isso. Dentro de alguns anos, é provável que tenhamos o primeiro longa-metragem que explore as capacidades imersivas da realidade virtual. Mas nem sempre tudo que é mais novo e moderno é melhor. Como a própria série *O hobbit* de Jackson provou de forma tão triste, obras espetaculares e badaladas podem ser tão chatas, repetitivas e sem imaginação quanto um fracasso com a tecnologia mais simples.

Apesar de grandes efeitos especiais serem resultados de intenso planejamento, imaginação e uma execução meticulosa e demorada, eles devem ser quase invisíveis ao serem apresentados ao público: em vez de nos perguntarmos como fizeram Sandra Bullock flutuar por uma espaçonave abandonada, ou como Tom Cruise se pendurou em um avião decolando, ou como Sigourney Weaver foi ameaçada por um monstro extraterrestre gosmento, devemos entrar nessas realidades — e cada uma delas, em níveis variados, foi baseada em alguma parte do nosso mundo. Um dos melhores usos de efeitos especiais recentes pode ser visto no filme *Ex_Machina: instinto artificial*, no qual Alicia Vikander interpreta um robô que deseja se tornar humano. Apesar de sua "carapaça" física ter sido criada por meio de uma mágica computacional complicada, foi sua performance facial e física — delicada, expressiva, graciosa — que literalmente deu vida à personagem. *Mad Max: estrada da fúria*, lançado no mesmo ano, também se passa em um futuro distópico, porém com um estilo visual muito mais escandaloso, desinibido, que ajuda a instaurar o tom; efeitos visuais foram usados de maneira qua-

DESIGN DE PRODUÇÃO

se invisível em um, e de forma mais gráfica no outro. E são impecáveis nos dois.

O PRINCÍPIO DO PRAZER

Foi mesmo lindo, e isso faz diferença?

Alguns fãs de Nancy Meyers, que escreveu e dirigiu as comédias românticas *Alguém tem que ceder*, *O amor não tira férias* e *Simplesmente complicado*, entre outras, adoram suas obras pelos diálogos provocantes ou pelas observações afiadas sobre a vida na meia-idade.

Eu só fico babando pelas panelas de cobre em suas cozinhas.

No seu aspecto mais básico, a direção de arte contribui muito com a diversão do público, criando uma oportunidade de nos deleitarmos com o que é mostrado na tela ou absorver aquilo de forma indireta, como uma parte quase subconsciente, porém não menos gratificante, da experiência visual. O cinema sempre foi um meio de comunicação representativo, voyeurista e escapista, não importa se os espectadores estão se inserindo na opulência em *art déco* de um musical de Fred Astaire, na decoração invejável das comédias românticas de Nancy Myers ou nas caixas de joias atemporais e meticulosamente arrumadas de Wes Anderson. Parte da graça de assistir a clássicos como *Janela indiscreta* e *...E o vento levou* — assim como filmes recentes como *Ela*, *Anna Karenina* de Joe Wright e *Um mergulho no passado* — é a pura beleza de seus cenários e figurinos.

Mas um filme pode ser bonito em excesso? Nas décadas de 1980 e 1990, o trabalho de Ismail Merchant e James Ivory — mais conhecidos por filmes "históricos" britânicos como

126   COMO FALAR SOBRE CINEMA

Uma janela para o amor, Maurice e *Retorno a Howard's End* — se tornaram um atalho para o tipo de drama de época paramentado que fica escondido sob camadas de anáguas, cascalho barulhento e bolinhos com chá, uma história embelezada que a historiadora cinematográfica Jane Barnwell chamou de "a versão aconchegante do passado".[53] Por mais ambivalentes que os historiadores sejam sobre a versão de Merchant-Ivory da Grã-Bretanha, essas produções pelo menos tinham a vantagem de contar com os roteiros de Ruth Prawer Jhabvala e atores fantásticos para evitar que fossem dominados por enfeites e aquilo que Oppewall sarcasticamente chama de "pornografia para decoradores".

Talvez o drama de época mais forte em termos visuais — e mais fraco em termos de narrativa — desse tipo seja *Barry Lyndon*, dirigido por Stanley Kubrick, uma comédia meticulosamente encenada sobre hábitos e maquiagem do século XVIII, no qual a sensibilidade pictórica do diretor passou muito na frente de sua noção de significado, ritmo ou metáforas. Mais uma série de quadros vivos elaborados do que filme, *Barry Lyndon* exemplifica a direção de arte no auge de seu fetichismo: as roupas nunca parecem gastas ou usadas, os móveis nunca têm arranhões ou são misturados em desarmonia. É um espetáculo perfeitamente falso, sempre favorável para o personagem-título, interpretado por Ryan O'Neal.

Kubrick e o diretor de arte Ken Adam foram influenciados e inspirados por pintores do século XVIII como William Hogarth e Thomas Gainsborough, cujas obras eles frequentemente citavam durante a direção e o planejamento dos sets. Quarenta anos depois, o cineasta britânico Mike Leigh fez sua própria homenagem a um artista — neste caso, J. M. W. Turner

DESIGN DE PRODUÇÃO 127

—, evidenciando um visual pintado em termos de luz e cor, porém bem mais distante daquele clima artificial.

Junto com a diretora de arte Suzie Davies, Leigh acabou com qualquer sinal de conforto para seus personagens ou espectadores: em vez disso, ele jogou o público em uma reconstrução cativante dos estúdios, casas e comunidades à beira-mar em que Turner trabalhou e que foram capturados em suas telas. Às vezes um estudo sorumbático e melancólico de um artista no fim da vida, *Sr. Turner* nunca dá preferência à atração visual em detrimento da autenticidade psicológica: apesar de os planos de fundo com frequência serem bonitos (as caminhadas do artista por Flandres e Margate são especialmente evocativas com sua luz e composição pictóricas), a beleza não é oferecida apenas para adornar, mas para ser um contraponto à excentricidade e ao isolamento de Turner. Os personagens não se entregam a várias trocas de roupa chamativas, mas deixam suas roupas ficarem gastas e passarem despercebidas. O resultado nas telas é um mundo cheio de texturas, habitado, que reflete como pode ter sido a vida de J. M. W. Turner e como ele a encarava com seu olhar rigorosamente perspicaz. O filme nunca é bonito; em vez disso, é belo de um jeito tranquilo, transportador.

CREDIBILIDADE, ATRAÇÃO, INOVAÇÃO E ORIGINALIDADE são coisas que fazem diferença na avaliação do design de produção de uma obra. Porém, ao contrário de todos os outros aspectos de um filme, essas qualidades são, no fim das contas, subjetivas. Certa vez, entrevistei uma diretora que adorava todas as cenas no seu filme com exceção de uma, que se passava dentro de um apartamento que, segundo ela, não se encaixava com o personagem que deveria morar lá. Eu me lembrei vagamente

128   COMO FALAR SOBRE CINEMA

de ter pensado a mesma coisa quando assisti ao filme, mas não foi uma distração importante o suficiente para me desconectar da história, que adorei.

O que me desconecta, por outro lado, são aquelas casas genéricas, de "classe média", que deveriam passar por casas de bairros residenciais no interior dos Estados Unidos quando as palmeiras de Hancock Park, em Los Angeles, são nitidamente vistas ao fundo. Ou aqueles filmes que são esquecidos na mesma hora, nos quais as casas são construções intercambiáveis com cercas brancas, e seus habitantes, igualmente indistinguíveis em roupas uniformizadas produzidas em massa, com ar despojado. Em vez de oferecer uma camada extra de caracterização ou simbolismo, o diretor de arte foi ao shopping, oferecendo pouco além de um pano de fundo bonito para assistirmos a pessoas conversando.

Impecáveis, inofensivos e impessoais, esses filmes apresentam decoração, não arte; produtos de consumo, não símbolos cuidadosamente escolhidos. Alguns cineastas são tão dependentes da publicidade indireta para aumentar o orçamento dos seus filmes que vemos um desfile distrativo de rótulos de Budweiser e embalagens de Doritos. (Dito isso, alguns exemplos de *product placement* — como do chocolate Reese's em *E.T.: o extraterrestre* e da FedEx em *Náufrago* — são integrados de forma tão natural na vida e no ambiente dos personagens que parecem algo autêntico, não uma propaganda.) A direção de arte deve ser invisível no sentido de jamais invadir ou contradizer aquilo que o cineasta tenta nos convencer que é verdade ou possível. Porém ela nunca deve desaparecer por completo; é um elemento importante demais na transmissão de informações e emoções. Parafraseando Elia Kazan, a diferença entre o mero segundo plano e uma direção de arte excelente

DESIGN DE PRODUÇÃO

é a diferença entre assistir a uma história acontecendo diante de um pano de fundo estático e viver dentro de um mundo dinâmico, concreto. A questão não é se o mundo é bonito o tempo todo, mas se parece verdadeiro suficiente para acreditarmos e entrarmos de cabeça nele.

FILMES RECOMENDADOS:

Soberba (1942)
Blade Runner: o caçador de androides (1982)
Los Angeles: cidade proibida (1997)
Os excêntricos Tenenbaums (2001)
Maria Antonieta (2006)
O Labirinto do Fauno (2006)

Capítulo Quatro

Fotografia

Filmes são uma coleção de imagens — cada quadro é um objeto estético discreto, conectado a outros quadros por meios físicos e a capacidade impressionante do olho humano de criar a ilusão de continuidade de tempo e espaço.

A fotografia é a arte de capturar essas imagens, determinando sua iluminação, visual e clima — e, por extensão, aquilo que o público vê e sente. A forma como um filme é filmado engloba escolhas tão variadas quanto películas, lentes, luzes e filtros utilizados; se a câmera deve se mover ou não; se a paleta de cores deve ser forte e saturada ou em tons pastel e discreta — ou, de fato, se deve ser colorido. Quando um grande diretor e um diretor de fotografia igualmente talentoso se unem, essas decisões são tomadas em conjunto, de forma quase instintiva; às vezes, especialmente no caso de novos diretores com pouca ou nenhuma experiência no uso de câmeras, cabe ao diretor de fotografia (algumas vezes também chamado de cinematógrafo) fazer escolhas estéticas importantes por conta própria. Independentemente do nível de cooperação conjunta do processo,

132 COMO FALAR SOBRE CINEMA

quando a fotografia é usada de forma cuidadosa e criativa, ela pode fazer o filme construído com o maior cuidado do mundo parecer ter sido filmado quase por acidente, no improviso — ou, ao contrário, pode fazer uma obra independente de baixo orçamento resplandecer com as texturas esplêndidas e aveludadas de uma pintura dos Grandes Mestres.

Iluminação, cor, composição, temperatura e textura da imagem são todos aspectos englobados pela fotografia. E os parâmetros de como observamos cada um desses elementos mudaram dramaticamente com o passar das décadas, conforme os cineastas foram ultrapassando as barreiras daquilo que constitui beleza pictórica e realismo natural. Era inevitável, conforme o significado e o valor relativo desses termos mudam, que as expectativas do público também mudem. Parte daquilo que torna os filmes antigos das décadas de 1930, 1940 e 1950 tão diferenciados é seu visual elegante, perfeito, alcançado por meio de uma direção de arte meticulosa e esquemas de iluminação igualmente cuidadosos; para o público da época, as imagens desfocadas e irregulares dos filmes de terror atuais estilo *found footage* [filmagens encontradas, em tradução literal] (inspirado pelo sucesso fenomenal de *A bruxa de Blair*, de 1999) não apenas seriam de uma feiura absurda, como praticamente ilegíveis; é bem provável que nem fossem reconhecidas como um filme.

Assim como fãs conseguem citar de cor as melhores falas de suas obras favoritas, eles também conseguem conjurar seu visual com facilidade. Compare os ângulos agudos e as sombras dramáticas que o diretor de arte Gregg Toland elaborou para *Cidadão Kane* com os campos de trigo dourados capturados por Nestor Almendros em *Cinzas no paraíso*, dirigido por Terrence Malick. Ou o lúrido esquema de cores quentes que Ernest Dickerson bolou para *Faça a coisa certa*, dirigido por Spike Lee, em oposição ao onírico subúrbio desbotado e intensamente

FOTOGRAFIA

133

matizado que Edward Lachman ajudou a criar para *As virgens suicidas*, dirigido por Sofia Coppola. Pense na câmera trêmula, nervosa, de *A supremacia Bourne* ou *Guerra ao terror*, e faça o contraste com a forma como ela deslizava em *Birdman ou (A inesperada virtude da ignorância)* ou mantinha uma distância discreta da dramatização em *Spotlight: Segredos revelados*. Cada um desses filmes exemplifica como o clima, o tempo, o ambiente e o estado mental são estabelecidos apenas pela forma como a câmera é posicionada e usada.

Durante a Era de Ouro de Hollywood, que engloba mais ou menos as décadas de 1930 a 1950, os diretores de fotografia almejavam a invisibilidade, enfatizando a clareza e a simplicidade para a história e a iluminação glamorosa para as estrelas que eram a mercadoria mais valiosa dos estúdios. Nos anos 1940, a partir da influência do expressionismo alemão e a fotografia do período de guerra, a iluminação se tornou mais melancólica e propositalmente expressiva. Nos anos 1960 e 1970, quando a *nouvelle vague*, a fotografia de rua norte-americana e a produção de documentários entraram em voga, o uso de câmeras se tornou mais gestual e rápido, com películas assumidamente granuladas e imperfeitas.

Hoje, estamos cercados pela fotografia — desde filmes caseiros e recortes visuais que compartilhamos nas redes sociais a espetáculos colossais em IMAX e cinemas com tecnologia de ponta. Filmes modernos representam cada ponto desse grande espectro, incorporando os valores clássicos discretos das décadas de 1930 e 1940, o cinema direto dos anos 1960 e a estética ousada do *found footage* dos anos 1990, chegando ao século XXI por meio de filmes que usam gravações feitas em iPhones, câmeras de vigilância e drones. A fotografia se tornou tão onipresente que é fácil esquecer que cada cena pode ser um trabalho de arte único.

PINTANDO COM A LUZ

O quanto você conseguiu enxergar, e foi suficiente?

A iluminação foi óbvia ou discreta, natural ou teatral?

A iluminação foi forte ou suave? Favorável aos atores ou revelou todas as rugas e cicatrizes?

Para um filme dar certo, precisamos conseguir assisti-lo.

Em seu aspecto mais elementar, a fotografia é considerada boa quando os atores são iluminados o suficiente para o público conseguir enxergá-los, aumentando e destacando seus melhores traços. Além dos intérpretes, todos os aspectos importantes da produção devem ser visíveis ao olho nu sem muito esforço, permitindo que os espectadores captem as informações de que precisam: o plano de fundo natural, o ambiente criado, objetos, figurino e a infinidade de detalhes capazes de transmitir tanto sobre a ambientação e o subtexto da história. Como já discutimos, nem sempre os detalhes de uma produção existem para serem notados — mas qual é o sentido de encher um cômodo de acessórios cuidadosamente selecionados se eles serão escondidos por uma iluminação fraca, lúgubre?

Hoje em dia, câmeras, lentes e iluminação se tornaram tão sofisticadas que é raro encontrarmos um filme muito malfilmado — um novato com olho bom e a iluminação correta é capaz de produzir um filme de visual decente com um smartphone. Porém é possível assistir a filmes que foram gravados de forma preguiçosa, sem muita distinção. As salas de cinema estão lotadas de comédias com iluminação uniforme, sem graça e forte, que facilmente poderiam se confundir

FOTOGRAFIA 135

com sitcoms gravados de qualquer jeito para a televisão, não importa se estamos falando do filme mais recente dos irmãos Farrelly ou de uma cena de ação digitalmente capturada com o visual de "suavização de movimento" igual ao de uma partida televisionada de futebol americano, no qual tudo é nítido demais, frio, livre de qualquer imagem naturalmente embaçada. (A diretora de fotografia Reed Morano se incomoda tanto com a estética de "suavização de movimento" que criou uma petição no site Change.org pedindo que fabricantes de televisão de alta definição parassem de colocar essa configuração de imagem como padrão. Leitor, eu assinei.)

Estudos mostram que os filmes se tornaram cada vez mais escuros desde a década de 1930, uma moda que foi tomando conta conforme as obras norte-americanas começaram a refletir a influência do cinema expressionista alemão — que usava uma iluminação mínima, muito focada, e sombras fortes —, cinejornais do período de guerra e fotografia da era da Grande Depressão. Em 1941, *Cidadão Kane* refletiu um avanço revolucionário na linguagem cinematográfica quando o diretor Orson Welles, o diretor de arte Perry Ferguson e Toland quebraram a tradição do glamour e realismo da Era de Ouro e usaram sombras fortes e feixes de luz para ilustrar os temas shakespearianos de orgulho, isolamento e perdas não resolvidas do filme. Os suspenses de crime do período dos filmes *noir* exploraram técnicas teatrais semelhantes para refletir seu cenário psicológico de paranoia e enfado Pós-guerra.

Nas mãos de especialistas, a manipulação da escuridão se traduz no uso sagaz, até pictórico, de espaço negativo. Gordon Willis, que filmou a trilogia *O poderoso chefão*, se tornou conhecido como o "Príncipe das Sombras" por sua propensão a filmar os atores na escuridão. Na famosa sequência de abertura

136 COMO FALAR SOBRE CINEMA

de *O poderoso chefão*, por exemplo, Don Corleone preside sua corte em um escritório pouco iluminado enquanto a festa de casamento da filha acontece em um quintal ensolarado do lado de fora, transmitindo seu mundo moralmente bifurcado entre a depravação criminal e a devoção familiar. Curiosamente, Willis também filmou *Todos os homens do presidente*, em que a redação iluminadíssima do jornal *The Washington Post* contrasta com o estacionamento escuro onde o jornalista Bob Woodward recebe denúncias da figura sombria Garganta Profunda. Willis e o diretor Alan J. Pakula compartilhavam um gosto por sombras, e essa foi a metáfora estética perfeita para uma era imersa em desconfiança e paranoia.

Hoje em dia, com raros e preciosos do tipo Gordon Willis agraciando a profissão, a fotografia pouco iluminada se transformou em um clichê lamentável. Filmes de orçamentos milionário fazem uso dela para transmitir sofisticação e seriedade moral; filmes independentes o fazem para economizar estruturas de iluminação caras. Em ambos os casos, os mesmos critérios se aplicam: a ocultação de informações visuais deve ser feita de forma a atrair o espectador para a narrativa, em vez de forçá-lo a abrir caminho até ela. A escuridão, por mais dominante, precisa ser equilibrada e amenizada por momentos de luz, para que as pessoas nunca sintam como se estivessem nadando por uma sopa turva e incompreensível enquanto assistem ao filme.

Um dos melhores usos de escuridão nos anos recentes foi o filme de terror *A bruxa*, o conto do diretor Robert Eggers sobre colonos ingleses nos Estados Unidos do século XVII. O diretor de fotografia Jarin Blaschke filmou cada cena interna sob a luz de velas, com exceção de uma, emoldurando o rosto dos personagens em um brilho âmbar e deixando o plano de fundo preto, quase como uma pintura de Rembrandt. As imagens de

FOTOGRAFIA

A bruxa não apenas são hipnotizantes, mas sua beleza formal convidativa se torna o contraponto visual e psicológico para o terror que domina os personagens — e o público — conforme a história vai seguindo um rumo cada vez mais perturbador.

Eggers e Blaschke seguiram os passos dos cineastas dos anos 1970: armados com equipamentos de filmagem e lentes de tecnologia atual, eles resolveram usar apenas a "luz disponível" — a iluminação natural sem auxílio de lâmpadas — para dar ao trabalho mais objetividade, verdade e uma autenticidade simples.

Alguns diretores, como Terrence Malick, se comprometem tanto com a beleza quanto com os princípios da luz disponível. Eles e seus diretores de fotografia gravam principalmente durante a "hora mágica", o momento do dia logo após o nascer do Sol ou pouco antes do nascer do Sol, quando a luz é mais quente e difundida de forma mais lisonjeira. Gravações na hora mágica foram responsáveis pelo visual lustroso do arrebatadoramente poético *Cinzas no paraíso*, dirigido por Malick; também foi quando filmaram o recente vencedor do Oscar *O regresso*, resultando em um filme que parece iluminado por dentro enquanto captura a beleza dura de um cenário ocidental no inverno.

Não é coincidência que o diretor de fotografia de *O regresso*, Emmanuel Lubezki, também tenha sido o principal colaborador de Malick em obras como *A árvore da vida, Amor pleno* e *Cavaleiro de copas*. Todos foram filmados primariamente com o uso de luz disponível. Não há como negar a arte de Lubezki no seu trabalho na hora mágica, mas ela corre o risco de se tornar uma estética feita só por ser feita, usada mais para impressionar o público com a virtuosidade do cineasta e oferecer histórias impressionantes para divulgações do filme do que por ser útil para a história.

Um aspecto em que a iluminação tem participação mais expressiva é em representações do passado: junto com *Cinzas no paraíso*, *Onde os homens são homens*, dirigido por Robert Altman, e o conto do tratante do século XVIII, *Barry Lyndon*, dirigido por Stanley Kubrick, foram obras influentíssimas dos anos 1970. *Onde os homens são homens* devido ao visual esfumaçado, nebuloso, criado por Altman e pelo diretor de fotografia Vilmos Zsigmond para um faroeste que se passa no Noroeste Pacífico; *Barry Lyndon* porque Kubrick e o diretor de fotografia John Alcott filmaram boa parte do filme sob a luz de velas (com a ajuda de refletores). Enquanto o visual pictórico, cuidadosamente composto de *Lyndon* impôs o padrão dourado para os filmes de época que vieram depois — evocado nas produções de Ismail Merchant e James Ivory, por exemplo, e em inúmeras adaptações de Jane Austen —, a estética sonhadora de *Onde os homens são homens* se tornou um marco visual para toda a década de 1970, chegando ao ponto em que cineastas como Steven Soderbergh, Paul Thomas Anderson e Sofia Coppola usaram o mesmo visual manchado ao ambientar filmes nessa época.

Extremidades difusas e uma iluminação nebulosa, suave, se tornaram tamanho sinônimo de filmes históricos que, quando um cineasta se afasta dessa tradição, comete um surpreendente ato audacioso: é um sinal de visão artística quando diretores como John Sayles (*Matewan: a luta final*) ou Kelly Reichardt (*O atalho*) abrem mão da suavidade e apresentam dramas históricos espantosamente nítidos e realistas em tom e valores visuais. Quando trabalhou no drama da era eduardiana *Assassinato em Gosford Park*, Altman tomou a decisão consciente de fugir da fórmula visual arrumadinha, precisa, da maioria das obras de época e criar algo mais solto e espontâneo — mostrando aos

FOTOGRAFIA

espectadores que eles precisavam prestar atenção, ou correriam o risco de perder alguma coisa. Por sua parte, quando Steven Spielberg dirigiu o drama *Cavalo de guerra*, que se passa na Segunda Guerra Mundial, ele e o diretor de fotografia Janusz Kamiński decidiram dar ao filme o visual sofisticado, nitidamente teatral, de um épico da Era de Ouro à lá ...*E o vento levou* — uma decisão revigorante que também foi motivada pelo romantismo com tons de fábula e o simbolismo mítico da obra original. (Um efeito que Spielberg e Kamiński reproduziram foi a luz principal, uma técnica clássica que usa luzes específicas, muito focadas, para os astros do filme, iluminando-os com um brilho glamoroso, quase beatífico.)

De forma semelhante, Soderbergh adotou uma abordagem volátil ao abordar a iluminação de seus trabalhos, pendendo aos valores conservadores e clássicos em grandes sucessos como *Erin Brockovich: uma mulher de talento* e a franquia *Onze homens e um segredo*, mas seguindo uma abordagem estética mais tranquila, menos exata, em seus filmes de menor orçamento. Mesmo em trabalhos um pouco maiores — como em *O desinformante!* e *Contágio*, por exemplo —, ele está disposto a quebrar as regras da iluminação clássica, permitindo que seus astros desapareçam nas sombras em contraluz ou estourando as imagens com feixes de luz entrando por janelas ou outras fontes. Nas mãos de um cineasta confiante, até mesmo "erros" de iluminação podem realçar o clima de um filme, seu senso de atmosfera física e a história em geral.

A MALDIÇÃO DO PRIMEIRO PLANO

Onde estava a câmera, e por que ela estava lá?

140 COMO FALAR SOBRE CINEMA

Como a posição da câmera afetou o impacto emocional de certas cenas?

Se a câmera se moveu, por que isso aconteceu?

Depois que a iluminação foi resolvida, as decisões mais cruciais do diretor de fotografia — sempre tomadas em conjunto ou sob as instruções do diretor — envolvem o posicionamento das câmeras e quando e se elas devem ser movidas. Um sinal certo de estar assistindo ao trabalho de um estudante de cinema é que a câmera não para quieta: ela vaga e perambula pela cena como uma mangueira de jardim errante, ou captura a ação através de um ângulo "interessante", com frequência artístico e sem qualquer sentido do ponto de vista da narração.

O posicionamento das câmeras é uma arte sutil, mas que tem uma influência psicológica enorme em cenas individuais e no filme como um todo. Em algumas das obras mais empolgantes a que já assisti, a câmera mal se movia — os documentários *Visitantes*, um retrato enigmático de Godfrey Reggio da humanidade e sua relação com o meio ambiente, e *Maïdan: protestos na Ucrânia*, sobre as manifestações de 2013, são dois exemplos recentes e impressionantes, assim como o audacioso retrato-filme de David Beckham, com duração de longa-metragem, que Sam Taylor-Wood criou para a National Portrait Gallery de Londres, na qual ela focou uma câmera no astro do futebol enquanto ele tirava uma soneca após um treino cansativo. Inspiradas em filmes experimentais como *Empire* e *Sleep*, de Andy Warhol, essas obras são, ao mesmo tempo, pictóricas, esculturais e tudo menos inertes, criando um dinamismo e uma tensão impressionantes apenas pelo que capturam em seus *frames* implacavelmente imóveis.

FOTOGRAFIA

Hoje em dia, é raro encontrarmos o tipo de ambição com que os diretores costumavam abordar o posicionamento de câmeras. Vejamos o triste destino do "plano de estabelecimento". Na era dos grandes épicos da telona, diretores como David Lean ocasionalmente se voltavam para cenas expansivas de paisagens de tirar o fôlego para mostrar ao público onde a história se passava e prepará-lo para a experiência estética e psicológica que viria a seguir (pense em *Lawrence da Arábia* e *Dr. Jivago*). "Acomodem-se", pareciam querer dizer eles. "Vocês estão prestes a embarcar em uma jornada empolgante, exuberante, para uma época e um lugar completamente fora das suas rotinas insignificantes."

Hoje, cientes de que seu filme tem a mesma probabilidade de ser assistido na tela de um iPhone ou em um cinema, os cineastas se contentam em filmar uma "cobertura", que costuma consistir em um plano de estabelecimento superficial do lugar em que cada cena se passa, e uma série de primeiros planos (mostrando os atores do peito para cima) e primeiríssimos planos, alternando entre os dois enquadramentos com uma regularidade equilibrada. Eficiente, funcional e extremamente monótona, esse é o tipo de produção que Alfred Hitchcock notoriamente desmereceu como "gravações de gente falando" e que se tornou uma praga no cinema predominante, sendo uma prática genérica, sem graça e simplista. E mais, ela enquadra os filmes em uma estrutura de imagem e edição artificial que é chata e sintética, impedindo os espectadores de mergulharem na cena, apenas assistindo às coisas acontecerem como em uma partida de pingue-pongue. O flagelo do primeiro plano — também conhecido como *close* — resultou em uma retórica cinematográfica que é tão emocionalmente insatisfatória quanto visualmente inerte. Ao relembrar uma discussão recorrente que tem com

142 COMO FALAR SOBRE CINEMA

diretores de fotografia, a diretora de arte Jeannine Oppewall
me contou: "Eu digo: 'Se eu ouvir mais uma vez que serão só
dois atores, suas cabeças e uma parede, a gente pode se encontrar
no estacionamento com dois suportes e um rolo de belbutina
preta [um tecido fosco usado em fundos de fotografias], e não
importa se o cabelo e a maquiagem são bons, se o figurino
é bom, se o diálogo é bom, vamos ver quanta gente aparece
para assistir ao seu filme'. Nós não filmamos teatro de arena.
As pessoas vão ao cinema pelo prazer de ver outras pessoas em
seus ambientes, pelo menos em parte. Ninguém quer assistir
aos outros falando na frente de uma parede."[54]

No decorrer de *Cidadão Kane*, a câmera de Toland parece
estar agachada, fitando o personagem-título, Charles Foster
Kane, de baixo para cima e lhe dando uma monumentalidade
imponente. Essa técnica é chamada de "ângulo holandês", e
Toland a usou não apenas para transmitir o poder crescente
de Kane, mas sua visão cada vez mais distorcida de si mesmo.
Em contraste, o diretor Yasujirō Ozu usou câmeras baixas de
forma contemplativa, capturando a rotina da vida japonesa nas
décadas de 1940 e 1950 em ângulo normal, acompanhando os
personagens enquanto se movem por planos baixos, horizontais. Em *Faça a coisa certa*, Spike Lee e o diretor de fotografia
Ernest Dickerson misturaram câmeras baixas com movimentos
dramáticos para capturar as tensões borbulhantes de um dia
tórrido de verão no Brooklyn dos anos 1980. Em contraste com
esses filmes, os ângulos de câmera propositalmente dramáticos
usados em *Mulher-gato, A reconquista* e *Batman e Robin* existiram
apenas para distrair os espectadores de suas histórias arrastadas,
diálogos ruins e efeitos especiais desnecessários.

Além de ângulos de câmera estilizados, Spike Lee quase
acrescenta o movimento "double-dolly" que se tornou sua

FOTOGRAFIA

assinatura, em que o ator fica em um *dolly**, a câmera em outro, e os dois se aproximam em um ritmo estranho, sonhador, em que o ator parece flutuar. Lee usou a técnica em *A última noite* para mostrar a percepção distorcida da personagem de Anna Paquin enquanto ela caminha por uma boate fervilhante; em *Malcolm X*, a usou quando o personagem-título, interpretado por Denzel Washington, está a caminho do seu destino no Audubon Ballroom, onde será baleado e morrerá. Apesar de críticos e espectadores discordarem sobre a eficácia desses floreios — para alguns, é um gesto gratuitamente exibido, enquanto outros acreditam que seja um toque artístico brilhante —, a técnica "double-dolly" é uma questão de princípio para um diretor que está em uma constante busca para infundir expressividade e valor cinematográfico em todas as suas cenas. "Quero uma energia vibrante, movimento e vida nos meus filmes", explicou Lee. "Filmar de qualquer outra forma, para mim, passa a impressão de televisão."[55]

Assim como Lee, muitos cineastas associam a câmera estática com uma marcha fúnebre: eles querem que a câmera se *mexa*, seja em cima de um *dolly*, guiada por um operador humano ou no topo de uma grua que arremete.

O efeito pode ser útil para o público: no meio de grandes multidões, Altman costumava instruir seus operadores de câmera a fazer uma panorâmica — filmar a cena lateralmente — e dar zoom — aproximar rápido para um *close* —, para ajudar os espectadores a ordenar aquilo que, caso contrário, seria apenas

---

* Espécie de carrinho de rodas usado em produções cinematográficas e televisivas para criar movimentos suaves e horizontais com a câmera. O operador de câmera e o primeiro assistente (foquista) normalmente ficam em cima do *dolly* para operá-lo. [*N. da E.*]

uma coleção arbitrária de rostos e vozes. David O. Russell gosta de trabalhar com um Steadicam, um estabilizador portátil de câmera, para filmar dentro e em torno das cenas, criando uma sensação deslizante, improvisada. O estilo de filmagem combina com sua prática de filmar pouquíssimas tomadas e ficar perto dos atores para lhes dar deixas conforme surjam oportunidades. "Sempre fico do lado da câmera", me contou ele, acrescentando que tende a favorecer "um primeiro plano grande e um segundo plano fundo". Mais importante, disse ele, "não vou parar a câmera. A gente vai continuar imerso na cena, e, talvez no meio do caminho, ela deixe de ser 'perfeitinha', como diz De Niro".[56]

E, verdade seja dita, uma câmera móvel também pode ser empolgante: a cena seguindo Ray Liotta e Lorraine Bracco pelos corredores dos fundos e a cozinha do Copacabana em *Os bons companheiros* e o acompanhamento de "Then He Kissed Me" do The Crystals são divertidos de assistir. Também são um exemplo perfeito do *travelling*, em que a câmera se desloca junto ou atrás dos personagens — neste caso, com um Steadicam, apesar do *travelling* às vezes ser feito com a câmera montada em um *dolly* que se move sobre trilhos.

Porém o *travelling* de *Os bons companheiros* não se trata apenas de exibicionismo: a cena captura de forma visceral o senso de descoberta, sedução e poder indireto que o personagem de Bracco sente. Em *O lutador* e *Cisne negro*, o diretor Darren Aronofsky pediu aos diretores de arte que seguissem de perto as costas dos protagonistas, e a "câmera subjetiva" convida o público a ocupar, tanto quanto possível, o espaço físico íntimo e psicológico de cada ator.

Alguns dos momentos mais inebriantes no cinema vêm desses momentos virtuosos: a câmera descendo até uma chave

FOTOGRAFIA 145

na mão de Ingrid Bergman em *Interlúdio*; a imagem de abertura de *A marca da maldade*, dirigido por Welles, subindo e se afastando de uma rua fervilhante em Tijuana; o panorama pendular da evacuação de Dunkirk no meio de *Desejo e reparação*; *Arca russa*, dirigido por Alexander Sokurov, filmado em uma única tomada imensa e maravilhosa no museu Hermitage, em São Petersburgo; o complicado zoom para a frente junto com a filmagem para trás sobre um *dolly*, que capturou de forma tão vívida o medo que o personagem de James Stewart tinha de cair em *Um corpo que cai*, dirigido por Hitchcock. Em *O iluminado*, a câmera móvel inquieta de John Alcott passava pelos corredores acarpetados e pelas salas imensas do hotel Outlook em tomadas demoradas, ininterruptas, que aumentavam o poder psicológico da direção de arte — um sentimento que seria destruído por cenas menores, cortadas.

Cada um desses exemplos conta com um movimento de câmera que transmite um senso de energia, alcance dramático, abrangência história, e uma gravidade tensa, fatalista. Eles também são admirados por críticos e cineastas por sua ambição determinada e porque o grau de dificuldade é tão alto — não apenas para os atores acertarem todo o diálogo e movimentos em uma única tomada, mas também pelo nível de especialização envolvido em esconder sombras, reflexos, microfones e outros apetrechos técnicos necessários para a gravação.

Mesmo assim, existe uma diferença crucial entre uma escolha ousada de verdade e uma artimanha para chamar atenção. Não importa quais são os floreios visuais dentro de um filme, eles nunca devem distrair o público nem fugir da história e dos personagens em si. Na próxima vez que você assistir a duas pessoas conversando enquanto a câmera circula em torno delas em uma tarantela louca, pergunte a si mesmo o que aquilo está acrescentando além de lhe distrair do fato de que duas pessoas estão conversando.

Depois do *travelling*, a forma mais comum em que cineastas movem a câmera é fazendo-a tremer (ou permitindo que ela trema), um gesto que remete ao movimento dos documentários do cinema direto dos Estados Unidos na década de 1960. Também conhecido como cinema "verdade" ou *verité*, o movimento direto se livrou de convenções como entrevistas encenadas e narração por locutor, preferindo capturar — ou dar a impressão de capturar — os eventos como aconteceram, como uma mosca na parede. Naquela época, equipamentos de som e filmagem mais leves, mais portáteis, deixavam os cinegrafistas tirarem suas câmeras do tripé e caminharem junto com as pessoas a quem filmavam; o resultado são gravações nem um pouco estáveis, simbolizando o desejo da era por autenticidade e espontaneidade, e seu desdém por estratagemas. O trabalho de câmera no brilhante drama *A batalha de Argel*, de 1966, sobre a revolução algeriana, foi tão convincente que o diretor Gillo Pontecorvo acrescentou um aviso no começo do filme informando ao público que a obra era um drama encenado, não um documentário.

Uma obra de arte do começo da estética *verité* foi *Dias de fogo*, drama que se passa na Convenção Nacional Democrata de 1968, em Chicago, dirigido pelo cineasta Haskell Wexler. Entremeando uma história fictícia com os eventos violentos reais que ocorreram durante a convenção, Wexler levou sua câmera para as ruas, gravando pessoas reais e naturalmente integrando-as a uma história que transmite o ar intenso de sua época. John Cassavetes e, depois, o grupo cinematográfico dinamarquês conhecido como Dogma 95 usaram câmeras portáteis em contextos domésticos, transmitindo ansiedades e paixões

FOTOGRAFIA   147

reprimidas por meio de momentos incômodos e primeiríssimos planos próximos demais, de uma intimidade agoniante.

Mais recentemente, diretores como Paul Greengrass e Kathryn Bigelow, assim como os criadores de *A bruxa de Blair* e os filmes de terror estilo *found footage* que se seguiram, usaram a linguagem trêmula do *verité* em seus trabalhos: o diretor de fotografia mais conhecido pelo estilo portátil é Barry Ackroyd, que filmou o magistral drama de Greengrass sobre o 11 de Setembro, *Voo United 93*, e *Jason Bourne*, assim como *Guerra ao terror*, de Bigelow. Janusz Kamiński usou a técnica em *O resgate do soldado Ryan*, dirigido por Steven Spielberg — a sequência de abertura da invasão da Normandia é semelhante às gravações reais e caóticas dos cinejornais, como Kamiński observou —, e em *A lista de Schindler*, no qual os cineastas queriam a sensação de flagrar cenas em vez de encenar ações dramáticas.

Não é de surpreender que trabalhos de câmera trêmula, instável, tenham invadido o espaço dos filmes de ação, criando um novo vernáculo visual que se conecta até com um espectador que assiste ao filme em um laptop. É possível argumentar que a técnica faz sentido para os filmes da série *Bourne* e *Guerra ao terror*, que tentaram capturar o desnorteamento da amnésia e o caos da guerra, respectivamente. Porém, nas mãos de profissionais mais genéricos, a câmera inquieta se tornou um clichê, um atalho para o "moderninho" e para uma autenticidade inexistente em roteiros repetitivos, previsíveis. Quando Michael Bay balança a câmera em *A rocha*, o efeito é um estilo sem propósito, resultando em uma experiência visual incoerente, insignificante e, francamente, muito chata. A câmera é nosso meio de entrar no mundo sendo exibido na tela. A questão é se os cineastas a usam para nos aproximar, nos manter um pouco distantes ou nos afastar por completo.

148   COMO FALAR SOBRE CINEMA

A PROPORÇÃO ÁUREA

Qual foi o formato do *frame*? Como ele afetou o que eu vi e o que não vi?

O que apareceu no quadro? Ele era lotado ou vazio, artificialmente arrumado ou entulhado de forma displicente?

Tudo no *frame* estava em foco, do primeiro ao segundo plano? Ou os elementos no primeiro plano ficaram em destaque, com o segundo plano mais embaçado?

Pintores usam o conceito da proporção áurea, em que os objetos representados em uma tela seguem uma fórmula matemática exata; filmes têm regras parecidas, mesmo que os diretores e diretores de fotografia as obedeçam apenas por instinto. Os melhores cineastas sabem exatamente onde colocar os atores em relação ao fundo de cena para criar uma imagem mais agradável e expressiva.

O aspecto mais básico da linguagem cinematográfica é construído em torno de três enquadramentos: o plano geral, o plano médio e o primeiríssimo plano. O plano geral, também conhecido como plano aberto, engloba muito espaço físico: se há pessoas nele, elas frequentemente são subservientes aos seus arredores físicos, sejam naturais ou criados pelo homem. Por transmitirem tanta informação sobre tempo e espaço, o plano geral costuma ser usado como plano de estabelecimento, que já discutimos. Porém ele pode ser usado de forma muito inesperada, como no suspense *Cortina rasgada*, dirigido por Hitchcock, quando uma cena crucial de Paul Newman revelando um segredo (que o público já sabe) para Julie Andrews é

FOTOGRAFIA

filmado completamente em um plano geral silencioso em vez da esperada série de primeiros planos falantes.

O plano médio aproxima como a maioria das pessoas se move pelo mundo, encontrando e conversando umas com as outras: a câmera captura a cena de alguns metros de distância, com todos visíveis da cintura para cima (planos médios não devem ser confundidos com o já mencionado primeiro plano, em que as pessoas aparecem do peito para cima). Nas mãos de artistas sensíveis como Yasujirō Ozu e François Truffaut, o plano médio pode transmitir um tato compadecido ou um distanciamento irônico; com mais frequência, infelizmente, é apenas a forma mais fácil e preguiçosa de filmar performances banais, insípidas e feitas para a televisão.

O primeiríssimo plano leva a câmera a centímetros do rosto da pessoa sendo filmada. Um livro inteiro pode ser escrito sobre as transformações do significado de um *close* na retórica cinematográfica: quando usado em estrelas da Era de Ouro como Greta Garbo, Marlene Dietrich, Clark Gable e Bette Davis, ele servia como um canal para o glamour hollywoodiano e o desejo da plateia. Em filmes como *A paixão de Joana D'Arc*, de 1928, estrelado por Maria Falconetti, e quarenta anos depois, nos trabalhos de Ingmar Bergman, John Cassavetes e seus sucessores, o primeiríssimo plano era um gesto cinematográfico profundamente psicológico, com frequência revelando de forma incisiva, até desconfortável, as vulnerabilidades e os defeitos dos personagens.

Hoje em dia, o *close* se tornou o enquadramento de praxe em filmes que nitidamente terão uma vida curta nas telonas antes de irem parar no telefone de alguém. Apesar de os cineastas precisarem se adaptar às novas tecnologias, a fórmula do primeiríssimo plano sendo utilizado o tempo todo, na minha opinião, removeu um dos elementos mais potentes da estética e da força emocional do cinema. Ainda bem que restam cineastas que entendem o poder de um *close*, seja o uso agoniante de enquadramentos próximos de David Lynch para entrar na mente dos personagens, ou Martin Scorsese fazendo aproximações frenéticas de Henry Hill em *Os bons companheiros* exatamente no momento em que a vida dele sai de controle (esse é um dos poucos *close-ups* do filme inteiro, que foi quase um estudo antropológico de uma comunidade familiar, unida).

É bem mais raro que os filmes tenham a audácia de afastar a câmera e permitir que os atores trabalhem juntos em cena, usando o corpo todo para expressar relacionamentos físicos e emocionais. O drama *Spotlight: Segredos revelados*, de 2016, sobre um grupo de jornalistas que investiga abusos sexuais na Igreja Católica, afastou a câmera com ousadia, transmitindo uma imensidão de informações ao público sobre o ambiente dos jornalistas e como eles se relacionavam ali dentro. "Respeito os espaços em que essas pessoas vivem", explicou o diretor Tom McCarthy quando *Spotlight: Segredos revelados* foi lançado, "e deixo que eles nos guiem".

Tanto McCarthy quanto o diretor de fotografia Masanobu Takayanagi acreditavam que o esquema de *close/close/*plano médio tiraria a verossimilhança do mundo profissional na tela e não conseguiria capturar a química do elenco com atores que ofereciam boa parte da tensão e motivação narrativa da obra. "Depois de um tempo, nosso ritmo ficou bem evidente", disse McCarthy sobre seu trabalho com Takayanagi. "Nós percebemos que esses [atores] estavam tão afinados que podíamos simplesmente posicionar a câmera e deixar que falassem, e chegar perto [para um *close*] só quando precisássemos."[57]

FOTOGRAFIA   151

Dar espaço suficiente para os atores é muitíssimo importante
em musicais com danças, em que parte da diversão é assistir a
duas pessoas se movendo em sincronia perfeita: compare clássicos de Astaire e Rogers, como *O picolino* e *A alegre divorciada,*
com trabalhos contemporâneos e dominados por primeiríssimos planos, como *Chicago* e *Dreamgirls: em busca de um sonho,*
e pense em como os musicais se deterioraram em termos de
linguagem visual imponente. Assim como são filmados com
enquadramentos próximos demais, os musicais modernos também são editados em excesso, com frequência transformando
as montagens de dança em trechos incompreensíveis e feios.

O movimento físico também pode ser expressivo e divertido em narrativas sem música. A disposição dos atores dentro
do espaço teatral do filme — também chamada de marcação
de cena — está quase se tornando uma arte perdida, porém,
quando bem-feita, apresenta uma beleza rara: veja a cena quase
sem som no final de *A grande noite*, em que Stanley Lucci e
Tony Shalhoub preparam o café da manhã em silêncio, seus
corpos se circulando com uma graciosidade bailarina em um
espaço apertado, antecipando o movimento do outro, nitidamente demonstrando sua familiaridade tranquila e intimidade
fraternal.

Além de usar a marcação de cena para emoldurar a ação,
os cineastas podem ajustar a proporção de tela, que descreve a
relação que corresponde à altura e largura da imagem. A maioria dos filmes norte-americanos atuais é filmada na proporção
widescreen de 1,85, o que significa que são quase duas vezes mais
largos do que altos. Recentemente, uma série de cineastas usou
os formatos *widescreen* de 2,35 ou mais largos para seus filmes,
incluindo Christopher Nolan (*A origem, Interestelar* e os filmes da
série *O cavaleiro das trevas*), Quentin Tarantino (*Os oito odiados*),

Paul Thomas Anderson (*O mestre*), Alejandro González Iñárritu (*O regresso*) e Barry Jenkins (*Moonlight: Sob a luz do luar*).

As ambientações visualmente ricas dos filmes de Nolan e as vistas panorâmicas de épicos como *O regresso* fazem com que a *widescreen* seja uma escolha natural para essas obras, mas ela não serve apenas para cenários. De fato, ela é bem mais interessante para explorar tensão e movimento dentro de um *frame* e para estabelecer uma ideia detalhada sobre o clima do filme. *O mestre* poderia ter sido "um draminha de câmara",[58] como disse Anderson quando o entrevistei sobre o trabalho. Mas sua decisão de gravá-lo em 65 mm — um formato grande, remanescente de filmes exuberantes da década de 1950 como *Intriga internacional* e *Um corpo que cai* — criou tons e texturas específicas da época (as obras que consideramos convencionais, da moda, costumam ser filmados em bitolas de 35 mm).

Um quadro de vídeo amplo causa um impacto muito diferente, dependendo de como o diretor marca a cena. Lynne Ramsay tomou a decisão inesperada de filmar o suspense psicológico doméstico *Precisamos falar sobre o Kevin* em formato *extra-wide*, que foi definido pela estrela do filme, Tilda Swinton, como "um *frame* de batalhas, de faroeste, de disputas, épico".[59] A escolha acabou sendo correta, não apenas pelo tema do filme — a guerra dentro de uma família —, mas porque deu aos atores tempo para fazer tomadas longas: em vez de uma coleção rotineira de campo/contracampo, o filme acaba sendo uma montagem bem mais eficaz de planos gerais que acumulam impulso e tensão conforme a história se desdobra.

Para seu filme de 2016, *Moonlight: Sob a luz do luar*, o diretor Barry Jenkins e o diretor de fotografia James Laxton escolheram o mesmo formato *widescreen*. "Nós queríamos filmar em 2,35, mas não como um faroeste", explicou Jenkins. Em vez

FOTOGRAFIA 153

disso, ele optou por filmar o protagonista de *Moonlight* — um rapaz lidando com sua identidade sexual em meio a pobreza, violência e códigos rígidos de masculinidade — como quase perdido dentro do clima tropical sufocante de Miami, onde a história se passa e onde o cineasta cresceu.

"Eu me lembro de Miami como um lugar grande, aberto e extenso, com espaços muito verdes e um céu enorme, brilhante e azul", disse Jenkins. "E, mesmo assim, eu me sentia meio isolado e preso." Para capturar o senso de isolamento dentro do quadro de vídeo amplo, Jenkins "queria que ele tivesse muito espaço que opta por não usar... Ele pode ir aonde quiser, mas prefere ficar limitado a si mesmo".[60]

Kelly Reichardt filmou seu faroeste de 2010, *O atalho*, usando a proporção quase quadrada de 1,33, reminiscente do visual atarracado dos faroestes antigos dirigidos por Anthony Mann e Howard Hawks, em parte como homenagem aos seus antecessores, em parte para capturar a perspectiva dos protagonistas, colonos que não conseguiam enxergar mais de alguns metros na sua frente. ("Em *widescreen*, existe um amanhã e um ontem", explicou Reichardt depois da estreia do filme em Sundance. "O *frame* só ajuda [a nos manter] no momento com eles.")[61]

O cineasta húngaro Lázló Nemes usou uma proporção igualmente apertada, 1,37, para *O filho de Saul*, um angustiante drama em primeira pessoa passado em Auschwitz, que também foi beneficiado pelo trabalho de câmera portátil tenso de Mátyás Erdély. Para Nemes, a proporção não foi apenas uma escolha estética, mas moral: ao manter os horrores do campo de concentração fora de vista, ele exigiu que os espectadores usassem a própria imaginação para conjurar uma violência inenarrável, em vez de reencenar "imagens que não podem

154 COMO FALAR SOBRE CINEMA

ser reconstruídas e não devem ser usadas ou manipuladas".[62] Em anos recentes, o uso mais irreverente da proporção de tela foi feito no drama doméstico *Mommy*, dirigido por Xavier Dolan, filmado, em sua maioria, na proporção claustrofóbica de 1:1 — até o personagem principal literalmente esticar os braços e parecer empurrar as laterais da imagem para ampliar o *frame* e seus próprios horizontes limitados.

Uma das decisões mais importantes que diretores e diretores de fotografia tomam juntos é qual lente ser usada. A objetiva grande-angular cria uma profundidade de campo baixa, o que significa que os atores em primeiro plano são os únicos elementos em foco, com o plano de fundo em níveis variados de embaçamento; as teleobjetivas, ou lente telefoto, criam uma profundidade de campo bem mais funda, fazendo com que tudo na imagem seja nítido e muito definido. O uso mais famoso de uma teleobjetiva foram as magníficas imagens de foco profundo de Gregg Toland em *Cidadão Kane*, no qual a ascensão e a queda de Charles Foster Kane são comunicadas não apenas por seu comportamento, mas também pelo mundo físico muitíssimo bem-definido que ele quer controlar mais e mais. (Apesar de *Cidadão Kane* ser a obra de Welles mais associada com o uso expressivo da profundidade de campo, também admiro o trabalho magistral do diretor de fotografia Stanley Cortez em *Soberba*, no qual uma mansão norte-americana da virada do século se torna um personagem em constante evolução.) De forma semelhante, Alan J. Pakula e Gordon Willis usaram uma grande profundidade de campo para criar um efeito deslumbrante em *Todos os homens do presidente*. Usando um apetrecho chamado dioptro, que é capaz de dividir a imagem no meio, horizontal ou verticalmente, Pakula e Willis mantiveram tudo em foco durante cenas específicas, mostrando Woodward e

FOTOGRAFIA 155

Bernstein usando os telefones no primeiro plano da cena enquanto a redação do jornal fervilhava e se movia com grande detalhamento no fundo, em vez de desaparecer em um nada visualmente empapado.

Para *A rede social*, David Fincher e seu diretor de fotografia de longa data, Jeff Cronenweth, usaram uma profundidade de campo pequena, mantendo os personagens principais e suas conversas inteligentes no centro da cena e no foco do espectador. Em *12 homens e uma sentença*, Sidney Lumet e o diretor de fotografia Boris Kaufman usaram lentes com alcance cada vez maior para ir aumentando a profundidade de campo, o que, junto com o movimento da câmera, descendo da altura acima do olhar dos personagens até mais embaixo, criou um senso de compressão e tensão crescente. Para a última cena do filme, quando os jurados finalmente saem do tribunal, os cineastas escolheram usar uma objetiva grande-angular, explicou Lumet mais tarde, "para nos dar ar, para finalmente nos deixar respirar, depois de duas horas cada vez mais confinantes".[63]

É quase impossível para espectadores leigos identificarem quando um diretor usa uma lente de 40 mm ou de 17 mm, mas podemos notar quando lentes diferentes foram usadas com fins expressivos, não realistas: Os irmãos Coen costumam usar lentes "olho-de-peixe" para criar um efeito absurdo (como em *Arizona nunca mais*), assim como Terry Gilliam, especialmente na sátira futurista *Brazil – O filme*. Wes Anderson é famoso por usar lentes de *widescreen* em uma proporção de tela convencional, resultando em quadros com bordas levemente arredondadas, curvadas — uma técnica de fotografia que dá um ar extra de casa de bonecas para sua direção de arte cuidadosamente composta, de uma simetria quase neurótica. As lentes também permitem que os diretores de fotografia aumentem

156   COMO FALAR SOBRE CINEMA

o alcance e a paleta de câmeras digitais que seriam, de outra forma, estéreis, e que têm o histórico de produzir imagens polidas, frias e sem texturas — desde o trabalho do falecido Harris Savides com Sofia Coppola em *Um lugar qualquer* e *Bling Ring: A gangue de Hollywood*, às lentes vintage que deram a *A bruxa* seu ar tremeluzente, antigo. Assim como a maioria das questões filosóficas da vida, a forma como compreendemos um filme frequentemente depende de como ele é enquadrado.

O FILME COMO UM OBJETO MATERIAL

As cores foram fortes, brilhantes, desbotadas, quase imperceptíveis?

Se o filme era preto e branco, os tons contrastavam muito ou eram monocromáticos?

As imagens pareciam elegantes ou artesanais? Granuladas ou impecáveis?

Os melhores filmes têm temperatura e textura próprias; eles são quase palpáveis.

O filme a que você está assistindo é em preto e branco ou colorido? Se for em preto e branco, é uma composição de luz e sombra aveludada ou um contraste mais forte, anguloso? Se for colorido, os tons são supersaturados, vivos e densos, ou desbotados, em tons pastel e monocromáticos? As imagens são bonitas ou desagradáveis? Realistas ou sonhadoras? Parecidas com pinturas ou um documentário cru, impulsivo? Nenhuma dessas opções é melhor do que a outra; tudo depende das

FOTOGRAFIA

necessidades da ambientação e da história do filme. Um retrato contemporâneo de um nova-iorquino viciado em heroína pode preferir se abster de cores bonitas e iluminação lisonjeira para transmitir imediatismo e autenticidade; outro cineasta pode optar por contar a história de garotas de programa transgênero em Los Angeles com tons brilhantes, ensolarados, para dar um tom de otimismo e vivacidade desordenada. Ambas são opções completamente legítimas, apesar de preferir que os cineastas lidem com a cor de forma inesperada — introduzindo energia e alegria para um cenário aparentemente desesperançado, por exemplo, ou abordando um drama histórico não com a paleta de ouro polido habitual, mas com um clima realista mais duro.

A primeira vez que notei a fotografia como uma prática — com valores materiais e estéticos próprios — foi na década de 1980, quando eu morava em Nova York e a cidade ainda era abençoada com cinemas especializados em exibir filmes do repertório clássico. Foi em uma dessas retrospectivas que assisti a *A embriaguez do sucesso*, de 1957, um retrato venenoso da ética dos tabloides baratos, dirigido por Alexander Mackendrick.

Como escritora, obviamente me interessei pelo diálogo rápido e de uma inteligência elaborada (coescrito por Clifford Odets), musicalmente enfatizado pela trilha sonora cheia de jazz de Elmer Bernstein. Mas também fiquei hipnotizada pelo visual do filme, que se passava apenas nas noites de Manhattan, em boates e ruas chuvosas: filmadas em preto e branco, as cenas apresentavam, ao mesmo tempo, um glamour cintilante e sordidez, seus interiores brilhando com uma beleza ostentosa e um clima de corrupção nauseante. Alguns anos depois, quando assisti novamente ao drama do boxe *Touro indomável*, de Scorsese, imediatamente reconheci a influência de *Embriaguez* na fotografia em preto e branco resplandecente e operisticamente escalonada de Michael Chapman.

158   COMO FALAR SOBRE CINEMA

A embriaguez do sucesso foi filmado por um dos maiores diretores de fotografia, James Wong Howe (apelidado de "Low-Key Howe" [Howe discreto, em uma tradução livre], por seu talento em criar muitas sombras com a iluminação), que literalmente pintou os cenários de boate do filme com óleo para dar aquele efeito brilhante tão dissoluto e sedutor. Na mesma época em que assisti a esse filme, Spike Lee lançou *Ela quer tudo*, e Jim Jarmusch, *Estranhos no paraíso*. Ambos foram filmados em preto e branco, mas com objetivos e efeitos extremamente diferentes. Lee e seu diretor de fotografia, Ernest Dickerson, usou a paleta limitada para imitar um estilo de documentário, com os atores falando direto para a câmera. Jarmusch e o diretor de fotografia Tom DiCillo, por outro lado, criaram uma série de cenas estáticas, estilizadas, em três locações diferentes, brincando com seu humor estilo vinheta, absurdo, escurecendo a tela depois de cada "capítulo" para criar aquilo que Jarmusch descreveu como um álbum de fotos cinematográfico "sobre os Estados Unidos, visto pelos olhos de 'desconhecidos'".[64]

Os cineastas costumam usar preto e branco para evocar a era de seus filmes — veja *A última sessão de cinema* (1971), *A lista de Schindler* (1993), o drama *O segredo de Berlim* (filmado na proporção de tela de 1,66, adequada para o período, só para garantir), de 2006, dirigido por Soderbergh, e *O artista* (2011). Eles também conseguem alcançar esse mesmo efeito ao diminuir muito a saturação de filme em cores: os irmãos Coen, trabalhando com o diretor de fotografia Roger Deakins, manipularam digitalmente as paletas de *E aí, meu irmão, cadê você?* e *Inside Llewyn Davis: balada de um homem comum* para evocar as fotografias em sépia da época da Grande Depressão e a monotonia invernal da década de 1960, respectivamente. Um dos melhores usos de fotografia em preto e branco

FOTOGRAFIA 159

dos anos recentes é o trabalho de Phedon Papamichael em *Nebraska*, uma comédia dramática sobre uma viagem de pai e filho que poderia facilmente ter se tornado uma caricatura de seus personagens nas regiões rurais do Meio Oeste dos Estados Unidos. Em vez disso, Papamichael e o diretor Alexander Payne infundiram as pessoas e as paisagens de *Nebraska* com dignidade, angústia e monumentalidade dignas de uma foto de Ansel Adams (efeito amplificado, inclusive, pela proporção de tela em *widescreen* da obra). Não importa se é em nome da nostalgia ou por um realismo estilizado, a direção de fotografia em preto e branco remete ao passado do cinema e, com sutileza, evoca um estado de atenção no espectador, que, por instinto, compreende que fomos convidados a um espaço levemente distante da vida que conhecemos.

Assim como *A embriaguez do sucesso* despertou meu interesse pela fotografia em preto e branco, o trabalho dos codiretores Michael Powell e Emeric Pressburger (conhecidos coletivamente como The Archers) me mostrou como cores fortes e vibrantes podem ser tão importantes para um filme que ganham a dimensão de outro personagem. Powell e Pressburger filmaram *Os sapatinhos vermelhos*, de 1948, em tecnicolor, uma película cinematográfica então nova, que enfatizava tons vermelhos e verdes similares a joias. O diretor de fotografia da dupla, Jack Cardiff, era especialista em usar o brilho da tecnicolor para criar imagens de uma beleza impressionante, que beiravam ao fantástico. Em vez de distrair da história com tons de fábula do filme, a paleta harmonizou e destacou a direção de arte exagerada e as técnicas de atuação melodramáticas que eram elementos fundamentais do "estilo habitual" de Powell e Pressburger, e tudo se mesclou, criando uma experiência quase alucinógena para o espectador.

160 COMO FALAR SOBRE CINEMA

Seguindo os passos de Powell e Pressburger, diretores como Spike Lee, Oliver Stone, Pedro Almodóvar, Wes Anderson e Todd Haynes usaram cores para elaborar uma estética dramática e um efeito psicológico. Apesar de terem adotado a fotografia digital desde então, Lee e Stone usaram com frequência um tipo de filme — chamado de película reversível — com propriedades químicas que resultam em um visual supersaturado, quase surreal. (Um uso revolucionário da película reversível pode ser visto nos dramas *Barra pesada* e *Jogada decisiva*, de 1998, ambos filmados pelo diretor de fotografia Malik Sayeed com película reversível, obtendo resultados visualmente maravilhosos.) No trabalho anterior de Lee, *Faça a coisa certa*, o diretor de fotografia, Ernest Dickerson (em conjunto com o diretor de arte Wynn Thomas) encheu a locação do Brooklyn com amarelos e vermelhos fortes para refletir o dia de verão abafado em que o filme se passa; para *Malcolm X*, ele criou um esquema de cores de três partes para capturar os capítulos distintos da vida do personagem-título: tons fortes, teatrais, para os primeiros anos exuberantes; uma paleta nítida, animada, para os anos de amadurecimento como uma figura política; e cores mais impressionistas para seu despertar espiritual.

Sayeed e Dickerson fazem parte de uma vanguarda que tem raízes na Universidade Harvard, onde diretores de fotografia inovadores como Arthur Jafa (*Filhas do pó, Uma família de pernas pro ar*) e, mais recentemente, Bradford Young estudaram fotografia e cinema. Desde 2011, quando assisti ao trabalho de Young pela primeira vez — no drama urbano *Restless City*, do diretor Andrew Dosunmu —, ele se tornou um dos meus diretores de fotografia na ativa favoritos, principalmente por sua sensibilidade quanto a cores e texturas, seja nos seus retratos vibrantemente saturados da diáspora africana em Nova York,

FOTOGRAFIA 161

no realismo poético de *Middle of Nowhere* e *Selma: Uma luta pela igualdade*, dirigidos por Ava DuVernay, ou no visual arcaico, emadeirado, de *Amor fora da lei*, dirigido por David Lowery.

Assim como a cor, as imagens dos filmes também têm textura — ou o que geralmente é chamado de "granulação". As películas cinematográficas fotoquímicas, o meio em que todos os filmes eram gravados antes do advento da fotografia digital, tinham uma granulação natural, que os diretores de fotografia podiam destacar ou esconder por meio de várias técnicas de processamento. Por exemplo, quando Altman disse a Vilmos Zsigmond que queria que *Onde os homens são homens* se assemelhasse a uma fotografia antiga desbotada, Zsigmond sugeriu iluminar ou enevoar o negativo, expondo-o a minúsculas quantidades de luz antes de revelá-lo, para alcançar o efeito desejado. O resultado foi o visual granulado, nebuloso, que ainda é um marco visual da produção cinematográfica da década de 1970, copiado por diretores atuais como Sofia Coppola e Paul Thomas Anderson para evocar aquela era.

Uma ótima aula sobre granulação — e direção de fotografia em geral — é *JFK: A pergunta que não quer calar*, dirigido por Stone, filmado por Robert Richardson em uma série de películas, incluindo a caseira de 8 mm usada pelo empresário Abraham Zapruder em Dallas ao acidentalmente filmar a morte de John F. Kennedy. O resultado se assemelha a uma colagem atordoante e dinâmica de momentos, cores, roupas de época e texturas, refletindo de forma apropriada o ponto de vista caleidoscópico que Stone queria para criar um "contramito" da história oficial do assassinato. Apesar das fortes críticas sobre o diretor estar dando espaço para teorias da conspiração loucas — e perigosas —, sempre argumentei que a direção de fotografia de Richardson enfatiza que *JFK: A pergunta que não* quer calar não é um documentário que representa a realidade, mas o artefato da imaginação febril de um homem, construído de forma explícita, mesmo que loucamente expressionista.

A meu ver, a granulação sempre ofereceu mais vivacidade e dimensão ao cinema, enfatizando suas qualidades como um instrumento material que, nas mãos de cineastas e diretores de fotografia talentosos, pode ser tão expressivo quanto tinta, pedra e tecido para artistas e designers.

Essa profundidade — esse *recheio* — foi sumindo conforme os processos fotoquímicos se tornaram mais sofisticados, e pareceu prestes a desaparecer por completo com o advento da fotografia digital, que inicialmente produzia imagens com o visual pixelado e "ondulado" que muitas pessoas associam a vídeos baratos e novelas de qualidade inferior. Apesar de *Seabiscuit: alma de herói* ter sido filmado em 35 mm, foi convertido em um arquivo digital — chamado de "intermediário digital" — para limpar a imagem antes de voltar para o filme cinematográfico e ser exibido nos cinemas: para muitos espectadores, o resultado ficou mais parecido com um DVD do que um filme vivaz, texturizado. Os limites do digital foram especialmente evidentes no filme de gangsters *Inimigos públicos*, de 2009, dirigido por Michael Mann, filmado com câmeras digitais de alta definição para, de acordo com Mann na época, fazer a história parecer nova e instantânea. O vídeo "parece real", disse ele a John Patterson, do jornal *The Guardian*. "Tem um toque *verité*. O filme tem uma superfície meio aquosa, parece algo inventado."[65] Em vez disso, o visual acabou sendo barato e quase amador, com as cenas noturnas de ação destacando a aparência "hiper-real" de ensaios filmados, e o restante do filme parecendo uma novela barata. Tive um problema parecido com a série *O hobbit* de Peter Jackson, que

FOTOGRAFIA

foi filmada usando uma alta taxa de quadros — o que significa que as imagens foram capturadas duas vezes mais rápido do que seriam em um filme tradicional. O resultado deveria apresentar mais vivacidade e realismo, mas acabou parecendo de qualidade inferior e de uma chatice imperdoável. (A tolerância do público por filmes com alta taxa de quadros foi testada em 2016 por *A longa caminhada de Billy Lynn*, filmado por Ang Lee em uma taxa de 120 quadros por segundo; os espectadores rejeitaram completamente o filme.)

Apesar de, no começo, a fotografia digital ter uma variedade dinâmica limitada de cores, saturação, brilho e contraste, o formato passou por avanços enormes nos últimos anos com o surgimento de câmeras e lentes que dispensam recursos "televisivos" distrativos e contam com a ajuda de um trabalho de pós-produção cuidadoso e criativo, especialmente na correção de cor, que ajusta as cores em todo o filme e as torna consistentes. Aprendi sobre a nova importância dos coloristas com o diretor Nicolas Winding Refn, cujo suspense melancólico *Drive* pareceu tão sofisticado e supersaturado que pensei ter sido gravado em alguma película extremamente vívida. O longa inteiro foi filmado digitalmente, me contou ele, acrescentando que o fato de parecer um "filme de verdade" se deve a ajustes na pós-produção que fizeram que cores antes insossas se tornassem mais exuberantes, concentradas e consistentes. "O colorista é o novo *gaffer*",[66] disse ele com uma risada, se referindo ao eletricista-chefe em produções cinematográficas tradicionais.

Diretores como Refn, David Fincher, Coppola e Iñárritu — em colaboração com diretores de fotografia como o falecido Harris Savides e o vencedor do Oscar Emmanuel Lubezki — conseguiram criar surpreendentes variações sutis, translucidez e estrutura de granulação no meio digital. Para *Um lugar*

164 COMO FALAR SOBRE CINEMA

qualquer, de Coppola, Savides encontrou lentes de câmeras da década de 1970 e as utilizou em câmeras digitais para criar o visual suave, enevoado, de Los Angeles no filme. O cineasta J. J. Abrams com frequência acrescenta um *"lens flare"* digital — um recurso de produção em que a luz é refletida pelo vidro da câmera — para dar às suas imagens digitalmente capturadas um ar "clássico" reconfortante. Quando Barry Jenkins e James Laxton filmaram *Moonlight: Sob a luz do luar*, usaram uma ferramenta de processamento chamada *lookup table*, ou LUT, para dar ao drama digitalmente filmado a aparência e a sensação de um filme gravado em 35 mm. Cada seção da obra de três partes tem seu próprio visual distinto, apesar de as diferenças poderem ser imperceptíveis para um olhar não treinado. "Geralmente dá para notar pelos tons de branco e preto", me explicou Jenkins. "O visual das nuvens brancas na História Dois é muito diferente das nuvens na História Um."[67]

Porém, por mais progresso que a tecnologia faça, espectadores atentos ainda perceberão lapsos estéticos na fotografia digital, especialmente em situações com pouca iluminação e muito movimento, como cenas de ação noturnas. Se elas parecerem "televisivas", normalmente é porque o diretor e o diretor de fotografia escolheram equipamentos e velocidades do obturador erradas, ou não tiveram cuidado suficiente ao iluminar a sequência. Nos últimos anos, fui distraída por esse efeito em tudo, desde *Uma noite fora de série* até *Caça aos gangsters* — filmes com boa aparência até aquelas cenas noturnas com suavização de movimento. Aprendi a não culpar a fotografia digital por esse contratempo, mas cineastas que não têm tempo nem paciência para iluminar suas cenas de forma correta.

Existem diretores que declararam se recusar a trabalhar com o meio digital, incluindo Nolan, Abrams e Tarantino. E, por

FOTOGRAFIA   165

mais que eu admire sua defesa de um instrumento que ainda é
superior de um ponto de vista arquivístico (enquanto imagens
digitais estão sujeitas à obsolescência da tecnologia computacional de exibição em constante "atualização", tudo de que
você precisa para exibir um filme antiquado é um projetor,
uma fonte de luz e um lençol), tivemos avanços suficientes nas
lentes e no processo de pós-produção para a discussão película
versus digital ter se tornado quase completamente irrelevante.
O objetivo, tanto para cineastas quanto para cinéfilos, é preservar aquilo que é mais tangível, expressivo e envolvente
em um meio que, no seu auge, é tão sentido quanto assistido.

O HYPE VISUAL

Eu acabei de viajar para o Vale da Estranheza?

Alguns dos maiores avanços na fotografia digital vieram em
aventuras de ação que misturam animação gerada por computadores e *live action*. A moda se firmou nos dois últimos filmes da
trilogia *Matrix*, deu saltos imensos em obras como *Avatar* e na
série *O senhor dos anéis*, e alcançou novos parâmetros artísticos
em *As aventuras de Pi* e *Mogli: o menino lobo*. Apesar do marketing desses filmes com frequência se focar em sua sofisticação
técnica e na computação gráfica de ponta, os espectadores
devem julgá-los com os mesmos critérios que usariam para
qualquer filme: em termos de história, personagens, dinamismo visual e coerência geral. Por mais tecnologicamente
inovador que *Avatar* tenha sido, ninguém achou que a trama
fosse muito cativante, e, como é o caso com muitos roteiros de
James Cameron, teve um excesso de diálogos tão óbvios que

beiravam ao doloroso; da mesma forma, achei que os filmes da série *O senhor dos anéis*, apesar de todo o espetáculo visual, acabaram, no fim das contas, se tratando apenas de personagens andando e falando.

Quando *As aventuras de Pi* ganhou quatro Oscars — incluindo de melhor fotografia —, a produção virtual já tinha se tornado tão sofisticada que o público conseguia acreditar de verdade que um garoto passou duas horas em um barco minúsculo com um tigre, sem ninguém detectar o fato de que o tigre foi quase completamente produzido por animação. Era uma diferença enorme de filmes como *O expresso polar, Os fantasmas de Scrooge*, de 2009, e *O último mestre do ar*, todos os quais jogaram seus personagens em um submundo desconfortável entre a animação e o *live action*, resultando em um visual estranho, não exatamente humano, que profissionais da indústria chamam de "vale da estranheza".

O advento da fotografia virtual também teve um impacto imenso no movimento das câmeras. Com o potencial de enviar o espectador por uma série de situações surreais e uma quantidade de pontos de vista similarmente ilimitada, é natural que a fotografia virtual tenha pegado ideias emprestadas de outro mundo computadorizado: videogames. Cada vez mais, filmes de ação-aventura usam a perspectiva em primeira pessoa de jogos de atiradores, colocando os espectadores "atrás do volante" conforme a câmera se move por uma série de vinhetas episódicas e sequências explosivas. Um dos primeiros — e desesperadores — exemplos da influência de videogames no cinema foi a adaptação das irmãs Wachowski do velho desenho animado *Speed Racer*, uma confusão caótica e hipercinética que criou um mundo de sons, cores e luzes penoso, com pouquíssima profundidade ou dimensão. Mais recentemente — e de um jeito

FOTOGRAFIA

bem mais interessante — suspenses distópicos como *Distrito 9*, *Ataque ao prédio* e *No topo do poder* usaram a perspectiva de videogames para guiar os espectadores por suas locações únicas e independentes, de um jeito parecido com que os jogadores navegam pelos "espaços unificados" de seus mundos virtuais. Desde os dias de *Speed Racer*, a estética dos jogos eletrônicos se estabeleceu bem como um padrão visual que, aos olhos dos jovens e das próximas gerações, com certeza se tornará cada vez menos estranho, ou até imperceptível.

3D: VALE A PENA?

O 3D foi usado só para chamar atenção? Ou para melhorar a profundidade e dimensão visual?

A profundidade e a dimensão poderiam ter sido criadas por uma direção de arte habilidosa e trabalho de câmera sagaz?

A dimensão extra compensou a diminuição do brilho, dos detalhes e de cores?

Existem poucas coisas que detesto de verdade na vida — além de valentões, chocolate branco e a regra do rebatedor resignado no beisebol —, mas o 3D ganhou um lugar no topo dessa lista.

Nos últimos vinte anos, a indústria do cinema mudou de maneira implacável, conforme os dramas inteligentes, de orçamentos moderados e voltados para adultos foram perdendo espaço para filmes de ação-aventura enormes cujas violência e tramas caricaturais são facilmente exportadas para novos mercados na China, América do Sul e além. Conforme aparelhos

168 COMO FALAR SOBRE CINEMA

de televisão se tornam mais sofisticados (e mais e mais tagarelas, escritores de mensagens e outros sem-vergonhas acabam invadindo a experiência de ir ao cinema), fica cada vez mais difícil atrair espectadores para fora de suas casas e para dentro das salas de exibição. Estúdios e donos de cinemas decidiram que a resposta é oferecer espetáculos, o que significa que passaram a se dedicar a produzir filmes tão grandes, tão barulhentos e tão espalhafatosos que você não vai querer assisti-los em nenhum outro lugar além de em uma tela gigante.

Além de fazer espetáculos dos suspenses de ação ao filmá-los em formato ultrawide ou IMAX, os estúdios voltaram ao efeito 3D da década de 1950, um formato que dificilmente é reproduzido em casa e que, não por coincidência, torna os ingressos um pouco mais caros. Com pouquíssimas exceções — *A invenção de Hugo Cabret*, dirigido por Martin Scorsese, a aventura de ficção científica *Gravidade* e o documentário *A caverna dos sonhos esquecidos*, de Werner Herzog, são alguns exemplos —, acho que o 3D não passa de uma estratégia de marketing e de uma tramoia para ganhar dinheiro, e não um avanço estético; ele sacrifica detalhes de imagem e saturação de cores, dando quase nada em troca. (Ainda me incomodo com a maneira como pessoas e objetos no fundo da tela se tornam formas embaçadas durante *close-ups*.) Em uma tentativa de fugir do 3D para conseguir efeitos surpreendentes, os cineastas agora o utilizam apenas para criar uma profundidade de campo maior — sessenta anos depois de Gregg Toland ter a engenhosidade de fazer a mesma coisa com a simples fotografia em 2D de *Cidadão Kane*. Ainda assim, enquanto eu, no passado, era uma defensora ferrenha das películas contra a fotografia digital, agora mal percebo a diferença. Nas mãos de artistas como Scorsese, Cuarón e Herzog, e

FOTOGRAFIA

com o avanço contínuo da tecnologia, talvez o 3D me conquiste um dia. Talvez eu até aprenda a amar chocolate branco.

ASSIM COMO OS ESPECTADORES DEVEM se perguntar se um filme realmente precisava ser contado em três dimensões, se valeu a pena perder cor, brilho, detalhamento e variação de tons por causa disso, as mesmas perguntas devem ser feitas sobre todas as decisões cinematográficas tomadas em uma produção. Em termos mais simples: tudo que vemos — e não vemos — em um filme é proposital. Ou pelo menos deveria ser.

No seu sentido mais artístico, a fotografia vai muito além de apenas o mecanismo usado para gravar atuações. Cada elemento da iluminação, cada sombra, cada movimento de câmera ou ausência dele, cada cena que parece cheia ou desvaída de cor forma nossa compreensão daquilo que está acontecendo na tela e sobre como nos sentimos. O cinema pode ser um mergulho em puro prazer visual ou causar um caso sério de fadiga ocular. A câmera pode lhe dar a impressão de estar deslizando, voando e girando, ou pode fazer você precisar de um saco de vômito. Ela pode privar a visão com trevas e escuridão, ou atacá-la com uma iluminação forte e escandalosa.

Cada uma dessas estratégias é válida contanto que sirva à obra em questão, seja um drama urbano realista e natural ou um romance exuberante e escapista. Apreciar uma boa fotografia pode ser muito revigorante, porque ela faz os espectadores sentirem como se fossem parceiros do diretor do filme, se deleitando com a arte pura do trabalho de câmera. Porém, se você notar a fotografia e movimentos rebuscados durante o filme, se pergunte se estão sendo usados de forma orgânica ou apenas como uma ferramenta impressionante para tirar o foco de uma história clichê ou de cenas interpretadas sem um pingo de imaginação. A fotografia pode apresentar uma praticidade utilitária ou uma habilidade descontrolada, expressiva; ela pode ser usada com cuidado — sendo quase filosófica — ou ser apenas espetaculosa sem qualquer motivo especial. No seu melhor, ela insere o público ainda mais no mundo dentro da tela. A forma como olhamos para os filmes quase sempre se resume àquilo que os filmes nos mostram.

FILMES RECOMENDADOS:

Cidadão Kane (1941)
Os sapatinhos vermelhos (1948)
Onde os homens são homens (1971)
Faça a coisa certa (1989)
JFK: A pergunta que não quer calar (1991)
Selma: Uma luta pela igualdade (2014)

CAPÍTULO CINCO

EDIÇÃO

S e o roteiro é a planta do filme, e as atuações, os cenários e as imagens são os tijolos, então a edição é o cimento.

Há quem argumente, de forma muito persuasiva, que a edição é aquilo que faz do cinema uma arte: sem a capacidade de conectar cenas individuais, os filmes não progrediriam. Eles seriam apenas uma série de fotografias estáticas, separadas. Muitos cineastas veem a edição como a "terceira reescrita" do filme, quando o objetivo original do roteirista e a visão unificadora do diretor recebem a última oportunidade de serem concretizadas.

Uma boa montagem requer bem mais sutileza do que a estética retalhada, cheia de cortes, que domina tantos filmes hoje em dia (pense na cena de perseguição incompreensível que abre *007: Quantum of Solace*, o filme de James Bond de 2008). Um bom editor possui uma compreensão intuitiva de como as imagens se integram para contar uma história e evocar emoções poderosas, às vezes inconscientes, no público. É uma questão de clareza, estrutura, ritmo, dinâmica e emoção. A edição é um trabalho meticuloso, definindo tanto a linearidade da narrativa quanto o

172 COMO FALAR SOBRE CINEMA

âmago dos sentimentos que devem ancorar todos os filmes, permitindo que os espectadores mergulhem naquele mundo imaginário com naturalidade, quase por instinto. Se o roteiro cria as regras de como assistir ao filme, o editor as reforça como um tirano, lendo o script, organizando as filmagens conforme são gravadas a cada dia e, por fim, trabalhando com o diretor para montar a melhor versão possível do filme com o material criado.

As edições mais habilidosas não chamam atenção para si mesmas. Em vez disso, elas desaparecem. Quando dão certo, a plateia sai do cinema com a satisfação de ter assistido a um filme como ele deveria ser, do começo ao fim — sem engasgos, transições esquisitas, conclusões forçadas e absurdas ou momentos de tédio e confusão. Em minhas entrevistas com editores ao longo dos anos, eles frequentemente usam termos como "integrado" e "dominador" para descrever obras bem-editadas. Em vez de perceber cada corte em um filme, eles querem que os espectadores se envolvam com a jornada, sem notar as dificuldades para ligar o motor, os becos sem saída e as paradas para colocar gasolina que ocorreram durante a organização da viagem.

É o editor que cataloga cada tomada de cada cena e, graças à tecnologia — e, no mundo ideal, sob a orientação firme do diretor —, as insere, as remove e as mistura até todas as cenas funcionarem a seu modo e contribuírem para o produto final. Dependendo de quanto material foi filmado pelo diretor, essa tarefa pode ser árdua ou relativamente rápida e direta: para *Mad Max: estrada da fúria*, por exemplo, a editora Margaret Sixel teve a tarefa intimidante de cortar quase quinhentas horas de material gravado para montar um filme de duas horas, enquanto Quentin Tarantino filmou parcas trinta horas para *Os oito odiados* (que, ironicamente, é quarenta minutos mais longo do que *Estrada da fúria*).

EDIÇÃO

Como o principal representante do público, o editor prevê aquilo que os espectadores precisarão ver a cada momento para permanecerem orientados e emocionalmente interessados. A maioria dos filmes de grandes estúdios é exibida para plateias--teste bem antes de sua estreia, para garantir que o público não fique desnecessariamente confuso ou desinteressado; depois de receberem o feedback, o editor e o diretor lidam com as críticas recebidas, cortando ou aumentando sequências, ou reorganizando as cenas até questões pendentes serem resolvidas e o filme siga seu próprio ritmo e lógica interior.

Há exemplos lendários de longas que foram sacrificados como resultado de exibições-teste: até hoje, é notável a cicatriz que *Soberba*, dirigido por Orson Welles, carrega por conta de um final feliz obviamente acrescentado de última hora por ordem do estúdio. Por outro lado, as exibições-teste podem oferecer uma orientação inestimável para os cineastas. Pense em como *E.T.: o extraterrestre* teria sido diferente se o pequeno alienígena morresse no fim, ou se Richard Gere tivesse expulsado Julia Roberts do seu carro no final de *Uma linda mulher*. Essas duas versões eram a conclusão original das histórias, que foram corrigidas durante a montagem.

*FADE IN**...

Eu acompanhei o filme desde o começo?

Ele me levou aonde me prometeu que levaria?

---

* *Fade-in* é um efeito de transição em que a imagem inicia totalmente transparente e vai aparecendo de forma gradativa até se tornar totalmente visível na tela. [*N. da E.*]

174 COMO FALAR SOBRE CINEMA

Cinéfilos experientes sabem determinar, quase sempre nos primeiros momentos, o instante em que são fisgados por um filme.

É trabalho do editor garantir essa fisgada, sendo firme ao estabelecer a ambientação, os personagens principais, o clima emocional e um avanço coerente do filme desde o princípio. Com o ritmo, o tom e a coerência determinados com clareza e firmeza no começo, o editor então se certifica de que sejam obedecidos ao decorrer de toda a trama.

Esse é um dos principais desafios para um editor, que precisa estabelecer tanta coisa em tão pouco tempo. Se os espectadores não conseguirem distinguir de cara onde estão e em qual história devem acreditar, o filme não dá certo.

Nunca vou me esquecer de quando assisti à sequência de abertura impressionante e praticamente silenciosa de *Fome*, do diretor Steve McQueen. Ambientada na brutal prisão de Maze, na Irlanda do Norte, no começo da década de 1980, ela consiste em imagens fortes da violência e desumanização dentro da instituição. Em uma concretização brilhante do roteiro de Enda Walsh — que almejava transmitir a realidade dentro da prisão não através de diálogos expositivos, mas por ações e pelo ambiente, usando cenas pictóricas longas, sem cortes —, o editor Joe Walker montou a sequência, que cumpre duas funções ao mesmo tempo: apresentar aos espectadores o mundo que habitarão pela próxima uma hora e meia, e ajustar as expectativas para um filme que sairá da narrativa episódica tradicional, assim como das manipulações típicas da maioria dos longas que abordam um tema tão carregado. Nos primeiros *segundos* de *The Beach Boys: uma história de sucesso*, eu sabia que Paul Dano faria uma representação excepcional de Brian Wilson e que o tom delicado e meditativo que o diretor Bill Pohlad estabelecia seria bem mais cativante do que o de filmes biográficos normais.

EDIÇÃO 175

Todas essas aberturas foram concebidas pelos roteiristas, é claro, e todas foram beneficiadas por uma direção excelente e atuações eletrizantes. Mas seu destino foi determinado na montagem, seja na escolha da melhor tomada de Dano, ou no tempo e na justaposição das imagens da vida na prisão em *Fome* para criar com uma parcimônia genial o efeito que o ambiente exerce tanto em prisioneiros quanto em guardas.

Por outro lado, também me lembro das piores sequências de abertura a que assisti: o já mencionado *007: Quantum of Solace*, que começa com uma habitual estripulia improvável de James Bond. Mas, nesse caso, a cena foi editada como se tivesse sido jogada em um liquidificador e batida até virar purê, reduzindo o que poderia ter sido um trecho de estabelecimento rápido e compreensível a uma mistura aleatória e incoerente de carros brilhantes, pneus cantando e tiros.

Faça o contraste dessa sequência vergonhosa com a abertura de *Os bons companheiros*, que, desde a primeira cena, joga os espectadores em uma série de *flashbacks* narrados pelo protagonista do filme, Henry Hill. "Desde minhas primeiras memórias, sempre quis ser um gângster", declara Hill (Ray Liotta) com orgulho enquanto observamos ele e seus parceiros matando um homem muito ferido. A cena termina com uma imagem congelada hipnotizante; alguns momentos depois, voltamos vinte anos no passado, para quando Henry começou a trabalhar como mensageiro para o chefe do crime de sua vizinhança no Brooklyn.

Editado pela colaboradora de longa data de Scorsese, Thelma Schoonmaker, *Os bons companheiros* estabelece seu meio social e personagens imediatamente, dando ao público total confiança em uma história que contará a ascensão e a queda de Henry no mundo da máfia ao longo de décadas. Em uma questão de minutos — ou até segundos — estamos imersos na história, animados com a ideia de acompanhar nosso guia dantesco para qualquer profundeza do inferno a que ele queira nos levar. (Schoonmaker continuou usando essas imagens congeladas, não apenas para dar uma energia expressiva e entusiasmo ao filme, mas para destacar os momentos mais importantes e inconscientemente significativos da vida de Henry Hill no crime.) O produtor Albert Berger, que produziu *Pequena Miss Sunshine* e a maioria dos filmes de Alexander Payne com seu parceiro Ron Yerxa, se recorda de como Payne reeditou *Nebraska* depois que o filme estreou no Festival de Cinema de Cannes em 2013. "Nós reestruturamos o começo do filme para transferir uma cena com a namorada de Will Forte para outro momento. E adiantamos algumas coisas, deixamos tudo mais coeso. Foram só uns ajustes pequenos aqui e ali que criaram um jeito melhor de entrar no filme. Tudo ficou mais compacto e melhor, e fluiu."[68] É esclarecedor que, de algum jeito, Berger não se lembre exatamente do que foi movido e cortado. É nisso que consiste a arte da montagem: transferir trechos de um lugar para outro até o metabolismo do filme estar equilibrado e se encaixar com o nosso.

O QUE ESTÁ ACONTECENDO?

Eu sabia onde os personagens estavam, o que faziam e por que faziam?

A ambientação física estava delineada com clareza?

O filme fez sentido?

EDIÇÃO

Um filme que é claro — quando a trama é compreensível, os personagens são bem-definidos e seguem sua lógica interior própria — nos transmite segurança e conforto. Nós podemos relaxar até recebermos outras orientações. Por outro lado, um filme que não é claro causa uma ansiedade e uma insatisfação que são quase impossíveis de diagnosticar. Depois de uma montagem integrada, a clareza é o principal objetivo de um editor, cujo dever é garantir que o público permaneça orientado, atento e interessado em todos os momentos.

Clareza é um conceito muito simples. Mas quando levamos em consideração o material que os editores usam — e, com frequência, os cronogramas apertados e as condições estressantes sob as quais trabalham —, algo que parece simples se torna o completo oposto. É comum que os editores trabalhem com um material que esteja nas mãos do diretor há pelo menos um ou dois anos, às vezes muito mais. Ao longo de produções longas, difíceis, é fácil perder a perspectiva, e é normal que certas tomadas e cenas se tornem tão queridas que o diretor nem cogite a ideia de cortá-las ou que certas sequências tenham sido tão difíceis ou tão caras de filmar que seja inconcebível que não apareçam no produto final.

Cabe ao editor ser objetivo nesses casos, defendendo os interesses de apenas uma pessoa: o espectador. E se aquela cena caríssima não impulsionar a história ou, pior, confundir ou desorientar o público? Cortada. A cena em que a atriz chora no momento perfeito, mas declama suas falas rápido demais para ser compreendida? É preciso escolher a tomada que se adequa melhor à compreensão do espectador e jogar fora a que preza mais pela emoção do que pela audibilidade. A grande revelação no terceiro ato parece ter surgido do nada? Hora de voltar para o primeiro ou o segundo ato e plantar uma pistinha que não seja muito óbvia, mas que torna o próximo momento completamente lógico e coerente. (Se o editor não tiver material suficiente para usar e o orçamento permitir, o diretor às vezes reúne os atores e a equipe criativa de novo para tampar os buracos.)

Em *Conduta de risco*, cada instante da jornada do personagem principal precisa ser apoiado por informações transmitidas no começo do filme, para suas ações no clímax tenso serem compreensíveis e completamente verossímeis. Por exemplo, Clayton, interpretado por George Clooney, joga todos os seus pertences em um carro em chamas, e, mesmo assim, na próxima cena, fica claro que ele comprou um casaco novo. Então era necessário estabelecer desde o princípio que ele tinha dinheiro no bolso; os cineastas — o editor John Gilroy e seu irmão Tony, o roteirista e o diretor — se certificaram de que o público o visse esvaziar os bolsos para um segurança durante um jogo de pôquer nas primeiras cenas. Depois de a plateia-teste expressar confusão sobre Clayton sair do seu carro e parar ao lado de cavalos, os Gilroy inseriram imagens do livro de fantasia do seu filho, que destacava um grupo de cavalos parecido.

Talvez o exemplo mais desafiador — e bem-sucedido — de como a edição pode esclarecer um filme seja o drama *Apocalypse Now*, sobre a guerra do Vietnã, dirigido por Francis Ford Coppola em uma produção notoriamente difícil, que envolveu mudanças de última hora no elenco, desastres naturais, interrupções longas nas filmagens e cenas elaboradas que nunca entraram na versão final do filme. Montado por uma equipe liderada pelo editor e sonoplasta Walter Murch, seria muito fácil que o corte final de *Apocalypse Now* virasse uma bagunça incompreensível. Em vez disso, Murch e seus coeditores costuraram cenas desconexas e rapidamente improvisaram um final para criar um filme que segue tanto uma história linear

EDIÇÃO

— sobre um soldado norte-americano no Vietnã que recebe ordens para sair de Saigon e assassinar um coronel traiçoeiro do exército — quanto uma evocação expressionista, quase abstrata, do caos e da sobrecarga de sentidos da guerra em si.

Apocalypse Now é uma obra-prima da edição porque, mesmo em seus momentos mais irracionais e fantasiosos, obedece a uma lógica narrativa ao mesmo tempo em que parece completamente ilógico e instintivo. Em contraste, ao produzir o suspense *noir À beira do abismo*, o diretor Howard Hawks (junto com o editor Christian Nyby) estava pouco se lixando para lógica e o senso de orientação do público — em vez disso, ele só queria que todas as cenas fossem bonitas. O resultado é um filme cheio de estilo e marra, mas que até hoje acho frustrante e muito incômodo de assistir.

A edição com foco na clareza é mais importante em narrativas quebradas, não lineares, como *Pulp Fiction: Tempo de violência* e *Amnésia*, e para filmes ambiciosos e intelectualmente desafiadores, como *Quero ser John Malkovich*, *Brilho eterno de uma mente sem lembranças* e *A origem*, em que as tramas são enroladas, o diálogo é cheio de mistérios complexos, e o mundo na tela é tão profundamente pessoal para o diretor que o espectador precisa de ajuda constante para entender que raios está acontecendo — sem se sentir manipulado ou guiado de forma óbvia.

Todos os filmes mencionados acima foram editados com extremo cuidado para manter o público orientado e informado, mesmo em seus momentos mais peculiares e obscuros. Um filme com tom igualmente ambicioso, porém menos bem-elaborado em termos de edição, é *A árvore da vida*, dirigido por Terrence Malick, que mostra a história de três irmãos crescendo no Texas da década de 1950. Estruturado como uma sinfonia, em três "movimentos" distintos, ele é frequentemente emocionante e lindíssimo de assistir, em especial durante a

180   COMO FALAR SOBRE CINEMA

ambiciosa sequência de abertura que representa a criação do universo e o retrato impressionista do filme sobre o amadurecimento dos garotos.

Mas *A árvore da vida* também é desnecessariamente confuso, ainda mais quando se trata do irmão interpretado por Sean Penn na fase adulta. Muito sobre o personagem de Penn não foi explicado ou não apresentou motivação suficiente, de forma que o filme se tornou hermético e comodista, se distanciado do público sem necessidade, quando deveria tentar atrair sua atenção; de fato, muitos espectadores saíram do cinema sem entender exatamente qual dos irmãos Penn interpretava. (O próprio Penn se mostrou confuso com o filme, dizendo para um jornalista do jornal francês *Le Figaro*: "Francamente, ainda não entendo o que estou fazendo lá e o que eu deveria acrescentar ao contexto! E mais, o próprio Terry nunca conseguiu me explicar isso de um jeito convincente.")[69]

A edição também é especialmente crucial para filmes com muitos atores principais, quando — assim como acontece em narrativas não lineares — o público precisa acompanhar várias histórias e personagens que se misturam e se confundem. Ninguém foi melhor nisso do que Robert Altman e seus editores, cujos filmes *Nashville* (editado por Dennis Hill e Sidney Levin), *Short Cuts: cenas da vida* (Suzy Elmiger e Geraldine Peroni) e *Assassinato em Gosford Park* (Tim Squyres) exemplificam como a montagem pode transformar aquilo que poderia ser uma coleção de vinhetas desorganizadas em uma experiência coerente digna de atenção. O sucessor mais competente de Altman nesse gênero talvez seja Paul Thomas Anderson, cujos filmes *Boogie Nights: Prazer sem limites* e *Magnólia* (ambos editados por Dylan Tichenor) exibem uma sensibilidade semelhante ao dar vivacidade aos personagens ao longo de encontros paralelos muito carregados.

EDIÇÃO

Junto com seus editores, tanto Altman quanto Anderson sabiam exatamente quanto tempo uma cena precisaria durar para o espectador compreender os conflitos essenciais dos personagens e seu investimento emocional, assim como sabiam quando "dar uma olhada" em um personagem que não aparecia há um tempo. O termo artístico para isso é manter os personagens "vivos" durante o filme, ao contrário de apresentá-los no primeiro ato e esquecê-los até o momento em que sua presença é necessária no terceiro; assim, o filme deixa de parecer uma história unidimensional e passa a ser um vislumbre no microcosmo de um mundo cheio de vidas confusas, porém sempre reconhecíveis. Outro exemplo maravilhoso de edição de grupos é a obra *Milk: A voz da igualdade*, sobre o líder político Harvey Milk, no qual o diretor Gus Van Sant e o editor Elliot Graham fizeram um trabalho soberbamente gracioso ao delinear a personalidade irrepressível de Milk, mas então voltam o foco do filme para o esforço coletivo dos ativistas civis liderados por ele, em determinado momento usando com eficácia o recurso visual arcaico de dividir a tela, com as imagens de pessoas organizando um ato político se multiplicando.

Além da clareza da história e dos personagens, existe a clareza do simbolismo. Quando Stanley Kubrick e seu editor, Ray Lovejoy, montaram a cena do osso pré-histórico sendo jogado no ar se transformando na imagem da estação espacial girando no começo de *2001: uma odisseia no espaço*, eras e mundos inteiros não apenas atravessaram um único corte importante, mas Kubrick apresentou de forma metafórica — e puramente visual — o âmago filosófico das ideias do filme sobre evolução, natureza humana e a ambiguidade do "progresso" tecnológico. Esse tipo de edição intuitiva e associativa é a base dos filmes experimentais de Chris Marker, Bruce Conner e Stan Brakhage, e define cada vez mais o trabalho de Terrence Malick, cujos longas mais recentes são montados mais como coleções amorfas de imagens do que como narrativas, tentando evocar perguntas atemporais para o espectador e transportando-o para a busca espiritual do próprio diretor. Cabe à equipe de edição se certificar de que o filme resultante consiga se conectar até mesmo com o público mais exigente, em vez de permanecer autocentrado e impenetrável.

TIQUE-TAQUE, TIQUE-TAQUE

Eu me deixei levar ou fui arrastado?

O filme fluiu como a água ou ficou empoçado feito lama?

Todo filme tem seu próprio ritmo.

Alguns precisam seguir em um trote confortável. Outros galopam, levando os espectadores por uma jornada assustadoramente veloz. E existem os que tentam acalmar nossos metabolismos perpetuamente superestimulados, examinando detalhes da vida cotidiana, de relacionamentos e da nossa própria mortalidade. Se o filme cumpre seu trabalho desde o começo — mostrando o ritmo que os espectadores devem esperar e por quê —, então até a obra de ação mais caótica será confortável, já que o editor foi astuto ao julgar quando os espectadores precisam de uma pausa ou podem receber um empurrãozinho.

De forma semelhante, cada cena individual tem seu próprio ritmo interno, um começo e um fim, para que sua função dentro do filme — transmitir informações importantes, uma revelação emocional crucial ou uma mudança no tom — seja cumprida com o máximo de impacto possível. O princípio básico na maioria dos filmes é começar tarde e ir embora cedo, eliminando trechos e diálogos desnecessários. O diretor David Lean — que começou no ramo como editor — era tão obcecado com transições impecáveis que se certificava de incluir a imagem final de uma cena e a imagem de abertura da próxima em todos os roteiros com que trabalhava — daí a famosa cena do fósforo sendo riscado e se tornando um sol nascente sobre o deserto em *Lawrence da Arábia*. (Curiosamente, essa transição foi escrita como uma fusão no roteiro original; a editora Anne V. Coates foi responsável por criar o "corte direto" bem mais dramático.)

O editor e sonoplasta Walter Murch, cujo livro *Num piscar de olhos* se tornou uma cartilha essencial para a arte e a ciência da montagem para cinema, junto com a coleção de entrevistas que Michael Ondaatje conduziu com ele, *The Conversations* — e que também colaborou frequentemente com Francis Ford Coppola e George Lucas —, usou os seguintes termos: "Onde você encerra a cena? Você a encerra no exato momento em que ela revela tudo que vai revelar, em sua totalidade, sem exageros. Se você cortá-la rápido demais, terá o equivalente de decepar uma muda florescendo. Todo o potencial é jogado fora. Se você segurá-la por tempo demais, as coisas tendem a apodrecer."[70]

Quando *Bonnie e Clyde: uma rajada de balas* estreou em 1967, o filme foi visto como revolucionário, atribuindo os valores visuais do "jornalismo de guerra" que ocorria no Vietnã em lendas do crime da Grande Depressão. Hoje, seu ritmo não parece em nada radical, porém uma análise mais atenta revela como ele foi revolucionário. Junto com o diretor Arthur Penn, a editora Dede Allen abriu o máximo possível de cenas *in medias res*, ou no meio das coisas, fugindo de entradas e saídas para começar no meio da ação, mesmo quando se tratava de uma cena doméstica tranquila. O filme resultante apresenta um

184 COMO FALAR SOBRE CINEMA

senso sutil, mas determinante, de impulso insensato: quando os personagens-título são mortos por uma chuva de tiros da polícia, a edição já se tornou muito mais rápida e violenta do que era no começo do filme. De forma semelhante, no seu livro *Fazendo filmes*, o diretor Sidney Lumet descreve como ele e o editor Carl Lerner aceleraram o drama de tribunal *12 homens e uma sentença* na última meia hora, transformando o que seria uma argumentação prolongada a uma conclusão dramática ao fazer cortes mais frequentes, estratégia que deu mais ânimo e também mostrou — junto com o cenário e a fotografia — que a situação dos jurados se tornava mais claustrofóbica e volátil.

O trabalho de câmera portátil impaciente e o estilo de edição estonteantemente rápido de *Quem quer ser um milionário?* transmitiram uma quantidade imensa de informações em rajadas brevíssimas sobre a pobreza e a vibrante cultura das ruas da Mumbai moderna e da vida de seus personagens. Mas o movimento frenético e as constantes idas e vindas pelo tempo teriam sido excessivas sem pausas ocasionais, como quando o protagonista, Jamal, aparece tranquilamente sentado na cadeira do programa de auditório ou limpa o rosto machucado sob a luz do luar. Esses momentos são cruciais para dar aos espectadores um descanso daquilo que poderia ter sido uma sobrecarga emocional.

O ritmo também entra na jogada quando a edição é majoritariamente "reta", passando de cena em cena sem intervalos visíveis. Até mesmo uma série de encontros que seriam, de outra forma, episódicos será quebrada de vez em quando por um corte visível seguido por uma tela preta, como um ponto-final, mostrando que o cineasta quer que os espectadores sintam que algo terminou e outro capítulo vai começar. Apesar de se guiarem tanto pelo roteiro quanto pelo diretor, editores astutos podem prever quando uma cena se beneficiaria com um escurecimento gradual para o preto, dando ao público a oportunidade de digerir um momento, ou quando uma cena deve surgir aos poucos, indicando que o tempo passou. (Fusões — quando uma imagem gradualmente se transforma em outra, parecendo sobreposta à primeira — quase não são usadas hoje em dia, seu romanticismo enevoado e impressionista parecendo destoar de nossa época pouco sentimental.)

É claro que ser "episódico" é uma faca de dois gumes: existe uma linha tênue entre uma narrativa tranquila, que flui fácil, e uma corrida monótona de primeiro-aconteceu-isso--depois-aconteceu-aquilo. Apesar de o último caso dever ser evitado no estágio do roteiro, essa também é uma função de uma montagem perceptiva, que pode acrescentar graciosidade e um interesse propulsor a um material antes desinteressante. No seu drama *Lone Star: A estrela solitária*, de 1996, sobre história, identidade e memória na fronteira do Texas, John Sayles editou todas as cenas, com exceção de uma, com panoramas da câmera, apagando a fronteira visual entre "antes" e "agora", "aqui" e "ali", criando uma jornada de ritmo impecável que vai aléns dos limites convencionais de tempo e espaço. O conceito funcionou lindamente ao permitir que os espectadores se sentissem presos ao que acontecia na tela e apagassem seus próprios limites entre passado e presente. Sayles fez a edição na câmera — uma arte perdida hoje em dia —, usando o próprio movimento para transmitir a estrutura oblíqua e o coração estável, galopante, de *Lone Star*.

ESSA EDIÇÃO DEIXA MEU FILME GORDO?

O filme se encaixou nas dimensões da história?

186 COMO FALAR SOBRE CINEMA

Ficaram faltando pedaços, peças erradas se encaixaram, um canto ficou estufado e outro, murcho?

Alguns filmes são esbeltos e aerodinâmicos, enxutos; outros são um pouquinho mais gordos, sem se preocupar tanto em encolher a barriga. São mais digressivos, distraídos, talvez um tanto inflados.

Os dois tipos podem ser interessantes a seu modo: a arte está em saber qual é o formato que a obra deseja adotar.

Quando um filme não é do tamanho correto, notamos a distorção, mesmo que de forma inconsciente. A gente pode acabar gostando do trabalho, mas não *adorando*, apesar de não sabermos explicar por quê. Não é questão de ele ser grande demais ou curto demais; em vez disso, trata-se da proporção. Ele simplesmente não *pareceu* certo. O trabalho do editor é captar essa energia e antecipar esses becos sem saída, cortando as partes que pesam determinada cena ou ajustando as que vêm imediatamente antes e depois, para que pareçam mais integradas.

A maioria dos grandes filmes convencionais não tem formato definido: eles simplesmente fluem, seguindo o ritmo da vida como uma série de eventos contínuos, sequenciais. Porém alguns filmes têm formatos e proporções que são propositalmente óbvios, até chocantes.

Mais uma vez, *Fome* é um exemplo memorável. A primeira vez que assisti ao filme foi no Festival Internacional de Toronto de 2008, com meu querido amigo Paul Schwartzman. A primeira meia hora, mais ou menos, é de uma brutalidade inflexível, com guardas e prisioneiros tratando uns aos outros com uma crueldade desumana em lados opostos das grades. Chegando ao seu limite com a violência, Paul se virou para mim e me perguntou por que raios ele deveria passar mais um segundo ali, assistindo a tanto abuso.

EDIÇÃO

Nesse exato momento, o diretor Steve McQueen e seu editor, Joe Walker, mudaram o foco do filme, saindo do bloco de celas cacofônico para uma sala de visitação silenciosa, onde Bobby Sands — contemplando o ato político que acabaria com sua vida — conversa com um padre. Pelos próximos vinte minutos, Sands (Michael Fassbender) e o padre Moran (Liam Cunningham) debatem as consequências políticas e morais do plano de Sands em uma cena ininterrupta, na qual a câmera pouco se move enquanto o bate-papo bem-humorado dos homens se foca cada vez mais em questões de vida ou morte. Praticamente prendendo a respiração enquanto aquele *tour de force* serenamente tenso se desdobrava, Paul se virou para mim e sussurrou: "Retiro a pergunta."

O dueto verbal no meio de *Fome* é o elemento fundamental do filme. Não apenas ele oferece um alívio enorme da barulheira e da infelicidade apresentada antes, mas também abre caminho para a parte final da obra, uma recriação agonizante da greve de fome e morte de Sands, pontuada por *flashbacks* do início de sua vida. Sua posição dentro do filme e sua intensidade ininterrupta oferecem aos espectadores não apenas uma beleza estética, mas também *insights* cruciais sobre o comportamento abnegado (alguns usariam os termos autodestrutivo e inútil) de Sands. Em vez de exibir um retrato convencional e cronológico do protagonista desde a infância até a morte, McQueen tratou a vida de Sands com a abordagem de um artista visual, criando um tríptico cinematográfico poderoso tanto no sentido visual quanto no emocional.

Outros filmes que usaram mudanças repentinas de ritmo com um efeito maravilhoso foram *4 meses, 3 semanas, 2 dias*, dirigido pelo romeno Cristian Mungiu — um drama tenso, detalhando cada momento de uma jovem de Bucareste que tenta fazer um aborto, alternando com um jantar demorado e tranquilo na casa de sua família —, e *Guerra ao terror*, no qual a ação frenética e vertiginosamente dinâmica é pausada durante a sequência demorada e silenciosa focada em um sniper interpretado por Ralph Fiennes.

Por mais que eu admire narrativas limpas e enxutas, tenho uma quedinha por obras que se recusam a se encaixar nos padrões. De fato, alguns dos meus filmes favoritos são, a rigor, desajeitados e disformes, mas compensam isso com momentos cheios de verdade emocional, mesmo que aos trancos e barrancos. Em muitos sentidos, *Tá rindo do quê?*, dirigido por Judd Apatow e estrelado por Adam Sandler como um comediante que reavalia sua vida, passa por uma reviravolta radical e surpreendente no terceiro ato, quando o comediante resolve estragar o casamento de uma ex-namorada. Como a maioria dos filmes de Apatow, *Tá rindo do quê?* não tem uma edição firme — na verdade, seria justo acusá-lo de ser prolixo e descontrolado. Porém, nesse caso, fiquei encantada com sua imprevisibilidade solta, sua análise de amizades masculinas e como as pessoas enganam a si mesmas, e seu afeto até pelos personagens mais desagradáveis. (Por um acaso, *Tá rindo do quê?* também contém uma das minhas transições favoritas, quando os personagens de Sandler e Seth Rogen pegam um avião para um evento corporativo do MySpace em que Sandler vai se apresentar; a sequência é acompanhada por James Taylor cantando "Carolina in My Mind", que descobrimos na revelação final estar sendo apresentada pelo próprio Taylor no evento.)

Outro dos meus filmes desajeitados favoritos é *Margaret*, dirigido por Kenneth Lonergan, no qual Anna Paquin interpreta uma adolescente determinada à solta por Manhattan. Ele vaga e se perde pelas peregrinações e dilemas éticos da heroína — uma abordagem muito apropriada para a ingenuidade curiosa dela e sua percepção cada vez maior sobre o mundo. Em sua bagunça e resistência a se comportar, *Tá rindo do quê?* e *Margaret* refletem a vida com compaixão e uma sinceridade profundamente pessoal, reconhecendo seus momentos mais desfigurados e indisciplinados que não se encaixam em "batidas" regulares, metronômicas.

Isso nos leva ao inevitável problema do "tempo demais": é indiscutível que os filmes atuais são muito longos, especialmente os espetáculos baseados em histórias em quadrinhos e comédias que não têm motivo para ultrapassar 110 minutos. Há controvérsias se os filmes realmente são mais demorados agora do que no passado: alguns estudos sugerem que os tempos de exibição de fato aumentaram um pouco ao longo dos últimos vinte anos, enquanto outros insistem que são as exceções de três horas (como *O senhor dos anéis*) que aumentam essa média de forma desproporcional.

Porém a questão é que não se trata de os filmes *serem* maiores, mas de *parecerem* maiores. Quando dizemos que um filme é grande demais, significa que ele é repetitivo, tedioso ou abarrotado com outra cena de confusão e destruição para se qualificar como um espetáculo das telonas (chamo isso de mais-um-coisismo, uma síndrome que costuma surgir no terceiro ato, na forma de finais múltiplos). Quando um filme dá certo — quando é bem-editado — não nos importamos com a sua duração: ele vale a pena por cada segundo de sua exibição.

E... FIM DE CENA

O filme me fez rir, chorar, me desesperar, ter esperança?

As emoções dos personagens fizeram sentido com base na experiência, no comportamento e nas motivações deles?

Cada momento emotivo em um filme deve ser merecido.

"Merecido", na verdade, é uma das armas retóricas favoritas dos críticos. Em termos simples, significa que, se nós chorarmos no final de um filme, vamos questionar se os cineastas "mereceram" nossas lágrimas: eles nos levaram àquele estágio sensível depois de um desenvolvimento cuidadoso dos personagens e da história, ou fomos manipulados e enganados até chegarmos a uma catarse emocional? Se um personagem passa por uma mudança revigorante — se ele vê a luz e pede a amada em casamento, ou se ela supera seus mecanismos de defesa e faz as pazes com a irmã com quem tinha cortado relações — as sementes foram plantadas no começo para que essas transformações parecessem possíveis ou foram conversões forçadas e convenientes?

A linearidade emocional é essencial nos filmes, mas deve ser discreta e natural. Quando Martin Scorsese e sua editora de longa data, Thelma Schoonmaker, estavam editando *Os infiltrados*, perceberam que a aproximação entre Billy Costigan, interpretado por Leonardo DiCaprio, e Madolyn Madden, interpretada por Vera Farmiga, não era muito crível dado ao que os espectadores sabiam sobre Billy até ali. Então resolveram adiantar uma cena de Billy fazendo amor com Madolyn, principalmente para mostrar com mais clareza sua vulnerabilidade.[71]

A emoção pode ser algo mais complicado quando se trata do final de um filme. Albert Berger se recordou que *Pequena Miss Sunshine* — sobre a tentativa de uma família disfuncional de realizar o sonho de uma garotinha de competir em um concurso de beleza infantil — tinha um final original completamente diferente, no qual, depois de dançar no palco do concurso ao som de "Super Freak", de Rick James, a família se reunia no estacionamento e ia tomar sorvete — o equivalente emocional de dar de ombros e dizer "foi divertido".

EDIÇÃO

"Pareceu muito sem sal e frustrante", lembrou Berger. Quando os cineastas fizeram exibições-teste com amigos e parentes, perceberam que um momento no meio do filme, quando a família empurra a Kombi em que viajam e pulam para dentro, era "muitíssimo popular". Os diretores Valerie Faris e Jonathan Dayton decidiram reformular o final para a família voltar à Kombi, triunfantemente atropelar um portão e seguir pela estrada rumo à sua casa. "Então você transmite um senso de empolgação e a graça de todo mundo empurrando junto pela última vez",[72] notou Berger.

Como o editor Billy Weber me contou, é bem mais fácil editar um filme de ação do que um drama: "Quando foi a última vez que você metralhou um bando de gente com uma AK-47?",[73] me perguntou ele, acrescentando que, se você está editando uma briga entre um casal durante o café da manhã, a plateia sabe em uma questão de segundos se a cena parece realista. Fazendo montagens que buscam uma verdade emocional, Anne McCabe — que editou as comédias dramáticas *Um dia em Nova York, Férias frustradas de verão* e *Conte comigo* — me disse que com frequência se trata mais "de um olhar, não de uma fala".[74] Por exemplo, quando um personagem diz "Eu te amo", o editor pode decidir se é mais importante usar a filmagem da pessoa que fala ou da que escuta, dependendo dos valores emocionais da cena.

Um dos melhores exemplos de edições para aumentar a emoção — para fazer o público entender a cabeça do personagem — é a montagem ao som de "The Sound of Silence" de Simon & Garfunkel em *A primeira noite de um homem*. Em uma série de cenas perspicazmente coreografadas que se misturam umas às outras com fundos pretos parecidos, vemos Benjamin Braddock (Dustin Hoffman) se locomover de forma impassível da piscina, por sua casa de classe média-alta em Los Angeles, até a cama de hotel em que dorme com sua amante de meia-idade, a Sra. Robinson (Anne Bancroft), e então voltando, no que parece um torpor insensível. Quando o diretor Mike Nichols depois explicou o que ele e o editor Sam O'Steen pretendiam, descreveu o "estado anestesiado" que precisavam estabelecer para Benjamin, planejando seu "despertar"[75] posterior ao se apaixonar pela filha da Sra. Robinson.

A edição em busca da emoção é especialmente difícil — e crucial — em cenas sem diálogo, quando a montagem é capaz de recriar um poder de associação que ajuda o público a compreender por instinto aquilo que o personagem pensa, apenas por meio do trabalho corporal e facial do ator. Um exemplo fenomenal são as sequências frequentemente sem diálogo do ator Clive Owen em *Filhos da esperança*, que foram cada vez mais simplificadas pelo diretor e coeditor Alfonso Cuarón para criar um filme que é tão não verbal e totalmente visual quanto possível; é nítido que ele levou os mesmos valores para *Gravidade*, no qual Sandra Bullock interpreta uma astronauta à deriva cujo medo e desespero são palpáveis mesmo por meio de camadas de roupa espacial e capacete. Ao terminar *Gravidade*, o público podia ter sentido que tinha acabado de sair de uma aventura vertiginosa pelo espaço sideral; em vez disso, o filme causa a sensação de contemplação, repreensão. Se *Pequena Miss Sunshine* tivesse continuado com seu final original, a plateia sairia do cinema indiferente, não animada. São essas edições sutis que fazem com que um filme seja não apenas uma experiência visual, mas também emocional.

A MORTE POR MIL CORTES

O filme pareceu integrado?

EDIÇÃO

Ele avançou com facilidade e graciosidade, sem interrupções e recomeços?

Ele foi "picado" demais?

A primeira vez que notei a edição de um filme foi na década de 1980, quando assisti ao drama romântico *Um caminho para dois*, de 1967, em que Audrey Hepburn e Albert Finney interpretam um casal saturado que relembra seu namoro e casamento por meio das viagens que fizeram. (As exibições de *Um caminho para dois* eram quase um ritual sazonal em Nova York, atraindo multidões de fãs devotos ao velho Regency Theatre no Upper West Side, onde era exibido todo ano.)

Visualmente ecoando a trilha sonora sofisticada e alegre de Henry Mancini, *Um caminho para dois* alterna entre eras diferentes do relacionamento do casal, indicadas por seus figurinos e os carros que Finney dirige; junto com os editores Madeleine Gug e Richard Marden, o diretor Stanley Donen foi inteligente ao fazer cortes entre o passado e o presente para criar um mosaico visualmente dinâmico sobre como o tempo e a memória vão se corroendo e reconstroem nossa experiência sobre amor e casamento.

Em 1967, *Um caminho para dois* foi considerado revolucionário com sua montagem ágil para a época. Visto hoje, o filme parece menos radical e pioneiro, e mais espirituoso e gracioso. O estilo de alternância de tempo foi usado novamente algumas décadas depois, na subestimada comédia romântica *De caso com o acaso*, de 1998, em que o destino de uma jovem muda completamente caso ela consiga ou não pegar o metrô de Londres. Escrito e dirigido por Peter Howitt e belamente editado por John Smith, o filme ecoa *Um caminho para dois* pela forma como troca — com aparente facilidade — de mundos paralelos para a heroína, sem jamais sacrificar a clareza ou criar uma confusão desnecessária enquanto explora sua premissa intrigante.

Os mestres do ritmo são Scorsese e sua editora de longa data Schoonmaker, que infundem todos os seus filmes com uma batida própria e musicalidade única. (É nítido que o amor de Scorsese pela música orienta a forma como ele constrói seus filmes, que sobem e descem com altos e baixos dramáticos, até mesmo líricos.) *Touro indomável* e *Os bons companheiros* são obras de arte da edição e do ritmo. O primeiro leva os espectadores ao ringue de boxe para transmitir a sensação imediata, desnorteante, de como é participar de uma luta, sua brutalidade golpeante sobreposta à uma ópera sublime. Em *Os bons companheiros*, Scorsese e Schoonmaker usam essas dinâmicas de altos e baixos para refletir o romanticismo nascente e o cinismo final da carreira criminosa de Henry Hill. Aquela cena de *travelling* no Copa não se trata apenas de uma fotografia maravilhosa, mas também é um uso ótimo de ritmo de montagem, dando ao público um gostinho indireto, até imersivo, da animação e do glamour que seduzem a futura esposa de Henry, Karen, indo contra todos os seus instintos.

Apesar da edição clássica de cinema ter a intenção de desaparecer, nas mãos de mestres, ela pode ser usada de forma poderosa ao atrair o foco para si mesma. Um dos meus momentos Scorsese-Schoonmaker favoritos ocorreu em uma de suas colaborações mais polêmicas. Para a briga de rua brutal e caótica que inicia *Gangues de Nova York*, sobre Manhattan no século XIX, Schoonmaker concentrou suas edições não nos socos que acertavam as pessoas, mas na ascensão dos braços agitados dos homens, escolha inspirada no influente filme mudo *O encouraçado Potemkin*, de 1925, dirigido por Sergei Eisenstein, no qual marinheiros furiosos se revoltam contra seus oficiais

EDIÇÃO

superiores por conta do mingau cheio de larvas que precisam comer. O efeito foi ao mesmo tempo inquietante, estimulante e evasivo, capturando bem a violência do cruel combate corpo a corpo. Mais tarde no filme, vemos o corte de uma cena de amor carinhosa entre Leonardo DiCaprio e Cameron Diaz para a chocante — e assustadora — imagem de Bill, o açougueiro, interpretado por Daniel Day-Lewis sentado completamente imóvel, enrolado na bandeira dos Estados Unidos. ("Marty sabia que era a imobilidade dele que tornava a cena apavorante",[76] me explicou Schoonmaker.) Independentemente desses toques ousados e expressivos, *Gangues de Nova York* nunca pareceu tão coerente quanto os melhores trabalhos de Scorsese. Algumas pessoas que participaram da produção alegam nunca terem recebido um roteiro completo; outros culpam um processo de edição caótico que não foi auxiliado pelos esforços entusiastas do produtor-executivo Harvey Weinstein. Por qualquer que seja o motivo, e apesar de seus muitos pontos fortes, no fim das contas, *Gangues de Nova York* acabou parecendo abarrotado, tematicamente confuso e fatalmente pesado.

O ritmo é tão crucial em dramas tranquilos quanto nos mundos propensos a violência e viscerais de Scorsese. Alguns dos melhores filmes recentes — *Conte comigo*, de Kenneth Lonergan, e *O visitante* e *Spotlight: Segredos revelados*, de Tom McCarthy — exemplificam a arte da montagem no seu sentido mais sutil, no qual a eficácia não está em trocas complicadas de períodos de tempo ou justaposições dramáticas, mas na percepção sagaz de quais tomadas selecionar e quando entrar e sair delas. Pela lógica, a experiência de assistir a um bando de jornalistas trabalhando em seus telefones e pranchetas em uma investigação sobre abusos sexuais dentro da Igreja Católica em *Spotlight* seria tão interessante quanto literalmente assistir a tinta

196 COMO FALAR SOBRE CINEMA

secando na parede. Porém, nas mãos de Tom McCarthy e de seu editor Tom McArdle, a história toma o formato nervoso e compulsivamente impulsor de um suspense (mesmo sem a vantagem de uma figura à lá Garganta Profunda em uma garagem escura).

De forma parecida, *Voo United 93* — sobre os eventos do 11 de Setembro —, dirigido por Paul Greengrass, começa com a rotina banal de pessoas embarcando em um avião; em uma das primeiras cenas, a câmera segue a comissária de bordo enquanto ela faz o mesmo trajeto pelo corredor do avião que com certeza percorreu centenas de vezes antes. A acomodação do público na mesma batida rotineira dos personagens torna muito mais chocante o caos e as mortes que se seguem.

A edição em busca de ritmo é especialmente importante em cenas de perseguição, que quase nunca apresentam diálogo, com exceção de ocasionais xingamentos das pessoas atrás do volante. A sequência de dez minutos em *Bullitt* (1968), na qual um policial interpretado por Steve McQueen (o falecido ator, sem qualquer ligação com o diretor) persegue alguns vilões, criou o padrão para a construção não apenas de perseguições de carro, mas de sequências de ação no geral. O editor Frank P. Keller foi hábil ao estabelecer a posição do Mustang paramentado de McQueen em relação ao Dodge Charger que ele perseguia, alternando as cenas entre o ponto de vista de McQueen e imagens mais amplas dos acontecimentos em geral, para garantir que os espectadores soubessem exatamente onde estavam a cada momento daquilo que acabou sendo uma montanha-russa vertiginosa pelas ruas de São Francisco.

Apesar de ser difícil acreditar que outra sequência de perseguição seria capaz de alcançar o mesmo nível de clareza, tensão e empolgação que a de *Bullitt*, isso aconteceu apenas três anos depois, quando Gene Hackman correu mais que um metrô de superfície de Nova York em *Operação França*, editado por Gerald B. Greenberg. A cena de perseguição é bem superior às tentativas atuais de causar animação com cortes agoniantes e *closes* dissonantes, e o filme inteiro é uma obra-prima da edição. O trabalho de Greenberg ajudou a elevar uma trama banal (uma história policial sobre uma grande apreensão de drogas) a um retrato cativante e envolvente do cinismo da década de 1970. Comparados com os atuais filmes de ação hipercinéticos, *Bullitt* e *Operação França* permanecem sendo exemplos impecáveis e audaciosos da edição no auge de sua afinação e intuição.

A linguagem fundamental do cinema não mudou muito em mais de um século: os filmes continuam sendo compostos por cenas, que são compostas por tomadas, que contam uma história se desdobrando com o passar do tempo. Porém as normas e expectativas mudaram bastante quando se trata de como montar essas imagens. Em *O nascimento de uma nação*, de 1915, D. W. Griffith refinou a capacidade de editar várias histórias em uma única narrativa. Mais tarde, os cineastas russos como Sergei Eisenstein e Lev Kuleshov mostraram como a justaposição de imagens aparentemente desconexas pode fazer o expectador criar associações simbólicas e emocionais poderosas. Na década de 1960, com filmes como *Acossado* e *Uma mulher para dois*, a *nouvelle vague* introduziu *jumps cuts* giratórios e transições abruptas que rompiam com as regras clássicas de continuidade e de um senso lógico tranquilamente fluido; Alfred Hitchcock e o editor George Tomasini chocaram o público com a sequência do banheiro ferozmente editada de *Psicose*, e o diretor Sam Peckinpah, junto com o editor Louis Lombardo, surpreendeu plateias com a até então desconhecida junção entre, e até *dentro* de, cenas de tiroteios violentos em *Meu ódio será tua herança*. Esses mesmos

198   COMO FALAR SOBRE CINEMA

valores foram apropriados e exagerados em clipes de música e propagandas para fraturar ainda mais a linguagem visual.

Em 2004, *A supremacia Bourne* criou um novo padrão ao levar esses métodos para o contexto de suspenses convencionais. O visual confuso e disperso do filme certamente é apropriado para seu tema (um ex-agente secreto que sofre de amnésia), mas algumas das sequências de perseguição são incoerentes, especialmente o clímax com os carros em Moscou. Alguns anos depois, em *O ultimato Bourne*, o editor Christopher Rouse e o diretor Paul Greengrass conseguiram preservar o visual distinto que criaram para o personagem e sua história, porém, desta vez, não às custas da compreensão do público; Greengrass e Rouse entenderam que, depois de usar a edição para construir momentos rápidos e confusos, o filme precisava diminuir o ritmo e deixar a plateia se recuperar.

Ao alcançar esse equilíbrio entre espontaneidade e propulsão, a maioria dos editores tenta não deixar marcas, satisfeitos em criar uma experiência orgânica e natural para a audiência. Os melhores editores são confiantes o suficiente para deixar uma cena rodar se ela estiver dando certo, resistindo ao desejo de cortar até que seja absolutamente necessário. Mas esse tipo de disciplina é cada vez mais raro em uma época em que as expectativas estéticas mudaram, quando a edição feita só por fazer se tornou aceita pelos espectadores, mesmo que não seja bem-vista pelos profissionais. Editores usam um termo para filmes que chamam atenção para a montagem de propósito: "picado".

Mais cortes não são sinônimo de uma edição melhor: para entender isso, basta compararmos a cena de perseguição em *007: Quantum of Solace* (ou as sequências igualmente picadas de *Transformers* e *Busca implacável*) com *Bullitt* ou *Operação França*, ou simplesmente analisar a montagem em paralelo majestosa,

EDIÇÃO

sem pressa, entre o batismo do sobrinho de Michael Corleone e uma série de assassinatos que ele encomenda em *O poderoso chefão*. Porém os cineastas — imersos na estética da MTV e pós-*new wave*, incentivados pela facilidade da edição digital e reagindo à maior tolerância do público para ataques visuais contínuos — chegaram à conclusão preguiçosa de que filmes picados são inerentemente interessantes, quando, na verdade, é o oposto: em um mundo pós-*Armagedom*, o filme de ação se tornou uma experiência incoerente, vertiginosamente confusa, da qual o espectador sai se sentindo atacado e anestesiado, não empolgado. Em vez de nos sentirmos parte daquilo que acontece na tela, somos afastados.

É óbvio que o impacto da montagem acelerada afeta de forma mais visceral — e, para o meu gosto, mais desagradável — os filmes de ação. Existem exceções animadoras, incluindo os recentes *No limite do amanhã* e *A perseguição*, ambos usando valores clássicos de clareza, energia e lógica espacial sem recorrer a um excesso de edição ostentoso. Mas a ética da edição cortada em excesso migrou para outros gêneros, conforme o público mais jovem espera e exige filmes que estimulem sua própria experiência hiperdistraída focada em várias telas ao mesmo tempo. Dois gêneros específicos sofrem bastante nas mãos de editores fominhas: comédias e musicais. Um dos maiores prazeres das comédias da Era de Ouro (*Contrastes humanos, Nascida ontem, Quanto mais quente melhor*) é a forma como as cenas seguem em frente, dando ao diálogo tempo para se desenvolver e aos atores tempo para alcançar o ponto alto de sua piada e estabelecer uma troca cômica; hoje, a maioria das comédias convencionais é bem mais editada, se concentrando em piadas visuais grosseiras ou movimentos corporais surpreendentes. Por sorte, cineastas como Damien Chazelle estão

COMO FALAR SOBRE CINEMA

redescobrindo o prazer de simplesmente assistir a dois corpos se movendo pelo espaço, como fez no delicioso musical à moda antiga *La La Land: Cantando estações*, no qual Emma Stone e Ryan Gosling podem cantar e dançar sem serem interrompidos por cortes confusos e *closes* desnecessários.

O excesso de edição afeta até dramas comuns. Tanto *A grande aposta*, de 2015, quanto *O homem que mudou o jogo*, de 2011, foram baseados em livros bem detalhistas de Michael Lewis, o que significava que ambos encaravam o desafio de transmitir muitas informações obscuras e densas para o público. *O homem que mudou o jogo* deixou que essa compreensão viesse por meio de conversas naturais entre os personagens. *A grande aposta*, por outro lado, basicamente deu uma palestra, apesar de ter sido sagazmente disfarçada na forma de aparições de tipos como Selena Gomez e Anthony Bourdain, e montagens chamativas — imagens rápidas de dinheiro vivo, mulheres nuas e outros símbolos de decadência, montados em uma colagem rapidíssima. É provável que não seja justo culpar (ou dar crédito) a edição dos filmes — as escolhas já deviam estar presentes no roteiro —, porém abordagens tão diferentes sugerem que os criadores de *A grande aposta* tinham tanta confiança na sua história e na capacidade do público de acompanhá-la que não precisaram de recursos visuais. Essa confiança parece cada vez mais ausente em filmes modernos.

O melhor tipo de montagem não é a mais picada, mas a que desaparece. O suspense *Filhos da esperança*, de 2006, inclui uma cena deslumbrante em um carro prestes a ser atacado e que parece ter sido filmada em apenas uma tomada (incluindo a parte com Clive Owen e Julianne Moore soprando uma bola de pingue-pongue). Os editores Alfonso Cuarón (que também dirigiu o filme) e Alex Rodriguez fizeram de tudo para esconder os remendos, dando a impressão de que os editores nunca tocaram nela. Alejandro González Iñárritu, amigo e colega de profissão de Cuarón, levou a mesma ideia a extremos oito anos depois, em *Birdman ou (A inesperada virtude da ignorância)*, que foi cuidadosamente editado para parecer ser um único movimento de câmera demorado e ininterrupto.

Foi uma façanha técnica impressionante, mas, mesmo assim, naquele ano, fiquei mais impressionada com o trabalho de Sandra Adair em *Boyhood: Da infância à juventude*. Ela e o diretor Richard Linklater uniram momentos capturados no decorrer de doze anos de filmagens com os mesmos atores para criar uma tapeçaria impressionista do crescimento de um menino (e de seus pais e irmã também). *Boyhood* podia ter assumido uma série de formas, desde uma biografia episódica, como um álbum de fotos, até um exercício formal mais *avant-garde* reutilizando temas e cenas. Em vez disso, como aconteceu antes em *Um caminho para dois*, e graças à montagem sutil e quase invisível de Adair, o filme se desenrola com tamanha naturalidade que os espectadores se concentram nos personagens, não na "proeza" do experimento de vários anos de Linklater. É difícil imaginar como qualquer outra abordagem de narrativa ou edição poderia ter mostrado o milagre da vida de forma tão completa, elegante e de uma só vez para os espectadores, seu desenvolvimento e suas mudanças tão graduais que são praticamente imperceptíveis. Nós fomos tirados do chão e nos deixamos levar, e é exatamente isso que os editores mais experientes desejam para seus trabalhos.

AS TOMADAS QUE DEIXAM PASSAR

Todos os atores participaram do mesmo filme?

Vamos fazer uma pausa e refletir sobre a sala de edição.

No seu auge, as atuações de um filme parecem tão reais que dão a impressão de terem sido executadas na hora, em um momento perfeito; tudo parece tão *fácil*.

Alguns cineastas exigem apenas uma ou duas tomadas de seus atores, acreditando que a espontaneidade colabora mais para um clima natural. Outros, como David Fincher, são famosos por exigir dezenas e dezenas de tomadas, tentando cansar as afetações dos atores e chegar à verdade da cena. A maioria dos diretores captura pelo menos um punhado de versões diferentes de uma cena, que depois ruminam — com os editores — para decidir qual é a melhor.

"Melhor", nesse caso, pode significar a versão com uma iluminação mais favorável ou que mais se adapta à história em termos de ritmo e informações visuais. Mas também significa o melhor desempenho de um ator. O público nunca vai saber exatamente quantas versões de uma cena existem, ou quais eram as opções que o diretor e o editor tinham; se os atores que deviam estar loucamente apaixonados não apresentam a química certa na tela, pode ser porque suas cenas de amor foram filmadas no começo do cronograma da produção, antes de se conhecerem melhor, fazendo com que o editor tenha dificuldade em encontrar cenas que transmitam paixão e conexão. Mesmo assim, o corte final não deve mostrar isso — destacando apenas um casal que se ama.

Ou, às vezes, o editor encara o desafio de existir química demais: quando editava *Touro indomável*, Thelma Schoonmaker se assustou com a cena em que Jake LaMotta (Robert De Niro) acusa o irmão (Joe Pesci) de dormir com sua esposa, um encontro em grande parte improvisado pelos dois atores. "O improviso tem um formato muito livre, e, quando dois dos melhores

EDIÇÃO

improvisadores do mundo ganham liberdade, a montagem é muito difícil", lembrou Schoonmaker. "Era como editar um documentário; quando não existe estrutura [oferecida], você precisa encontrá-la. Você precisa dar um jeito de manter as falas maravilhosas daqueles caras e dar um clima de cena dramática, apesar de ela não ter sido filmada assim. Tive que fazer parecer que havia um roteiro, de certa forma, apesar de tudo ter sido improvisado."[77]

Dois dos meus exemplos favoritos de edição para valorizar a atuação compartilham um DNA parecido: tanto *A primeira noite de um homem* quanto *Conduta de risco* terminam com tomadas longas e arrastadas de seus protagonistas, dando aos personagens e ao público tempo para assimilar os acontecimentos anteriores, e também para exibir momentos incríveis de ótima atuação. Em *A primeira noite de um homem*, Katharine Ross e Dustin Hoffman, interpretando, respectivamente, uma jovem fugindo do casamento recente e um rapaz até então sem rumo, pulam dentro de um ônibus em movimento, se jogando para seu futuro; alegres com o clima de transgressão e aventura, suas risadas logo dão espaço para expressões apreensivas, até ambivalentes. Uma comédia romântica tradicional talvez congelasse a cena antes de seus rostos se encherem de dúvida; em vez disso, Mike Nichols e Sam O'Steen permitiram que o momento se desenvolvesse para um leve desconforto, mantendo o tom espinhoso e amargurado do filme. *Conduta de risco* termina de forma parecida, com George Clooney entrando em um táxi e partindo para seu próprio mundo desconhecido; enquanto a câmera se foca em seu rosto, sua expressão vai de tensa para desconfiada e finalmente para aliviada conforme os créditos começam a subir. Essa é sua resposta para a famosa pergunta de Murch: onde você encerra uma cena? No caso de *Conduta de*

204 COMO FALAR SOBRE CINEMA

risco, só quando o público internaliza por completo o passado recente e o futuro hesitante, nada certo, de seu protagonista.

O GRANDE DESAFIO DE AVALIAR montagens — além de notar se nos sentimos atacados por seu exagero — é que, enquanto espectadores, nunca saberemos que tipo de problema a equipe de edição recebeu e conseguiu transformar, se não em um milagre, então pelo menos em algo levemente miraculoso. Se um filme foi bem-escrito, atuado e filmado, o trabalho do editor de completar a visão do diretor será relativamente fácil e simples. Porém, se algum desses elementos apresenta dificuldades, a edição é a última chance de consertar problemas potencialmente fatais. Como Walter Murch me explicou durante uma de nossas entrevistas, "Do ponto de vista cirúrgico, o filme mais bem-editado do ano nunca é indicado ao Oscar, porque foi um filme impossível de ser lançado que a edição transformou em lançável... E nunca saberemos disso."[78]

FILMES RECOMENDADOS:

Um caminho para dois (1967)
Bullitt (1968)
Operação França (1971)
A conversação (1974)
Na natureza selvagem (2007)
Fome (2008)

Capítulo Seis

Som e música

Té agora, neste livro, tratei do filme como um meio visual. Mas ele também é auditivo. Os melhores filmes não são apenas resultado de boas histórias, atuações impressionantes e imagens hipnotizantes. Eles oferecem experiências intensamente expressivas, misturando diálogo, efeitos sonoros e música para criar um ambiente acústico tão densamente intricado e detalhado quanto aquele a que assistimos na tela.

Na verdade, "ambiente" pode ser a melhor forma de pensar no som em filmes. Assim como a direção de arte é algo bem mais complexo do que simplesmente oferecer um pano de fundo para os atores, a sonoplastia envolve bem mais do que garantir que o diálogo seja claramente audível ou produzir sons que recriam o que já é mostrado (técnicos usam o termo "viu um cachorro, escutou um cachorro" para descrever essa abordagem óbvia e literal). Nas mãos de um diretor sensível trabalhando com uma equipe de gravação e mixagem habilidosa, a paisagem sonora de um filme se transforma em uma

206 COMO FALAR SOBRE CINEMA

arquitetura acústica, colaborando imensamente com seu senso de realismo — às vezes, de surrealismo — e levando os espectadores ao estado emocional e psicológico certo.

Isso vale mais para a música do que para qualquer outro aspecto, já que ela exerce um efeito muito poderoso sobre o público: seja por meio de uma trilha sonora instrumental romântica e avassaladora ou usando notas minimalistas que mal pareçam uma melodia, a música pode ajudar a transformar um romance convencional, beirando ao melodramático, em um estudo de personagem sutil, ou um faroeste moderno simples em um suspense psicológico tenso. Walter Murch — que começou sua carreira no cinema como sonoplasta e com frequência faz a sonoplastia dos filmes que edita — me contou que o som é uma ferramenta poderosa para condicionar aquilo que vemos na tela, com frequência em um nível subconsciente. "Às vezes, ela melhora as imagens", observou ele, "e, às vezes, faz você ver coisas que nitidamente não estão lá".[79]

Um dos aspectos mais confusos da sonoplastia em filmes é quem faz o que — uma confusão refletida nos dois Oscars que costumam ser oferecidos para sonoplastia — um para melhor edição de som e outro para melhor mixagem de som. (Não é de surpreender que o mesmo filme frequentemente receba os dois prêmios.) Os editores de som reúnem, criam e montam tudo que o público escuta na tela, incluindo o diálogo (tanto o gravado durante a produção quanto o dublado depois) e efeitos sonoros. Os sonoplastas que cuidam da mixagem decidem em que níveis esses sons irão coexistir um com o outro e com a trilha sonora, calibrando essa proporção para aprimorar a verossimilhança e o impacto emocional, além da compreensão do público. O termo *sound designer* é mais complicado: Murch foi o primeiro a recebê-lo, por sua contribuição revolucionária

SOM E MÚSICA

no filme *Apocalypse Now*, e, desde então, ele é alternado com "editor-supervisor de som" ou "sonoplasta de regravação" para descrever a pessoa com autoridade de supervisor sobre todos os aspectos da gravação e mixagem de diálogos, efeitos sonoros e música, além de também poder descrever uma pessoa que cria novos sons para um filme, em vez de gravar sons que já existem.

A boa sonoplastia nunca é questão de simplesmente acrescentar efeitos sonoros impressionantes depois do final da produção. Em vez disso, é o resultado de uma colaboração duradoura e frequente entre o diretor e a equipe de som, de forma que os elementos auditivos do filme trabalhem junto com o visual, auxiliando e aprimorando a história. E a sonoplastia nunca deve ter apenas o objetivo de tornar o filme escandaloso; em vez disso, ela precisa ser específica, muito adequada e variável, tanto em volume quanto em termos da narrativa e dos valores emocionais que comunica.

TRANSPARENTE FEITO LAMA

Você conseguiu escutar tudo o que precisava?

Os efeitos sonoros abafaram o diálogo? Isso causou uma melhora ou uma frustração?

Desde que os filmes começaram a ter falas, o diálogo se tornou o principal condutor da narrativa, e sua sonoplastia reflete isso.

Por boa parte da era clássica do cinema, clareza e coerência — a simples capacidade de entender o que os atores dizem — foram fundamentais durante a gravação e mixagem da trilha sonora de um filme. (Apesar de o termo "trilha sonora" geralmente ser usado para se referir às músicas usadas em determinado filme, aqui significa todo som gravado — incluindo diálogos, efeitos, qualquer som "diegético" que toque dentro da narrativa e seja escutado pelos personagens, as melodias compostas para o filme e músicas adicionais ouvidas apenas pelo público.) Uma das marcas dos filmes produzidos nas décadas de 1930 e 1940 são os diálogos cristalinos, notáveis por serem mixados em um volume maior do que músicas e efeitos externos.

A primazia do diálogo ainda se mantém nos dias de hoje, especialmente nos temidos "filmes com gente falando" que ataquei em capítulos anteriores. Em sua maioria, os longas convencionais de Hollywood são gravados com competência suficiente para a plateia conseguir escutar o que é dito na tela. Até mesmo filmes independentes com orçamentos baixos — que eram conhecidos por sua gravação de som turva, inconsistente — agora têm acesso a equipamentos digitais com preços acessíveis que renderizam suas faixas de diálogo com a mesma clareza que as de sucessos de orçamentos gigantes. Porém, de vez em quando, os cineastas forçam as barreiras da importância do diálogo, criando efeitos chocantes e irregulares.

O diretor Christopher Nolan é famoso (ou infame) por enterrar o diálogo de seus personagens sob camadas espessas de efeitos sonoros e o tunt-tunt alto e retumbante de músicas com baixo pesado. Nolan já declarou muitas vezes seu desdém pela substituição automática de diálogo (ADR), ou simplesmente "dublagem", quando os atores regravam suas falas após o fim da produção para dar mais volume e clareza. Em vez disso, ele prefere a espontaneidade do som gravado no set, mesmo que isso signifique aceitar um erro ou outro, ou um produto final não tão cristalino.

SOM E MÚSICA

O resultado, em muitos filmes de Nolan, é provocante na melhor das hipóteses, e ininteligível na pior: *A origem*, um suspense embolado e intelectualmente complicado de 2010 sobre um homem que entra nos sonhos de outras pessoas para implantar pensamentos e impulsos subconscientes, já tem um conceito difícil o suficiente de entender sem acrescentar o estresse de tentar ouvir o que é dito em algumas cenas. O problema é muito pior em *Interestelar*, aventura de ficção científica de Nolan lançada em 2014, que apresenta sequências inteiras em que é quase impossível escutar o que o personagem de Matthew McConaughey fala em meio ao estrondo de motores de foguetes e a trilha sonora agressiva de Hans Zimmer.

Muitos espectadores e críticos — inclusive eu — repreenderam Nolan pelo som incoerente em *Interestelar*, mas ele não demonstrou arrependimento. "Não concordo com a ideia de que você só consegue alcançar clareza por meio do diálogo", disse ele à revista *The Hollywood Reporter*. "A clareza da história, a clareza das emoções — tento alcançar essas coisas com muitas nuances, usando todos os recursos diferentes que tenho à minha disposição — visuais e auditivos."[80] A pretensão de Nolan é admirável, mas continuo achando que, em *Interestelar*, o cineasta afastou o público de forma desnecessária em vez de atraí-lo para a história e o mundo imaginário que criou com tanto cuidado e sagacidade.

Em 2010, outro diretor tentou fazer exatamente a mesma coisa e obteve resultados bem mais interessantes: em *A rede social*, sobre o criador do Facebook, Mark Zuckerberg, David Fincher tomou a decisão parecida de fazer a mixagem de som para os diálogos em um volume bem inferior ao normal. Ao acentuar os efeitos sonoros e a música, Fincher tentou retratar o mundo distraído e multitarefa que Zuckerberg habita e tenta criar ao mesmo tempo. Uma cena específica, quando Zuckerberg sai para beber em uma boate de São Francisco com o fundador do Napster, Sean Parker, testa os limites da percepção e da compreensão do público. Enquanto a música pulsante ameaça dominar os atores, Fincher e sua equipe de som tornam quase — mas não completamente — impossível discernir o que os dois homens gritam um para o outro em lados opostos da mesa. Porém, em vez de uma maré monótona de som que afasta os espectadores, a mixagem nos aproxima, enquanto ficamos ávidos para bisbilhotar uma conversa que sempre parece prestes a ser abandonada. A diferença entre a frustração de *Interestelar* e o fascínio de *A rede social* personifica a diferença entre uma sonoplastia projetada apenas para expressão artística e uma abordagem que não sacrifica a consideração pelo público em prol da ousadia estética.

Em defesa de Nolan, ele é capaz de usar nuances sonoras de forma brilhante: em *A origem*, por exemplo, seu *sound designer*, Richard King, usou deixas sonoras diferentes para ajudar a guiar os espectadores pelo emaranhado de realidades conflitantes e ideias obscuras do filme. Para começo de conversa, ele e o compositor Zimmer apresentaram o tema do tique-taque de um relógio para lembrar aos espectadores de como o tempo era importante para os personagens; King também gravou um "bum!" de baixa frequência que surge sempre que um dos personagens entra em um sonho, ajudando a orientar os espectadores que podem ficar na dúvida se estão lidando com a "realidade" ou não em certas cenas. (Esse efeito é semelhante ao que o diretor Spike Jonze e sua equipe de som usaram em *Quero ser John Malkovich*, de 1999: de um jeito sutil e sagaz, eles mudavam o som ambiente sempre que o filme alternava para o ponto de vista de Malkovich, criando uma paisagem sonora

SOM E MÚSICA   211

"mental" para essas cenas, em oposição ao som mais objetivo do restante do filme.)

O som auxilia a coerência de outra forma, facilitando transições entre cenas, como quando o disparo dos rifles na saudação de vinte um tiros na segunda posse de Richard Nixon em *Todos os homens do presidente* se transforma nas batidas percursoras das teclas de uma máquina de escrever, ou a sineta da recepção do hotel que continua tocando muito depois do personagem-título interpretado por John Turturro chegar ao seu quarto em *Barton Fink: delírios de Hollywood*. Os ouvidos do público acabam se esforçando para conectar imagens que, caso contrário, poderiam parecer desassociadas ou estranhamente unidas.

SONS SINCEROS

O filme soou verdadeiro?

Parte do que torna a cena da boate em *A rede social* tão eficaz é que ela é fiel à realidade.

Em vez de os personagens conversarem sem qualquer esforço, usando suas vozes normais em meio à cacofonia local, eles gritam igual ao que aconteceria de verdade naquele contexto. O grau de realismo que uma trilha sonora deve transmitir depende apenas da história que o filme conta e se o diretor quer guiar a atenção do público apenas para os personagens ou para aspectos mais simbólicos e estilizados de sua experiência.

Som realista não significa som "real", no sentido de que o filme só usa sons gravados durante a produção. Na verdade, algumas das trilhas sonoras mais realistas são confeccionadas, produtos da produção de gravações, clipes de bibliotecas de efeitos sonoros e gravações de "campo" do lugar real que está sendo exibido na tela.

Um exemplo elegante dessa abordagem é *Janela indiscreta*, dirigido por Alfred Hitchcock, que se passa apenas dentro do pátio de um prédio no Greenwich Village. Um dos aspectos mais encantadores da trilha sonora de *Janela indiscreta* é a forma como os sonoplastas John Cope e Harry Lindgren habilmente sobrepuseram os barulhos de apartamentos individuais, "colocando-os" na trilha sonora de forma a parecerem emanar de várias direções, cada um ecoando de um jeito diferente. O cavalo em *O corcel negro* não estava mesmo lutando contra as cordas em que se embola na praia de uma ilha deserta; aquelas vocalizações agoniadas foram produto de um meticuloso processo feito por Alan Splet e Ann Kroeber, que reuniram e gravaram os urros, relinchos e outros sons certos para transmitir o pavor e o desespero do animal.

Um dos reconhecidos mestres do realismo em som era o diretor Robert Altman, que, nos anos 1970, fazia experimentos colocando microfones em todos os seus atores, criando colagens sônicas de diálogos que se misturavam, às vezes se tornando ininteligíveis, tão abarrotadas e misturadas quanto as obras que filmava. Depois de testar essa abordagem em *Onde os homens são homens* e *M*A*S*H*, Altman aperfeiçoou a técnica em *Nashville,* de 1975, em que ele e o sonoplasta James Webb colocaram microfones em vários atores e, com a ajuda da tecnologia de redução de som inventada pela Dolby, juntaram as vozes na pós-produção. A tapeçaria cuidadosamente calibrada foi sutil ao levar a atenção do espectador para um personagem específico, aumentando o volume de suas falas dentro da mistura.

SOM E MÚSICA

Às vezes, realismo não tem absolutamente nada a ver com realidade, mas com convenções pré-estabelecidas: apesar de os ornitologistas ficarem loucos com isto, usar o canto de um búteo-de-cauda-vermelha quando uma águia-de-cabeça-branca surge na tela é uma parte aceita, apesar de clichê, da linguagem do cinema; de forma semelhante, a maioria dos espectadores não se incomoda em ouvir o som de grilos à noite, independentemente da estação do ano, ou uma trovoada acompanhando um raio. Quando uma pessoa dá um soco na cara de outra na vida real, o som de algo rachando raramente ocorre (para os filmes, ele geralmente é obtido ao quebrar um ramo de aipo), porém, nas telas, o público não apenas aceita essa pequena trapaça, como espera por ela.

Uma das minhas exceções favoritas à regra do bate-racha-estala da sonoplastia de filmes de luta ocorre no drama urbano *Caminho sem volta*, de 2000, dirigido por James Gray, em que os amigos interpretados por Mark Wahlberg e Joaquin Phoenix começam a brigar em uma rua deserta de Nova York. Em vez de estimular a ação com vários sons falsos de batidas e estalos, a sonoplastia de Gary Rydstrom capturou o confronto de um jeito bagunçado e abafado; os sons mais proeminentes são os "uffs" dos atores e seus sapatos arrastando no chão. (Sem dúvida, a autenticidade da cena foi aumentada pelo fato de que Wahlberg e Phoenix lutaram de verdade durante três ou quatro tomadas, ficando mais roxos a cada gravação.)

Então há cineastas que têm orgulho de renunciar ao realismo, preferindo destacar a estranheza de suas narrativas ao criar paisagens sonoras igualmente bizarras. Ninguém é mais eficaz nesse quesito do que David Lynch, que, com Alan Splet, criou alguns dos ambientes sonoros mais icônicos e completamente esquisitos. Em *Veludo azul*, uma jornada perturbadora que passa pela perfeição superficial dos bairros residenciais norte--americanos e adentra as profundezas da psique humana, a sequência de abertura prenuncia essa viagem enquanto as notas sonolentas de Bobby Vinton e uma mangueira espirrando se transformam no som ameaçador de insetos mastigando embaixo da terra. Por meio do som e da imagem, Lynch prepara o público para a experiência prestes a começar, que pouco tem a ver com a realidade. Como o sonoplasta de Lynch, John Ross, disse sobre o diretor, Lynch "com certeza não segue a filosofia do 'viu um cachorro, escutou um cachorro'. Ele vai mais por uma linha 'viu um cachorro, tente imaginar o que o cachorro está pensando'."[81] Da próxima vez que um dos filmes de Lynch passar na sua televisão, dê a si mesmo uma aula rápida sobre sonoplastia: feche os olhos e escute enquanto um mundo inteiro ganha vida em seus ouvidos.

AH, OS LUGARES QUE VOCÊ ESCUTARÁ

Aonde o som levou você?

Por mais que a direção de arte e a fotografia estabeleçam a ambientação, o som certamente define um espaço acústico específico — geográfico, histórico e psicológico.

Para *O novo mundo*, sobre as personalidades do século XVII John Smith e Pocahontas, o diretor Terrence Malick pediu que seus técnicos de som percorressem a região Tidewater na Virgínia em busca de sons locais autênticos de vento, água, flora e fauna. Segundo relatos, cerca de cem espécies de pássaros são representadas no filme (todos de acordo com a época e o

SOM E MÚSICA   215

local), incluindo um pica-pau-bico-de-marfim acrescentado por Malick bem no final do filme como homenagem à ave rara que foi vista no mesmo ano das gravações.

Em *O novo mundo*, assim como na maioria dos filmes de Malick, o diálogo é escasso, beirando ao não existente, forçando a sonoplastia a fazer boa parte do trabalho pesado para orientar os espectadores e inseri-los no ambiente do filme. O mesmo pode ser dito do filme *Náufrago*, de 2000, em que Tom Hanks interpreta um executivo da FedEx preso em uma ilha inabitada; por um longo período de quarenta e cinco minutos, não há diálogo nem música — apenas o som das ondas batendo, das palmeiras balançando e dos pés de Tom Hanks andando pela areia. O desafio de Randy Thom, diretor de sonoplastia da Skywalker Sound, foi registrar e depois estruturar muitos sons específicos para criar algo variável e interessante, em vez de uma onda enorme de sons praianos que entrariam em conflito sem qualquer dinamismo ou profundidade.[82] (Thom descobriu que cestas de vime serviam bem para reproduzir o som das palmeiras, aliás; os sonoplastas de *O novo mundo* usaram ar soprado por peneiras ou cestos de cozimento a vapor para criar diferentes barulhos de vento.) A chave da sonoplastia de *Náufrago*, assim como em todos os filmes, foi encontrar uma especificidade em meio à grande variedade de informações sonoras.

Alguns dos melhores exemplos do uso do som para estabelecer a ambientação podem ser encontrados nos efeitos sonoros brilhantes que Ben Burtt inventou para *Star Wars*. O diretor George Lucas teve conversas extensas com Burtt sobre os valores do filme, que devia parecer "usado" e gasto, não brilhante, computadorizado e estéril. Por esse motivo, nenhum dos marcantes sons de *Star Wars* é sintetizado. Em vez disso, Burtt os criou a partir de objetos caseiros práticos;

para o som dos sabres de luz, por exemplo, ele passou um microfone sobre a tela de uma televisão. Burtt também usou "motores de verdade, portas rangendo de verdade, barulhos de animais de verdade, insetos de verdade"[83] para criar os 250 sons novos em folha que se tornariam a biblioteca de *Star Wars*. Apesar da estética visual retrofuturista de Lucas ter influenciado o público a mergulhar numa história que parecia nova e conhecida ao mesmo tempo e apresentar seus personagens, não há dúvida de que a paisagem sonora orgânica de Burtt ajudou os espectadores a aceitar o mundo loucamente imaginário do cineasta como um lugar real e habitado.

ESBARRÕES NO ESCURO

Como você se sentiu com aquilo que escutou?

É difícil exagerar no quanto o som é crucial para guiar e moldar nossa reação emocional ao que acontece na tela.

Todos nós sabemos como um momento de silêncio na hora certa, seguido pelo barulho do piso estalando ou de uma porta batendo pode nos fazer pular de medo em um filme de terror; de forma semelhante, quando uma cena começa em um campo silencioso, com gotas brilhantes de orvalho e uma imponente mansão britânica ao fundo, o arrulho dos pombos logo estabelece um senso tranquilizador e reconfortante de calma.

A sonoplasta Ann Kroeber (que frequentemente colaborava com Splet, seu falecido marido) deu a seguinte explicação: imagine um casal à noite, parado sob um poste de luz. Dependendo apenas dos efeitos sonoros escolhidos para a cena, ela pode dar impressões muito diferentes. "Você pode tornar a cena romântica

SOM E MÚSICA

ao acrescentar uns insetinhos fofos, um belo cricrilar de verão",
me disse ela. "Você escutaria o som bem leve de trânsito, ou de
um carro passando ao longe. Ou pode ser algo à la David Lynch.
Você teria um ruído baixo, o trânsito e os sons da cidade seriam
baixos. O poste emitiria um zumbido, como uma luz fluores-
cente... Podemos causar sensações completamente diferentes só
com efeitos sonoros."[84]

Pense no pá-pá-pá incessante enquanto o escritor interpretado por Jack Nicholson joga uma bola de tênis contra
uma parede no Hotel Overlook, em *O iluminado*, ou no som
peculiar que o triciclo do seu filho faz enquanto ele pedala por
corredores acarpetados, e como esses dois momentos sonoros
aumentam a tensão. Ou pense na famosa cena de *Onde os fracos
não têm vez*, quando o personagem de Josh Brolin espera pelo
assassino Anton Chigurh em um quarto escuro de hotel: os
passos abafados de Chigurh se aproximam, param diante da
porta e então seguem andando — até escutarmos que ele está
desenroscando uma lâmpada no corredor. A sonoplastia de
Onde os fracos não têm vez é um exemplo magistral de realismo:
com pouquíssimas exceções, todo som do filme é diegético,
o que significa que emana das pessoas, dos objetos e dos ambientes vistos na tela; mesmo quando efeitos são acrescentados,
eles destacam o senso de autenticidade em vez de desmerecê-lo
ou comprometê-lo. "Joel [Coen] deixou claro desde o começo
que faríamos um experimento sobre uma abordagem mínima
de som", recordou o editor de som Skip Lievsay sobre *Onde os
fracos não tem vez*. "Então, em vez de usar efeitos escandalosos
e loucos, tentamos fazer o filme do jeito mais silencioso e sutil possível. Usamos apenas o mínimo, como alguns passos e
efeitos de ambientação, talvez um [barulho de] carro ou tiro,
ou qualquer coisa que estivesse acontecendo na tela. A gente

218 COMO FALAR SOBRE CINEMA

queria dar a impressão de que havia literalmente a menor quantidade possível de sons para transmitir as informações."[85]

Onde os fracos não têm vez também exemplifica por que o silêncio frequentemente é mais eficaz do que efeitos sonoros para causar desconforto ou desconfiança no público — e existem diferentes tipos de silêncio. A maioria dos filmes usa sons da natureza ou até "notas de cômodo" — literalmente a gravação do som de um cômodo vazio — para oferecer sequências de silêncio com ambientação e dimensão (como a sequência de abertura de *Sangue negro*). Porém, às vezes, um cineasta não usa nada, causando uma sensação de separação ou pavor mais abstrata, abafada: William Friedkin usou esse tipo de silêncio em *O exorcista*, que vai de sons altos e demoníacos para uma quietude total, com absolutamente nada na trilha sonora — nem um som produzido do vazio. O diretor Anton Corbijn buscou um efeito livre de ambientação semelhante em *Um homem misterioso*. A cena de abertura ocorre sem som, um gambito quase abstrato que acentua o isolamento do assassino solitário interpretado por George Clooney e leva a atenção do expectador para a experiência subjetiva dele.

NÓS ESTAMOS DENTRO DA CABEÇA DE QUEM?

O som tinha um ponto de vista?

Aquilo que escutamos de um filme depende de quem o escuta *no* filme.

Até mesmo as sonoplastias mais escandalosas e abarrotadas devem adotar um ponto de vista específico — geralmente do

SOM E MÚSICA

protagonista. No suspense paranoico *A conversação*, de 1974, a sonoplastia genial de Murch recria — de forma obsessiva, uma vez após a outra — as vozes frequentemente distorcidas e indistintas escutadas pelo personagem de Gene Hackman, um especialista em vigilância chamado Harry Caul. A arquitetura acústica ecoante do filme imita o prédio de escritórios em estilo brutalista e o armazém em São Francisco que Harry visita e onde trabalha, assim como o estado interior de isolamento e autorrecriminação ruminante dele.

Os sons do metrô parando com um guincho quando Michael Corleone assassina dois inimigos em um restaurante, em *O poderoso chefão*, não apenas ajuda a dar tensão à cena, mas reflete a ambivalência normal e a dor dele de forma poderosa. Para as sequências de luta de Jake LaMotta em *Touro indomável*, o sonoplasta Frank Warner se certificou de que cada soco e flash de câmera tivessem seu próprio som (ele usou de tudo para criar os efeitos, desde tiros de rifle a melões sendo espatifados), e ocasionalmente removia todo som, para permitir que o espectador entrasse na mente conflituosa de LaMotta.

Em *Secretariat: uma história impossível*, sobre o premiado cavalo de corrida, o diretor Randall Wallace e sua equipe de som bolaram uma assinatura sonora para o herói equino — cujo apelido era Big Red [Vermelhão, em tradução literal] — que reproduziu não apenas o som de seus cascos e de sua respiração, mas também de seu coração batendo. (Eles conseguiram o efeito ao recriar batimentos reais de cavalos com poderosos tambores *taiko* japoneses.) Os cineastas buscaram a especificidade mesmo nas cenas aglomeradas e caóticas de corrida: a assinatura sonora específica de Secretariat ajuda o público a saber quando ele se aproxima de outro cavalo durante uma corrida; em uma sequência, em meio ao estrondo da multidão, uma pessoa atenta consegue escutar uma criança gritar "Eu vi o Big Red!" quando Secretariat passa. (Até hoje, *O corcel negro* e *Os lobos nunca choram*, ambos dirigidos por Carroll Ballard e com sonoplastia de Splet, são considerados revolucionários no quesito sons de animais, tanto por seu detalhismo naturalista e físico quanto por evitarem antropomorfizar seus personagens com efeitos "humanizantes".)

Os personagens não precisam ter uma consciência para serem representados na trilha sonora de um filme. Em *Mestre dos mares: o lado mais distante do mundo*, dirigido por Peter Weir, por exemplo, o navio em que o filme se passa tem tanta voz — os estalos, os estrépitos e as ondulações de uma embarcação grande em movimento — quanto os humanos que lá trabalham. De forma semelhante, no filme de ação-aventura *Incontrolável*, um trem desenfreado geme, resmunga e grita com uma expressividade improvável, porém eficaz, se tornando um participante vibrante ao lado de Denzel Washington e Chris Pine. (Para o primeiro filme da série *Star Wars*, Burtt misturou seus próprios sons vocais com os de um teclado eletrônico para criar a voz do robô R2-D2, que provavelmente tem tanta personalidade e caráter quanto os participantes vivos do filme.) A trilha sonora de *Barton Fink: delírios de Hollywood*, dirigido pelos irmãos Coen, é uma frequente e divertida bizarrice, e em grande parte retrata o estado mental egoísta e desorientado do personagem-título, um escritor com bloqueio criativo interpretado por John Turturro, cuja desolação é refletida em sons acentuadíssimos de ventiladores elétricos, sapatos barulhentos e malas arrastando contra o silêncio de seu hotel sepulcral.

Lievsay, que produziu a sonoplastia de *Barton Fink*, se recordou de uma das suas criações favoritas. Era para uma cena em

SOM E MÚSICA

que o atormentado Fink é enviado para a sala de exibição de um estúdio para assistir a filmes de luta livre e se torna cada vez mais desconfortável, sabendo que não vai conseguir entregar o roteiro que prometeu. Lievsay usou gravações de explosões para acentuar o corpo dos lutadores caindo no ringue; um triturador de pedras para criar "sons aleatórios de algo sendo esmagado"; uma serra elétrica, cujo barulho ele diminuiu em algumas oitavas; e, finalmente, um apito de trem europeu, que entra no fim da cena, tão distorcido que parece uma sirene — momento no qual Fink apaga. "Para mim, esse é um bom exemplo de sonoplastia", disse Lievsay. "Você encontra componentes que não são literais, mas que engrandecem a experiência subjetiva. É algo que você não entende, mas que ajuda a transmitir o drama."[86]

É claro, a obra-prima da sonoplastia com ponto de vista também é, por acaso, uma obra-prima do som projetado para transmitir realismo, ambientação e clima: Murch chegou ao auge do estilo em *Apocalypse Now*, dirigido por Francis Ford Coppola, que começa com uma tela preta e o som de uma hélice de helicóptero eletronicamente sintetizada, cujo zunido abafado acaba se misturando a Jim Morrison cantando "The End". Conforme o helicóptero surge na tela — seguido por uma floresta verde antes de explosões laranja-sulfúricas em *slow motion* — a sequência se transforma em uma colagem sonora e visual que não apenas é fiel à ambientação física e temporal da Guerra do Vietnã, mas também captura o contexto psíquico anestesiado, distorcido, do conflito e do estado mental distanciado da realidade do protagonista do filme, interpretado por Martin Sheen. (Murch chamou o efeito giratório de um "helicóptero fantasma", cujos sons mudavam e "começavam

222   COMO FALAR SOBRE CINEMA

a modificar a realidade"[87] conforme o filme prosseguia.) Em contraste com *Onde os fracos não têm vez*, boa parte do som em *Apocalypse Now* não é diegético, o que significa que não emana daquilo que vemos na tela nem tem uma conexão literal com as cenas; em vez disso, é extremamente estilizado e simbólico. Mesmo assim, nas mãos perceptivas de Murch e seguindo o contexto psicodélico e fatalista do filme, o sonoplasta nunca ameaça o senso de imediatismo ou realismo da obra.

Com a trilha sonora de *Apocalypse Now*, Murch e sua equipe também revolucionaram a experiência sonora do cinema, que antes era, em grande parte, apenas uma questão de som e música emanando de um alto-falante posicionado atrás da tela. Murch e seus colegas inventaram um sistema de gravação e *playback* com múltiplos canais, permitindo que o som "viajasse" de uma caixa de som para outra em vários pontos do cinema; assim como o capitão do exército entorpecido interpretado por Sheen, o público foi cercado pelos sons do caos e pela cacofonia da guerra. (O sistema de Murch foi batizado de som surround 5.1, refletindo os cinco alto-falantes posicionados pelo cinema, com o ".1" sendo o canal especialmente usado para frequências tão baixas que só podiam ser sentidas dentro do corpo, e não audivelmente escutadas — algo muito útil para explosões e, depois, perseguições de tiranossauros em *Jurassic Park: Parque dos dinossauros*.) Mesmo assim, no decorrer do filme, Murch com frequência voltava para o som mono simples, para que os espectadores não ficassem cansados ou nervosos demais. O resultado foi um ambiente sonoro para *Apocalypse Now* que, mesmo no auge da sua bizarrice e distorção, nunca pareceu incoerente ou fatalmente confuso. Na verdade, conforme pretendia o diretor Coppola, a sonoplastia puxa o público para dentro do mundo meticulosamente criado na tela.

SOM E MÚSICA

GRANDES EXPLOSÕES E SOCOS NA BARRIGA

Você se sentiu atacado ou envolvido?

O som pode nos fazer mergulhar ainda mais fundo no mundo imaginário exibido nas telas, ou pode nos distanciar dele.

O sistema de som surround 5.1 de Murch para *Apocalypse Now* acabou se tornando um padrão da indústria, que também adotou várias versões do "som surround", em que dezenas de canais de som discretos podem emanar de muitos alto--falantes no cinema. Em um momento em que a experiência cinematográfica é constantemente ameaçada por sistemas de entretenimento caseiros sofisticados e iPhones onipresentes, a resposta dos estúdios e donos de cinemas foi entrar em uma guerra armamentista tecnológica para produzir as maiores, mais escandalosas e mais avassaladoras experiências sonoras para atrair o público de volta às salas de exibição.

Da mesma forma que recursos visuais como o 3D e a foto-grafia digital com alta taxa de quadros pretendem impressionar os espectadores com seu realismo estranho, o som surround deveria cativá-los com o tipo de experiência universal que Coppola almejou para *Apocalypse Now*. Porém, sem a sensibi-lidade de um Walter Murch da vida, o resultado costuma ser apenas uma mentalidade de "quanto mais, melhor" em filmes que vão se tornando excessivamente agitados e barulhentos, sem nem um pingo da especificidade ou do dinamismo que os melhores sonoplastas dedicam suas carreiras para aprimorar. Em vez de "diminuir a força e realongar"[88] o som de alto--falante em alto-falante, como fez Murch em *Apocalypse Now*, muitas das mixagens de som atuais são ataques ininterruptos de barulho vindo de todas as direções, fazendo com que os espectadores se sintam agredidos, não imersos.

Mesmo nas mixagens de som mais complexas, é comum que apenas um som precise ser destacado por cena, com talvez dois ou três sons subordinados para oferecer profundidade e contexto; mais do que isso, vira uma confusão incoerente. Da mesma forma, mesmo que um cinema anuncie um sistema de som com a última tecnologia de ponta, isso não significa nada se os seus alto-falantes não estão configurados na ordem certa ou se o volume é preguiçosamente deixado alto demais ou baixo demais entre as exibições. (Isso acontece mais do que você imagina.)

Da próxima vez que você for assistir a um filme — especialmente um filme de ação barulhento ou um espetáculo baseado em histórias em quadrinhos —, pergunte a si mesmo até que ponto o som do filme é orgânico e útil, em vez de bombástico e planejado apenas para um efeito impressionante. Assim como com o 3D e outras proezas visuais, a pergunta é se a busca por mais foco imersivo e experiência sensorial sacrifica valores essenciais como narrativa, desenvolvimento de personagem e emoção. Como Randy Thom me disse em uma de nossas entrevistas, "se tudo é barulhento, então nada é barulhento".[89]

O SOM DA MÚSICA

Você saiu do cinema cantarolando?

Não consigo assistir a *Assim estava escrito* sem passar dias cantarolando sua música melancolicamente linda. Basta eu escutar algumas notas da trilha de *Cinema Paradiso* para começar a

SOM E MÚSICA

chorar. O som de guitarra emocionante que Mark Knopfler compôs para a cativante comédia *Momento inesquecível*, de 1983, traz de volta as mesmas memórias queridas e a saudade ao qual o personagem principal sucumbe no fim do filme.

A música afeta os espectadores de forma tão profunda e cria uma experiência emocional tão potente que sua importância não pode ser menosprezada. Pensar em algumas das melhores colaborações entre compositores e diretores na história do cinema — Ennio Morricone e Sergio Leone; Maurice Jarre e David Lean; John Williams e George Lucas e Steven Spielberg; Bernard Herrmann e Alfred Hitchcock; Carter Burwell e os irmãos Coen; Terence Blanchard e Spike Lee — é compreender o papel fundamental que a música tem na construção de um universo imaginário imersivo.

No mundo ideal, a música não devia apenas repetir ou ampliar elementos e sentimentos da história que já são comunicados visualmente ou por meio de diálogo. Ela deve ser um adicional, nunca imitar a ação ou colocar aspas em torno daquilo que acontece, apenas oferecer mais profundidade e significado, geralmente de um jeito completamente subsconsciente. Talvez mais importante, a música deve ser usada com parcimônia, de forma a permitir que os espectadores façam suas próprias associações e conexões, em vez de empurrá-los e jogá-los o tempo todo para um sentimento específico. As melhores trilhas assistem ao filme com os espectadores, não por eles; ela é inserida dentro do filme, em vez de jogada por cima como um glacê enjoativo.

O uso correto da música reflete e trabalha em conjunto com o uso correto de efeitos sonoros e diálogo, ajudando a alcançar os mesmos objetivos, seja oferecer uma linearidade que fortalece a coesão de um filme ou transmitir uma emoção que o personagem não consegue articular. Porém, ao contrário de quase todas as áreas do cinema, a trilha de um filme tem o potencial de existir como um produto estético separado, como um grupo de músicas que pode ser apreciado por si só, sem ser acompanhado de imagens. Apesar de ser legal quando a música de um longa almeja e alcança esse tipo de grandiosidade, não é algo necessário; a primeira responsabilidade do compositor não é escrever algo que pode ser escutado depois, mas auxiliar e dar apoio à história que se desenvolve na tela. Como um amigo com boas intenções, a música deve ajudar a história da melhor maneira possível, sem se intrometer, sem aparecer em momentos inadequados ou permanecer por mais tempo do que deveria.

Todos nós somos capazes de citar trechos de trilhas sonoras que se tornaram tão amados quanto os próprios filmes: as notas de flauta solitárias, que lembram coiotes, de Morricone em *Três homens em conflito*, dirigido por Leone. O som transportador de "Lara's Theme", de Jarre, ao longo de *Dr. Jivago*. O hino triunfante de Williams no início de *Star Wars*. O tema romântico e melancólico de Nino Rota para *O poderoso chefão*. Músicas magníficas, todas elas, mostrando como a música pode servir ao filme que habita e também transcender esse papel e se tornar icônica por conta própria. (A melodia do xilofone de Thomas Newman para *Beleza americana* talvez tenha até inspirado um toque de celular.)

Nem toda trilha sonora precisa ser imediatamente reconhecível quanto essas composições para dar certo. Na verdade, algumas das melhores músicas de filme não permanecem na cabeça dos espectadores depois que eles saem do cinema, mas, mesmo assim, contribuem muito para sua experiência enquanto estão lá dentro. Apesar de uma melodia interessante e emocionante sempre ser algo positivo, trilhas sonoras não precisam ser "lin-

SOM E MÚSICA 227

das". O tema triste e romântico que Carter Burwell escreveu para *Ajuste final*, dirigido pelos Coen, é uma das melodias mais belas da história do cinema. (Por um tempo, ela foi a música mais usada em trailers de romances emocionantes e dramas históricos.) A trilha eletrônica minimalista de Jonny Greenwood para *Sangue negro*, em contrapartida, é sombria e dissonante. As duas são perfeitas para as histórias que contam.

Quando Burwell foi homenageado por seu trabalho no Festival de Cinema de Middleburg, na Virgínia, de 2015, eu lhe perguntei como ele conseguia bolar tantos temas memoráveis. Então ele me disse que toca piano todo dia, e quando um refrão interessante ou uma ideia em potencial surge, faz questão de anotar tudo. Agora, tem cerca de 1.500 trechos assim catalogados para uso futuro. "Essa é uma das coisas que me ajuda a dormir à noite quando tenho um prazo para cumprir",[90] disse ele, não de todo brincando.

Adoro música, então tenho a tendência a reparar na trilha musical dos filmes, ainda mais se for especialmente lírica ou quando me parece exagerada ou não se encaixa. Alguns puristas diriam que, se estamos prestando atenção na música de um filme — mesmo apenas notando como é bonita —, então o compositor não fez bem seu trabalho. Eu discordo: é o gênero que decide se a música deve se destacar ou não — uma trilha instrumental exuberante e chamativa pode parecer clichê em melodramas antiquados ou filmes de época, mas acrescentar uma camada de lirismo ou ambiguidade para um suspense urbano sério. E tudo depende do diretor. Agora, já esperamos que filmes produzidos por Martin Scorsese e Todd Haynes tenham "grandes" momentos musicais; de fato, suas trilhas sonoras e músicas são uma parte importante daquilo que torna seu trabalho especial e divertidíssimo.

COERÊNCIA

A música ajudou a amarrar o filme?

A trilha sonora musical pode ser tão útil quanto a sonoplastia para amarrar uma história, especialmente durante transições; temas e sons recorrentes permitem que os personagens — e o público — acessem memórias ou se recordem de pontos cruciais da trama sem precisar explicar tudo com um diálogo chato ou uma exposição incômoda. Um exemplo recente e engenhoso é a trilha composta apenas por tambores de Antonio Sanchez para *Birdman ou (A inesperada virtude da ignorância)*, o drama por trás dos bastidores dirigido por Alejandro González Iñárritu sobre um ex-astro de filmes de ação que tenta voltar para os holofotes. Iñárritu filmou e editou o filme para que parecesse uma única tomada longa e ininterrupta — efeito auxiliado pela percussão incessante que impulsionava a ação em um ritmo tão acelerado que os espectadores não tinham tempo para notar (ou se importar) se os remendos apareciam.

Um exemplo maravilhoso de sonoplastia e música trabalhando juntos, a trilha de *Desejo e reparação*, a adaptação de Joe Wright do romance de Ian McEwan, frequentemente apresenta o acompanhamento repetitivo das teclas de uma máquina de escrever, um lembrete sutil do subtexto da trama sobre o poder de contar histórias, tanto para o bem quanto para o mal. A trilha carrega esse tema, guiando os espectadores e unificando um conto sobre épocas diferentes e perspectivas que mudam.

De forma semelhante, os efeitos sonoros e a música se misturaram com uma eficácia assustadora em *Psicose e Os pássaros*, dirigidos por Hitchcock. Ambos tiveram trilhas compostas por seu compositor de longa data, Herrmann, que astuciosamente

SOM E MÚSICA

misturou arranjos agudos para criar paisagens sonoras sinistras e aflitivas. (Sempre achei que a genialidade do tema de *Tubarão*, de Williams, era como o ritmo um-dois imitava o som de pernas batendo embaixo da água — de forma que as pessoas literalmente o escutavam sempre que iam nadar.)

MÚSICA MENTAL

A música tinha ponto de vista?

Um dos principais papéis da trilha musical, citando o grande compositor Elmer Bernstein, é "seguir e entrar"[91] nos personagens, especialmente quando são reticentes demais, isolados ou tão emocionalmente bloqueados que não conseguem se expressar direito. Assim como os efeitos sonoros estabelecem o ponto de vista de um filme, a música faz a mesma coisa.

A trilha de Bernstein para *O sol é para todos* exemplifica esse princípio com uma elegância lírica, tanto em seu tema simples e infantil para a protagonista, Scout, quanto no tema instrumental mais misterioso, melancólico, para Boo Radley. Em *Operação França*, o jazzista Don Ellis criou um ambiente musical poderoso, agressivo, que combinava com a Nova York surrada e cheia de lixo em que a história se passa, transmitindo a raiva fervilhante que motiva o anti-herói brigão do filme, Popeye Doyle, interpretado por Gene Hackman. Alguns anos depois, um personagem de Hackman inspirou outra trilha musical inquietante em *A conversação*, para quem David Shire compôs músicas tristes e cromáticas no piano que sutilmente indicam a solidão profunda do personagem e sua incapacidade de se conectar com outras pessoas. (Em *Janela indiscreta*, mantendo

230 COMO FALAR SOBRE CINEMA

a lealdade da obra com o ponto de vista do personagem de James Stewart, só escutamos a bela música de Franz Waxman — com uma ou duas exceções — quando ela emana de algum dos apartamentos com vista para o pátio; a trilha, em outras palavras, é quase completamente composta por sons diegéticos.)

Mais recentemente, Trent Reznor criou uma deixa musical brilhante para ajudar o público a compreender os personagens de *A rede social*. Somos apresentados a Mark Zuckerberg durante uma conversa irritada, rápida, entre ele e uma garota que está paquerando em um pub de Cambridge, Massachusetts; nove minutos depois, o rejeitado Zuckerberg volta para seu dormitório em Harvard, magoado e irritado — e a música de Reznor surge, uma melodia melancólica no piano com um discreto arranjo levemente dissonante que vai se tornando mais forte conforme ele corre para casa. Dentro de dois minutos, a música ajuda a estabelecer Zuckerberg como uma pessoa profundamente magoada e solitária, mas em quem a agressão e o ressentimento estão se acumulando, para citar o diretor David Fincher, como uma "maré alta". Comparando o tema de abertura de Reznor para *A rede social* com a adaptação da compositora Wendy Carlos de Berlioz para a sequência de abertura de *O iluminado*, Fincher notou que ambas as músicas acrescentam significado implícito a ações aparentemente comuns. No caso de *O iluminado*, disse ele, "ela mostra imediatamente que não se trata apenas de um cara dirigindo por uma estrada, rumo a um hotel. Existe alguma coisa maior acontecendo".[92] Desde as primeiras notas sinistramente dissonantes, a poderosa trilha de Mica Levi para o drama especulativo *Jackie*, de 2016, sobre os dias logo após o assassinato de John F. Kennedy, joga os espectadores no estado psicológico abalado da personagem-título enquanto ela segue anestesiada pelo luto, despejo e pavor.

SOM E MÚSICA

Um dos compositores com mais talento para compor músicas para personagens é Burwell, que compõe trilhas musicais para Joel e Ethan Coen desde seu filme de estreia, *Gosto de sangue*, e cujas músicas costumam oferecer a intimidade, a empatia e até o carinho que, caso contrário, ficariam faltando nos filmes levemente cínicos deles. Para quase todas as obras dos Coen em que colaborou, Burwell escreveu um tema identificável para pelo menos um personagem, seja a adaptação magnífica do hino escandinavo "The Lost Sheep" para o criminoso azarado interpretado por William H. Macy em *Fargo*, ou, mais inesperadamente, sua elaboração da emocionadíssima canção irlandesa "Danny Boy" para o capataz frio interpretado por Gabriel Byrne em *Ajuste final*. Nos dois casos, a música de Burwell elevou a brutalidade e o cinismo que se passava na tela para um patamar de acerto moral de contas sério, talvez até pesaroso. Para *Carol*, a história de amor sobre duas mulheres na Nova York da década de 1950, dirigido por Todd Haynes, a música descaradamente romântica de Burwell inundou o filme com uma maré de emoções que nenhuma das personagens conseguia expressar por completo, por conta da época e de seus próprios temperamentos comedidos.

MÚSICA QUE CRIA UM CLIMA

Como a música fez você se sentir?

Se é verdade que os primeiros minutos de um filme ensinam o público como assisti-lo, então a música tocada (ou não tocada) durante esse momento oferece as dicas mais potentes.

Pense nos tons brincalhões de xilofone do tema de *Beleza americana*, primeiro fazendo um dueto sombriamente engraçado

232   COMO FALAR SOBRE CINEMA

com a narração sarcástica de Kevin Spacey e eventualmente se tornando um arranjo mais introspectivo, propositalmente emotivo, quando a história toma um rumo trágico. Ou pense nos tímpanos retumbantes de Burwell na sequência de abertura austera de *Fargo*, dando um peso moral à comédia sombria que está por vir, ou na forma como sua música praticamente inexistente para *Onde os fracos não têm vez* — mais uma coleção de texturas tonais do que de notas convencionais — quase se mescla com a sonoplastia observadora do filme. Como o próprio Burwell observou, a inserção de música convencional em qualquer momento do filme teria destruído por completo os valores que o transformaram em um *tour de force* do realismo abatido e da ansiedade.

A música pode enfatizar um clima ou fazer uma oposição irônica a ele: o banjo alegre de Earl Scruggs em *Bonnie e Clyde: uma rajada de balas*, de 1967, reflete a imagem que a dupla tem de si mesma como celebridades libertinas à la Robin Hood, mas destoa completamente do caminho destrutivo que os dois seguem pelo Texas na era da Grande Depressão. Quando o filme termina em um tiroteio destruidor e sangrento, a trilha assume uma ironia profundamente perturbadora. (Burwell e os Coen ressuscitariam esse estilo musical em *Arizona nunca mais*, uma excêntrica comédia sobre paternidade, de um jeito irônico, mas com um tom bem mais brincalhão.) As texturas e os ritmos das músicas atonais e abstratas de *Sangue negro, O regresso* e *Jackie* apresentam notas de mal-estar e desconforto, avisando ao público que esses filmes não serão aconchegantes, convencionais ou reconfortantes. De forma parecida, a trilha magnífica de violoncelo e violino de Hans Zimmer para *12 anos de escravidão* — que nunca soou exatamente "da época" em termos de música clássica e *folk* do século XIX — deu à história uma ressonância contemporânea, até de vanguarda,

SOM E MÚSICA

233

que ajudou o filme a transcender seu tempo e local específicos. Por mais fascinantes que essas trilhas inesperadas sejam, há casos em que a boa e velha emoção exata pode ser adequada, como as composições de Michael Giacchino para as animações da Pixar. Trabalhando com orquestras ao vivo e arranjos extravagantes, às vezes obviamente sentimentais, Giacchino aperfeiçoou a arte de dar ao público deixas emocionais valiosas sem parecer que nos trata feito bobos. Sua música dá profundidade ao que acontece na tela, em vez de apenas ampliar ou regurgitar as emoções; aquele prólogo arranca-lágrimas de *Up: altas aventuras*, tão econômico em sua narrativa, não seria nem de perto tão desolador se não fosse pelo acompanhamento tocante de Giacchino. Todos os compositores de filmes nos manipulam — esse é seu trabalho. Mas Giacchino faz isso com uma confiança excepcional e um estilo original.

De fato, o nível de manipulação óbvia que o público consegue aceitar mudou muito. Um melodrama de Bette Davis da década de 1940 era cheio de ênfases dramáticas — em que a orquestra tocava quase o tempo todo, sob o diálogo dos atores —, porém os dramas atuais tendem a usar deixas musicais de forma mais esparsa e seletiva.

A exceção à regra pode ser encontrada em suspenses de ação ou filmes sobre histórias em quadrinhos, em que trilhas que poderiam ser boas são usadas em excesso como parte de uma sonoplastia ininterrupta, que toma conta de tudo —'um sintoma, sem dúvida, da dependência cada vez maior de Hollywood da bilheteria de mercados estrangeiros e da ansiedade dos estúdios para que o público que não fala inglês "capte" cada nuance e toque emocional.

O resultado é uma briga de murros e chutes entre música, efeitos sonoros e diálogo que provavelmente vai deixar os espectadores se sentindo como os perdedores (e surrados da

234 COMO FALAR SOBRE CINEMA

mesma forma). Essencialmente, o excesso de som em um filme mostra tanto uma ausência de confiança no público quanto uma ausência de segurança por parte dos cineastas, que ficam dizendo aos espectadores como devem se sentir em vez de deixar a história e os intérpretes fazerem isso.

Com frequência, esse tipo de insegurança é refletido em um dos meus jargões favoritos da indústria cinematográfica: *mickey--mousing*, usado por compositores para descrever com zombaria músicas que servilmente acompanham a ação na tela. (Pena que o termo se tornou pejorativo, porque a música de desenho animado a que se refere foi escrita e produzida de forma brilhante.) Sem dúvida, refrões e modulações de tom conhecidos podem oferecer deixas úteis para o público em termos de tom e clima emocional de um filme. Mas um sinal certo de que a trilha foi produzida de qualquer jeito é quando ela consistentemente retorna para um clichê — tambores cheios de testosterona retumbando no fundo de uma perseguição de carro, por exemplo, ou um dedilhado que chamo de "pizzicato sincopado" durante um momento bem-humorado em uma comédia. Músicas clichês são redundantes à ação visual, não um contraponto.

A maioria dos meus exemplos favoritos de trilhas sonoras são as comedidas, não apenas no sentido da composição, mas no seu posicionamento dentro do próprio filme, resultando em músicas que são sentidas em vez de ouvidas. A música reflexiva e observadora de David Shire para *Todos os homens do presidente* só começa a ser tocada depois de quarenta e cinco minutos de filme, e então só reaparece quando é absolutamente necessário, em geral durante transições. Howard Shore criou uma composição de piano similarmente meditativa, séria, para *Spotlight: Segredos revelados*, que, assim como *Todos os homens do presidente* antes, permitiu que o impacto emocional viesse

SOM E MÚSICA   235

naturalmente dos atores e de suas performances, em vez de forçá-la ou explorá-la por outros meios.

Outro exemplo fabuloso de moderação musical pode ser encontrado em *Ronin*, o suspense de 1998 dirigido por John Frankenheimer, cujo destaque é uma perseguição de carro maravilhosa por Paris. Nos primeiros quatro minutos, a cena é acompanhada por cantadas de pneus e o rugido dos motores; a música entra em um momento crucial, apenas quando os carros começam a correr na direção errada por uma via de mão única. Após algumas notas altas durante as quais a música se anuncia, ela volta a se esconder sob os efeitos sonoros, criando um quadro acústico que, a seu próprio modo subliminar, é tão espetacular quanto a ação.

CUIDADO COM O TOP 40

O cineasta usou músicas pop para "vender" a história?

Em seu livro *Pictures at a Revolution*, Mark Harris é brilhante ao examinar como os indicados ao Oscar de 1968 — *Bonnie e Clyde: uma rajada de balas*, *A primeira noite de um homem*, *No calor da noite*, *Adivinhe quem vem para jantar* e *Dr. Doolittle* — exemplificaram mudanças culturais sísmicas tanto na indústria cinematográfica quanto na sociedade norte-americana em geral. Um sinal gritante de como os filmes estavam mudando era que três deles contavam apenas com músicas country, pop e jazz nas suas trilhas, em vez das tradicionais composições instrumentais. Essa abordagem chegaria ao ápice nas décadas de 1970 e 1980, quando os discos de trilhas sonoras de *Os embalos de sábado à noite* e *Grease: nos tempos da brilhantina* ren-

236   COMO FALAR SOBRE CINEMA

deram muito dinheiro para as matrizes dos estúdios; logo, as trilhas dos filmes deixaram de seguir suas narrativas ou rumos emocionais, apenas jogando as canções da moda no Top 40 que poderiam atrair o público jovem e fazer com que o disco da trilha sonora virasse uma fonte de dinheiro.

Nas mãos de um mestre — Robert Altman, por exemplo, ou Woody Allen, ou Martin Scorsese — a compilação da trilha é algo belíssimo, uma seleção cuidadosamente curada de músicas populares ou obscuras que se encaixam com o clima das cenas que acompanham e funcionam como uma mensagem sobre o gosto pessoal e o ponto de vista do cineasta. As canções de Leonard Cohen ao longo de *Onde os homens são homens*, dirigido por Altman, não eram "da época" — na verdade, eram completamente destoantes da ambientação do filme no início do século XX. Mas seu clima invernal, reflexivo, ficou perfeito com a locação no Noroeste Pacífico e o relacionamento desejoso, não resolvido, entre os personagens principais, interpretados por Warren Beatty e Julie Christie. Em contraste, quando *Butch Cassidy* é interrompido por uma sequência boba e romântica sob o sucesso estranhamente alegre de 1969, "Raindrops Keep Fallin' on My Head", de Burt Bacharach, temos a impressão de que tudo é muito forçado.

Os cineastas também usam músicas já gravadas como "som diegético", que são músicas que tanto o personagem quanto o público escutam. Um dos melhores exemplos de som diegético pode ser visto em *Um estranho no ninho*: "Charmaine", uma valsa anódina da década de 1920, tocada no rádio em uma sala de recreação de um manicômio em uma tentativa condescendente de acalmar um grupo de pacientes do sexo masculino; a canção açucarada leva os espectadores para dentro da sala, entrando em nossas cabeças da mesma forma ardilosa que entrou na dos personagens presos na tela. Por outro lado, no recente drama

SOM E MÚSICA

romântico *Mesmo se nada der certo*, o cineasta John Carney fez besteira com as músicas diegéticas. Quando um produtor musical resmungão interpretado por Mark Ruffalo empresta seu iPod para uma compositora em ascensão, sua *playlist* é composta pelos padrões de praxe, como Frank Sinatra cantando "Luck Be a Lady" e "For Once in My Life" de Steve Wonder, e era bem mais provável que o personagem de Ruffalo fosse especialista em discos obscuros e músicas raras, desconhecidas. (Mas, em sua defesa, Carney provavelmente foi limitado pelo custo geralmente exorbitante do licenciamento de músicas populares para filmes, que tem mais impacto nas trilhas sonoras do que a maioria dos espectadores imagina.)

As trilhas comerciais carregam os mesmos perigos que suas colegas instrumentais com a tendência de serem usadas em excesso pelos cineastas para tornar uma cena ou emoção convincente. Eu os chamo de filmes "disco arranhado", porque preferem tocar pedacinhos de músicas pop instantaneamente reconhecíveis para estimular o público em vez de tentar aprofundar aquilo que acontece na tela. *Os bons companheiros*, de Scorsese, usou todas as músicas com perfeição para capturar a ascensão e a queda de Henry Hill — chegando ao ápice com o solo de piano de "Layla", de Eric Clapton, após uma série de assassinatos sangrentos no mundo do crime organizado. Porém é excessivamente comum que trilhas sonoras pop pareçam forçadas e ávidas demais por agradar — um problema compartilhado pela comédia romântica *Hora de voltar*, dirigida por Zach Braff e abarrotada de pop, e, mais recentemente, comédias como *Esquadrão suicida* e *Cães de guerra*, tão salpicadas de fragmentos musicais que o efeito final foi um excesso metido à besta e bilheterias extremamente fracas. Por outro lado, não é surpresa alguma que as músicas de Aimee Mann

238   COMO FALAR SOBRE CINEMA

em *Magnólia* tenham parecidas tão integradas ao filme: Paul Thomas Anderson declarou que as canções de Mann o inspiraram a escrever o roteiro.

O SOM CINEMATOGRÁFICO É COMPOSTO por tantos elementos — "som produzido", gravado no set, diálogos adicionais dublados depois da produção, efeitos sonoros e música — que costuma ser impossível definir o que está dando certo ou não enquanto se assiste a um filme. Porém nós sabemos quando escutamos o que precisávamos escutar para compreender o que acontecia na tela; sabemos se nos sentimos aturdidos e perplexos ao sair do cinema, ou animados por termos tido uma experiência genuinamente diferente, emocionalmente potente. Nós podemos já estar cantarolando a música-tema, ou não; o que importa é que a música contribuiu para a construção de um mundo sonoro completo, enriquecido em medidas iguais pelo diálogo, efeitos sonoros, melodias e trilha sonora. Como Murch disse sobre o som cinematográfico em uma de nossas entrevistas: "Se ele ajudou o filme, provavelmente o tornou quatro por cento melhor. Se prejudicou, o tornou noventa por cento pior."[93]

FILMES RECOMENDADOS:

Apocalypse Now (1979)
O corcel negro (1979)
Veludo azul (1986)
Quero ser John Malkovich (1999)
Náufrago (2000)
Onde os fracos não têm vez (2007)

Capítulo Sete

Direção

Dirigir um filme é um trabalho muito superestimado, todos nós sabemos. Você só precisa dizer sim ou não. O que mais a gente faz? Nada. "Maestro, isto aqui devia ser vermelho?" Sim. "Verde?" Não. "Mais figurantes?" Sim. "Mais batom?" Não. Sim. Não. Sim. Não. Direção é isso.

Assim fala a figurinista insolente interpretada por Judi Dench em *Nine*, a adaptação para o cinema do musical da Broadway, sobre um diretor de cinema que só se importa consigo mesmo. O discurso devia cutucar e brincar com o ego diretorial, que François Truffaut imortalizou com irritação em seu filme sobre fazer filmes, *A noite americana*. "Perguntas! Perguntas! Tantas perguntas que não tenho tempo para pensar!"

Tanto Dench quanto Truffaut lidam de forma brincalhona com uma pergunta essencial: o que é que os diretores de cinema fazem? Eles "organizam um universo inteiro", como notoriamente disse Ingmar Bergman? Guiam acidentes, como descreveu Orson Welles? São basicamente encanadores, maneira

240   COMO FALAR SOBRE CINEMA

como John Frankenheimer certa vez explicou a mecânica nada glamorosa da profissão para solucionar problemas? Ou são homens e mulheres "fazendo malabarismo com cinco bolas no ar enquanto um trem corre atrás deles a toda velocidade",[94] como Guillermo del Toro descreveu para mim?

Nós sabemos quando um filme é bem-dirigido. Ele é bem--dirigido quando dá certo — quando seu visual é ótimo, os sons são maravilhosos, as atuações são críveis, e a plateia sai do cinema se sentindo satisfeita — ou, se for *muito bom*, transformada para sempre.

Mas espere um pouco: nós gostamos da história, a estrutura do filme foi inteligente, e o diálogo estava hilário — isso não significa que o filme foi bem-escrito? E o ator principal — ele é bom em tudo que faz, não é? O diretor não produziu o figurino. Não operou a câmera que registrou aquela cena em *travelling* de tirar o fôlego. Não compôs a trilha sonora que estamos cantarolando nem criou os efeitos sonoros.

Talvez *Dame* Judi tivesse razão — talvez diretores sejam *mesmo* superestimados.

Hum, calma lá, maníaco dos figurinos. Dizer sim e não parece bem fácil, até você dizer não quando deveria dizer sim. Ou dizer sim para a coisa errada. "Um diretor toma milhares de decisões binárias por dia", explicou o diretor Jason Reitman. "Agora, digamos que eu tome uma decisão errada. Não seria nada de mais. Mesmo se eu errar cinco por cento delas, talvez passe despercebido."

"Mas vamos supor que eu erre a metade", continuou Reitman. "E se fosse uma cena muito íntima, mas não parecesse assim porque a locação é moderna demais? Ou os atores no fundo chamarem muita atenção? De repente, surgem dúvidas suficientes, por qualquer que seja o motivo, e você para

DIREÇÃO

de acreditar na realidade do filme... E, do nada, o filme passa a ser maldirigido."[95]

Por outro lado, como observou o ator Casey Affleck, as escolhas certas de um diretor podem salvar um roteiro antes insignificante ou uma atuação ruim. "Já estive em sets com pessoas que não achei serem muito boas", me contou ele. "E essas pessoas acabaram parecendo ótimas. Eles tomaram decisões muito interessantes para o filme. E eu *sei* que isso aconteceu porque o diretor contextualizou a performance e cortou um monte de merda."

"Você pode destruir uma atuação ótima e tornar uma atuação terrível em algo maravilhoso", continuou Affleck. "Você pode transformar um roteiro ruim em algo bom durante o processo... Funciona tipo um ensopado: não tem como a gente saber se as cenouras estavam gostosas e o alho, não. Se o ensopado estiver bom, está bom, e todos os sabores se integram."[96]

De muitas formas, nossa confusão sobre o trabalho dos diretores vem das tentativas de dar a eles o reconhecimento que merecem. No meio da década de 1950, o crítico francês e futuro diretor de obras da *nouvelle vague*, François Truffaut, escreveu que os filmes eram indiscutivelmente uma criação dos diretores, cujas visões criativas eram encontradas em cada *frame*, mesmo que eles não tivessem escrito o roteiro original. (Como exemplos, ele destacou o estilo instantaneamente reconhecível das obras de Alfred Hitchcock e Howard Hawks.) A ideia de Truffaut atravessou o Atlântico em 1962, quando o crítico Andrew Sarris, do jornal *The Village Voice*, foi veemente ao defender no periódico *Film Culture* o que passara a ser conhecido como a teoria do *auteur*, colocando lenha na fogueira do que acabaria virando um dos debates mais lendários do cinema.[97] Em uma atitude memorável, a crítica

242   COMO FALAR SOBRE CINEMA

Pauline Kael (que ainda não tinha assumido seu posto na revista *The New Yorker*) se incomodou com a versão cinematográfica da teoria do grande homem, argumentando na edição de primavera de 1963 do periódico *Film Quarterly* que roteiristas, diretores de fotografia e atores tinham, no mínimo, a mesma importância que os diretores na criação dos filmes, e descartando a teoria do *auteur* como deficiente em termos de valores estéticos e lógica.[98] Mais tarde, em seu revolucionário livro *The Genius of the System* [*O gênio do sistema*, em tradução], o historiador cinematográfico Thomas Schatz usou argumentos persuasivos para defender que o "estilo da casa" de estúdios individuais e seus departamentos de arte durante a Era do Ouro de Hollywood tinham tanta influência sobre as assinaturas visuais e temáticas de seus filmes quanto os homens (e geralmente eram homens) que os dirigiam.

Apesar de gigantes como Spielberg, Scorsese, Coppola e Tarantino terem se tornado marcas confiáveis, o argumento do *auteur* se perpetua até hoje. (Experimente levar um roteirista para assistir a um longa que começa com "Um filme de...", com o nome de um diretor específico, e veja a pipoca voar.) Mesmo assim, é raro encontrar um diretor que não faça questão de reconhecer que o cinema é um meio fundamentalmente colaborativo. Como o diretor Alan J. Pakula certa vez observou, "por algum motivo estranho, sempre pareço mais talentoso quando trabalho com as pessoas mais talentosas".[99]

A questão se torna ainda mais cabulosa com o fato de que, nos Estados Unidos, os diretores convencionais não costumam ser "donos" de seu trabalho; em vez disso, os filmes são propriedade dos estúdios ou dos produtores que os contrataram e que podem reeditar sua obra de acordo com as próprias preferências, vontades ou ânsias de agradar ao público em geral. (Na França, faz muito tempo que os diretores têm *droits d'auteur*, direitos

DIREÇÃO

autorais, dando controle criativo ao criador do trabalho em vez do patrocinador.)

Diretores que alcançaram certo nível de prestígio comercial e artístico ou que insistem em trabalhar de forma independente têm o direito ao "corte do diretor" inserido em seus contratos, o que significa que não é possível interferir em seus trabalhos depois da entrega de sua versão final. Mas nem todos têm essa sorte. David Fincher e Ridley Scott chamaram atenção ao reclamar da interferência do estúdio em *Alien 3* e *Blade Runner*, respectivamente; em um passado mais recente, Duncan Jones fez críticas parecidas sobre a remontagem de seu filme *Warcraft: o primeiro encontro de dois mundos*, assim como Josh Trank sobre *Quarteto fantástico*. Quando os diretores se irritam demais, eles tiram seus nomes dos filmes, às vezes o substituindo pelo pseudônimo "Alan Smithee" (apesar de não encontrarmos Alan Smithee sendo creditado por muitos lançamentos no cinema, os diretores Michael Mann, William Friedkin e Martin Brest já solicitaram o nome para versões de seus filmes que foram editadas para a televisão.)

Porém, mesmo com todas essas condições e limitações, é verdade que o diretor geralmente permaneça conectado ao filme por mais tempo do que qualquer outro membro da equipe ou do elenco: escolhendo o material ou decidindo se deve aceitá-lo de um produtor; trabalhando com o roteirista para chegar ao script final, ou reescrevendo-o completamente; escolhendo o elenco e ensaiando os atores; montando o restante da equipe de criação; buscando locações; escolhendo um estilo visual; administrando e tomando decisões sobre o cronograma de gravações; e inspecionando as funções de pós-produção como montagem, sonoplastia e trilha sonora. De alguma forma, o diretor deve manter seu entusiasmo e foco no decorrer dos

244 COMO FALAR SOBRE CINEMA

anos — às vezes décadas — em que transforma uma ideia em realidade. (Aqui vai uma menção honrosa aos produtores, que com a mesma frequência começam e permanecem ao lado de um projeto até o final, e cujo envolvimento pode ser crucial não apenas em termos criativos, mas práticos, quando se trata de encontrar financiamento. Produtores como Scott Rudin, Albert Berger e Ron Yerxa da Bona Fide Productions, Dede Gardner e Jeremy Kleiner da Plan B, e a fundadora da Killer Filmes, Christine Vachon, entre outros, se tornaram muito influentes no processo de desenvolver roteiros e encaminhá-los para diretores e elencos talentosos.)

O diretor pode até não tomar todas as decisões criativas e técnicas literalmente, mas é ele quem as encaminha. É ele que deve solucionar uma variedade de desastres inesperados, surpresas e oportunidades que inevitavelmente aparecem em qualquer gravação de filme — e precisa fazer isso de forma a não estragar o trabalho, tentando torná-lo ainda melhor. E é o diretor que leva a culpa por não ter lidado bem com esses momentos quando eles dão errado.

É o diretor que instaura a ética de trabalho e o clima de toda a produção, criando um espaço seguro para os atores se exporem emocionalmente (e, às vezes, fisicamente), escutando as ideias do elenco e dos membros da equipe, inspirando todos a fazer seu melhor trabalho e exalando liderança e confiança suficientes para a equipe se sentir segura e focada no desafio que tem em mãos. A todo momento, o diretor deve se comunicar e proteger a visão original do filme, que pode ser tão facilmente destruída por indecisão, preguiça ou falta de convicção. "Dirigir um filme é o maior 'todas as opções acima' de todos", me disse Richard Linklater. "Você é o líder. Para todos os departamentos com quem você colabora, não importa se escreveu o roteiro ou não, você... cria um clima em que as

DIREÇÃO 245

pessoas possam apresentar seu melhor trabalho em prol de um objetivo comum, que é criar o melhor filme a partir daquele material."[100] É o diretor que, no fim das contas, está encarregado da experiência estética dos espectadores, dirigindo visualmente e auditivamente sua atenção e guiando suas emoções.

Verde ou vermelho? Este ou aquele? Sim ou não? Escolhas que parecem bobas podem acabar tendo resultados desastrosos ou completamente miraculosos durante a produção de um filme. E é o diretor que é chamado de picareta no primeiro caso ou de gênio no segundo. "Adoro diretores que mantêm uma política de escutar todo mundo, um espírito de colaboração e tudo mais", disse Meryl Streep certa vez, "mas também adoro que, no fim das contas, eles sempre levem a culpa".[101]

TALENTO

O cineasta demonstrou fluência e domínio do meio?

O filme mostrou ser ambicioso e visionário, não apenas uma gravação de atuações?

Um roteirista e um editor habilidosos podem ajudar a estabelecer a ambientação, os ritmos e as "regras de conduta" de um filme, mas é o diretor que faz cumprir essas regras desde o princípio, anunciando com firmeza as intenções do trabalho e deixando evidente que ele ou ela sabe exatamente aonde está indo e como chegar lá. A convicção do diretor começa no set, onde deve projetar confiança ao orientar a equipe de criação, e se estende até as telas, convencendo os cinéfilos a entrar em um mundo novo e diferente.

246 COMO FALAR SOBRE CINEMA

Essa segurança — às vezes expressa em trabalhos de câmera corajosos, brilhantes, e em edições concisas, firmes, às vezes na disposição tranquila de dar um passo para trás e deixar as cenas se desenvolverem a uma distância segura — pode ser transmitida de muitas formas: competência técnica, habilidade, eficiência, até audácia. Uso o termo "talento" para me referir a um conhecimento profundo sobre o funcionamento e a organização do cinema — onde posicionar as câmeras, que lentes usar, como inspirar confiança e clareza de objetivos, o momento certo para deixar uma cena correr ou cortá-la —, e também de linguagem cinematográfica. E o talento também é importante quando se trata de atores: "Quando vejo uma atuação ruim, nunca culpo o ator", disse Linklater. "Culpo o diretor. Ou você escolheu errado, o que acontece, ou não desenvolveu um clima em que conseguiria extrair o melhor daquela pessoa."[102]

Filmes de diretores talentosos deixam nítido desde o princípio que essas pessoas têm uma linha direta não só com a história, mas com seu público pretendido. É uma sensação emocionante, e tive a sorte de senti-la várias vezes durante minha carreira.

Nunca vou me esquecer de quando assisti a *Guerra ao terror*, dirigido por Kathryn Bigelow, no Festival Internacional de Cinema de Toronto de 2008. Era o final de uma semana em que tive a agenda lotada, assistindo a quatro ou cinco filmes por dia. Naquele ponto, eu sentia que estava vendo tudo "quadrado" — esgotada e desanimada, enxergando tudo que aparecia pela mesma tela retangular. E então a abertura propulsora de *Guerra ao terror* se desenrolou, e algo mudou. Meus sentidos despertaram e ganharam vida.

Com os envolventes e maravilhosamente ritmados *Quando chega a escuridão, Estranhos prazeres* e *Caçadores de emoção*, Bigelow

DIREÇÃO   247

já tinha provado que era capaz de capturar personagens em situações extremas e fisicamente perigosas. Mas alguma coisa ali era diferente. Enquanto uma equipe de especialistas em bombas tentava desarmar um explosivo em uma rua poeirenta de Bagdá, o ator australiano Guy Pearce batia papo com os colegas, alegre, de um jeito que sugeria seu lugar como protagonista do filme. Em uma série de momentos tensos, nada espalhafatosos — filmados pelo diretor de fotografia Barry Ackroyd com a rapidez da câmera portátil que é sua assinatura —, a plateia foi imediatamente situada no mundo que acreditava estar sendo criado por Bigelow. Então foi ainda mais chocante quando, dentro de um ou dois minutos, o personagem de Pearce explode.

Foi uma decisão audaciosa — cheia de coragem e segurança — e orquestrada por Bigelow com uma intensidade discreta e uma graciosidade extraordinária em ritmo e clima. Ela manteve esses valores no primeiro plano por todo o filme, que ganharia o Oscar de Melhor Filme e a tornaria — merecidamente — a primeira mulher a ganhar o Oscar de Melhor Direção. *Guerra ao terror* foi criado a partir do roteiro maravilhoso de Mark Boal (que também levou um prêmio para casa), mas foi a execução impecável de Bigelow, sua capacidade de orientar os atores e a equipe para tornar realidade sua visão para um filme impulsionado pela ação e por fatores psicológicos ao mesmo tempo, tanto nervoso quanto profundamente reflexivo, que tornou *Guerra ao terror* um trabalho excepcionalmente maestral. Captei um clima parecido de "sei o que estou fazendo" em *Moonlight: Sob a luz do luar*, de Barry Jenkins, *Manchester à beira-mar*, de Kenneth Lonergan, e *La La Land: Cantando estações*, de Damien Chazelle, cada um deles projetando audácia e uma confiança discreta por parte dos diretores, seja na sequência de abertura de música e dança extravagantemente coreografada de *La La Land* (encenada, filmada e editada como se tivesse sido capturada em uma tomada) ou a revelação mais discreta, porém igualmente impressionante, dos personagens, clima e peso emocional de *Moonlight* e *Manchester* nos seus primeiros momentos.

É clichê, porém verdade: os melhores diretores fazem seu trabalho parecer fácil. Eles conseguem apagar todos os vestígios de como o clima impediu que uma cena importante fosse filmada em determinado dia, ou de como um ator foi mais fraco que outro em certa tomada, ou, como costuma ser o caso, de como o filme inteiro foi filmado fora de ordem, mas, de algum jeito, conseguiu manter a linearidade para criar um conjunto integrado a partir de um retalho de cenas repicadas e imperfeitas. (A destreza diretorial é especialmente importante para alcançar uma visão unificada de um projeto que passou por várias mudanças no roteiro, talvez feitas por dezenas de roteiristas diferentes.)

A famosa cena em *travelling* no Copacabana em *Os bons companheiros* parece ter sido projetada desde o começo como uma forma eficiente e elegante de deixar que os espectadores acompanhassem Karen Friedman enquanto ela é sugada para a vida de Henry Hill na máfia. Nada disso. Na verdade, a cena foi uma solução tapa-buraco que Scorsese e sua equipe bolaram depois de descobrirem que não poderiam filmar a fachada da boate em Nova York. O que teria sido uma cena padrão com Henry furando a fila e usando sua lábia em um *maître* acabou se tornando o destaque do filme, empolgante e bem mais envolvente, tudo por conta da capacidade de Scorsese de tomar decisões — e decisões *cinemáticas* — rápidas.

Com muita frequência, pensar de um jeito cinemático significa preparo, seja organizando ensaios extensos, criar

DIREÇÃO

storyboards detalhados (isto é, desenhos simples, como *cartoons*, ilustrando as tomadas do filme e as cenas do começo ao fim), ou simplesmente se certificando de que a equipe esteja pronta para lidar com problemas repentinos. Alfred Hitchcock planejava tudo de forma meticulosa, o que não deve surpreender ninguém que conheça seus filmes intricados, cuidadosamente compostos. Mas John Cassavetes também (*Faces, Os maridos, Uma mulher sob influência*), e seu estilo espontâneo e improvisado camuflava o fato de que a maioria dos seus filmes era cuidadosamente roteirizada, assim como os dramas íntimos aparentemente naturais do nosso atual maestro do gênero, Mike Leigh (*Segredos e mentiras, Simplesmente feliz*).

Ensaios podem incluir técnicas de improviso para ajudar os atores a incorporar o papel. Em seu livro *Fazendo filmes*, o diretor Sidney Lumet se recorda de usar esse método[103] durante a produção de *Um dia de cão*; Al Pacino e os atores interpretando os reféns do banco passaram horas improvisando — e, pelo visto, mais do que Lumet esperava acabou entrando no filme. Porém, às vezes, é impossível fazer um trabalho de preparação tão detalhado, e o resultado, nas mãos de um bom diretor e ator, ainda pode ser brilhante: Phil Alden Robinson, que dirigiu *Campo dos sonhos*, certa vez me disse que a famosa cena em que Shoeless Joe Jackson, interpretado por Ray Liotta, pergunta "Aqui é o céu?" antes de desaparecer em um milharal enevoado foi filmada em dois minutos, quando uma névoa verdadeira, reta, surgiu de repente, sem ninguém esperar. Liotta ainda não havia ensaiado como se moveria pela cena, e Robinson tinha pouco tempo para filmar antes de o fenômeno climático cobrir as luzes; Liotta apenas perguntou a Robinson onde deveria parar para dizer a fala, coisa que fez, e então virou e correu para o milharal. Esse tipo de incidente sortudo acaba criando

250   COMO FALAR SOBRE CINEMA

filmes ótimos, mas é preciso talento para saber reconhecê-los e aproveitá-los.[104]

Talento não deve ser confundido com competência, apesar de um diretor não poder ter uma coisa sem a outra. Quando penso em talento, penso em Scorsese, Bigelow, Tarantino e Spike Lee, que colocam valores visuais e movimentação em primeiro lugar nos seus filmes. Também penso em Paul Thomas Anderson, cujo *Sangue negro* estava passando na tevê a cabo um dia desses. Por acaso, o volume estava baixo, então assisti ao filme sem som — e deu para entender tudo. Isso é talento.

O talento também é necessário para orientar e lidar com atores: Para *Conduta de risco*, Tony Gilroy precisava de George Clooney porque ele era a pessoa certa para o papel, e a participação de um astro no seu patamar ajudaria a produção do filme. Mas Gilroy também precisava desmontar o glamour e o estrelato que Clooney trazia consigo como um excesso de bagagem deslumbrante — características que não se encaixavam com um advogado de segundo escalão. Então ele jogou Clooney nas cenas sem ensaiar, certificando-se de que cada encontro terminasse com o outro personagem "digerindo" o momento. Clooney acabou parecendo, como lembrou Gilroy, "meio perdido" no filme, algo que combinava com o estado de espírito de Clayton. (O desejo de subverter a persona de Clooney também levou Gilroy a escalar o falecido Sidney Pollack como chefe de Clayton, porque ele era um dos poucos atores capazes de exercer autoridade sobre um astro de cinema com o nível de fama e influência que Clooney tem.) David Fincher, por outro lado, exigiu dezenas (às vezes centenas) de tomadas em *A rede social* para dar tempo aos atores de se acostumarem com o diálogo especialmente ritmado e verbalmente acrobático de Aaron Sorkin. O resultado pareceu

DIREÇÃO

espontâneo e natural, apesar de ser produto de repetições e ajustes quase intermináveis.

O talento também assume a forma de instinto: uma das minhas lendas cinematográficas favoritas é uma história que John Frankenheimer sempre contava sobre o drama de ação *O trem*, sobre a Segunda Guerra Mundial, que envolvia duas batidas de trem; ao filmar a primeira, havia seis operadores cuidando das câmeras, inclusive o próprio diretor. Quase de última hora, ele decidiu enterrar uma sétima câmera nos trilhos, com a lente apontada para cima. Quando a cena começou, o maquinista se enganou e foi rápido demais, fazendo com que Frankenheimer e sua equipe saíssem correndo para se proteger; todas as câmeras foram destruídas, com exceção da sétima no chão, que, por um milagre, capturou a roda do trem desgovernado girando sobre ela, criando uma imagem espetacular. Não foi só talento — foi sorte.

Porém, quando penso em competência, penso em narrativas completamente aceitáveis que cumprem seu trabalho sem muito entusiasmo ou imaginação, e, em alguns casos, isso pode ser suficiente. Não acho *O jogo da imitação* muito cinematográfico no sentido de ser visualmente interessante, mas, para sermos justos, seu tema complicado, a decifração de códigos durante a Segunda Guerra Mundial, não abria espaço para muitas peripécias técnicas elegantes. Sou bem menos piedosa com os dramas de época dirigidos por Tom Hooper, cujos *O discurso do rei* e *A garota dinamarquesa* são mais panos de fundo bonitos para atuações chamativas do que um exercício completo da arte do cinema.

E então existem os diretores que considero funcionais, empregados de Hollywood cujos nomes são tão desconhecidos quanto seus filmes, que não apresentam qualquer sinal

COMO FALAR SOBRE CINEMA

discernível de ambição técnica ou capacidade artística. Esses são diretores sempre disponíveis que recebem um roteiro, escalam alguns atores e simplesmente gravam, permitindo que os diretores de fotografia e arte façam seus trabalhos sem interferências ou muito interesse de sua parte. Seus filmes são sempre competentes, estreiam nos cinemas de forma discreta, sem muito estardalhaço, e, por sorte, logo são esquecidos. Esses empregados sempre disponíveis podem ser minimamente capacitados para realizar o trabalho, mas não têm talento.

VERMELHO OU VERDE?

As escolhas estéticas dentro do filme foram agradáveis, satisfatórias, apropriadas para o material?

Elas foram verossímeis?

Por que, então, filmes como O *discurso do rei* e O *jogo da imitação* se dão tão bem na temporada de premiações? A resposta, creio eu, está no termo mais ambíguo do mundo: gosto.

Seria justo descrever os dois filmes como "de bom gosto", no sentido de que suas histórias emocionantes, a direção de arte bonita e as atuações comedidas os tornam interessantes e fáceis de assistir. Porém bom gosto vai além de compostura e um visual perspicaz. De muitas formas, para um diretor, bom gosto é como o tom de um roteiro; é algo indescritível, difícil de quantificar, mas que pode ser melhor descrito, como George Cukor certa vez disse, como "um senso prudente, mas nunca enfadonho, de equilíbrio".[105] Tyler Perry é amplamente zombado pelo mau gosto de suas comédias exageradas, vulgares,

Direção

253

estrelando Medea, uma mulher interpretada por ele mesmo. Porém um bom gosto arrogante — como os dramas de época elegantemente mobiliados e visualmente inertes de Hooper, ou os musicais filmados de forma atrapalhada e excessivamente editados de Rob Marshall — podem ser ainda mais opressivos.

Os cineastas projetam seu gosto em todos os aspectos da produção, desde os atores que escalam até o figurino, a decoração dos sets e as músicas. "Vermelho ou verde? Esse ou aquele?" é outra forma de dizer que todas as decisões seguem os gostos, desgostos, preferências, instintos e obsessões fetichistas do diretor — ou, fatalmente, a ausência dessas coisas.

Um sinal certo de que um filme foi maldirigido é a sensação de que foi expelido, não pela sensibilidade particular e peculiar de uma pessoa, mas pelo maquinário anônimo de Hollywood, sendo o suprassumo do genérico, indiferente e minimamente competente. Tenho meu próprio cantinho da vergonha nesse quesito: sempre achei as comédias dirigidas pelos irmãos Farrelly totalmente indistinguíveis do ponto de vista técnico e visual, e acho que os filmes de Anne Fletcher (*Vestida para casar, Minha mãe é uma viagem, Belas e perseguidas*) são fracos e quase sempre imperdoavelmente malfeitos. Mas basta dar uma olhada no fundo do poço de sites de críticas de cinema como o Rotten Tomatoes ou o Metacritic para descobrir os nomes dos diretores que só devem ter sido contratados para um filme ser lançado dentro do cronograma ou de um orçamento, sem qualquer toque pessoal ou expressividade.

Bom gosto também é importante quando um cineasta decide como contar uma narrativa — e, de fato, que narrativa contar. O filme contará uma história nova ou uma clássica de um jeito ousado, revolucionário, inédito? A história quer ser um filme, no sentido de que se adapta naturalmente a imagens em

254 COMO FALAR SOBRE CINEMA

movimento, ambientes imersivos e personagens vívidos, emocionalmente ressonantes? O filme concluído pareceu a única forma possível em que a história poderia ser contada?

Mais importante, um diretor deve decidir logo no começo como será seu estilo: no caso de alguém como Wes Anderson, não existe o que questionar nesse sentido. Seus cenários curados de forma meticulosa e cuidadosa estão cheios de cores, texturas e detalhes visuais. Em vez de um naturalismo espontâneo e simples, sua estética enfatiza a artificialidade afetada e teatral de suas histórias, algo que seus fãs acham charmoso, e seus críticos, de uma arrumação absurda e proposital.

Stanley Kubrick — com quem Anderson costuma ser comparado, graças ao amor de ambos por composições perfeitamente simétricas dentro de um *frame* — também gostava de apresentar seus filmes não como gravações de uma "realidade" documentada, mas como uma representação inerentemente falsa. Não apenas ele não se importava como a "cara de cinema" do meio cinematográfico, como a usava. Os fãs de Stephen King podem não ter gostado de como Kubrick aplicou sua abordagem minuciosa em *O iluminado* (há boatos de que o próprio autor não ficou satisfeito com o filme). Mas não resta dúvida de que o gosto de Kubrick — por visuais fortes, graficamente ousados, atuações estilizadas e ambientes monumentais — tornaram o filme algo que só ele seria capaz de criar. No caso de diretores que similarmente seguem um estilo visual, como Spike Lee, Guillermo del Toro, Todd Haynes, Martin Scorsese e os irmãos Coen, a pergunta não é se eles exageram (porque é quase certo que, em algum momento, farão isso), mas sim se suas decisões estilísticas ajudarão o público a se conectar com a história e os personagens na tela, ou mantê-los

DIREÇÃO

a uma distância intelectual, não envolvida, sem que essa seja a intenção dos cineastas.

Por mais que eu admire diretores com ambição e talento técnico suficientes para produzir obras cinematográficas corajosas como *O iluminado*, passei a ter a mesma admiração pelos que estão dispostos a praticamente apagar sua assinatura artística em prol da moderação e da discrição — um clássico estilo sem estilo, por assim dizer. Esse tipo de direção praticamente desapareceu nos últimos anos, mas remota à Era de Ouro de Hollywood, quando diretores como George Cukor, Ernst Lubitsch, Billy Wilder e Howard Hawks faziam filmes em que a câmera observava tudo de uma distância objetiva, discreta, nunca se mexendo nem cortando a cena antes de ser absolutamente necessário. A ação era encontrada nas palavras e na interação emocional entre os personagens, em suas interações tão rítmicas e dinâmicas que os filmes nunca pareciam estáticos ou artificiais demais. A questão aqui é saber quando as histórias serão amplificadas por um estilo sem estilo.

Se houve uma obra-prima desse comedimento cinematográfico, foi *Todos os homens do presidente*, de 1976, dirigido por Alan J. Pakula, que, apesar de parecer simples, é uma coleção magistralmente concebida e bem-calibrada de marcações de cena inteligentes e uma fartura de detalhes visuais e movimentos de câmera corajosos — se não óbvios. Por exemplo, quando uma câmera superior, observando os jornalistas Bob Woodward e Carl Bernstein analisarem fichas de livros na Biblioteca do Congresso, vai subindo até reduzi-los ao tamanho de agulhas no palheiro onde fazem sua pesquisa, a cena tranquila — que poderia ter sido imensamente chata — ganha vivacidade e interesse visual da forma mais sutil possível. "Uma história é contada tanto pelo que você não vê, pelo que não mostra,

256 **COMO FALAR SOBRE CINEMA**

quanto pelo que mostra", explicou Pakula. "Se você mostrar tudo, nada é importante."[106]

Existem certos diretores cujo gosto pessoal — sobre as histórias que decidem contar, como contá-las e os "universos inteiros" que criam na tela — se alinham perfeitamente com o meu. Já mencionei vários durante este livro: Richard Linklater, Tom McCarthy, os irmãos Coen, Sofia Coppola, Steven Soderbergh, Kelly Reichardt, Paul Thomas Anderson, Todd Haynes e o diretor britânico Steve McQueen. Com poucas exceções, seja lá qual for o mundo que eles construam na tela, vou gostar de habitá-lo pelo tempo que for possível; seja lá qual for a jornada em que embarquem, quero ir junto.

Outros diretores usaram suas preferências para fazer com que filmes antes insignificantes ganhem vivacidade, inteligência e interesse inesperados. Eu não me classificaria como fã de filmes baseados em histórias em quadrinhos — prefiro asfaltar uma rua sob um sol de 37 graus a participar de uma Comic-Con —, porém, nas mãos de Joss Whedon, Kenneth Branagh e a dupla de irmãos Anthony e Joe Russo, os filmes recentes da série *Os vingadores*, da Marvel, se tornaram exemplos de roteiros inteligentes, atuações cheias de nuances e simbologias apropriadas, mesmo em meio à ação caricatural. De forma semelhante, eu jamais me descreveria como uma fanática por ficção científica, mas, quando Alfonso Cuarón comanda um filme como *Gravidade*, seu gosto e suas sensibilidades transformam o que poderia ter sido um exercício do gênero cinematográfico em uma reflexão sensível, visualmente ambiciosa e improvavelmente meditativa sobre a solidão existencial e o renascimento.

É o gosto que torna a adaptação dos irmãos Coen do livro de Cormac McCarthy, *Onde os fracos não têm vez*, em um estudo bem-amarrado, tecnicamente perfeito, do realismo discreto e do controle, e *O conselheiro do crime*, de Ridley Scott, em um ataque vulgar e excessivo contra nosso sistema sensorial. É o gosto que torna o drama *Limite de segurança*, de 1964, dirigido por Sidney Lumet, um suspense tenso e ponderado sobre um iminente ataque nuclear, e *Dr. Fantástico*, de Kubrick, em uma corda bamba entre o absurdo e uma crítica social afiada.

É o gosto que torna o equilíbrio cuidadosamente calibrado entre desenvolvimento de personagem e ação em *Guerra ao terror* tão reflexivo quanto empolgante, enquanto o mais recente filme de guerra inspirado em histórias reais, *13 horas: os soldados secretos de Benghazi*, sobre o ataque de 2012 em uma base norte--americana na Líbia, acabou se tornando um filme de ação genérico. É o gosto que faz Judd Apatow e Nicole Holofcener olharem para as dificuldades dos habitantes de meia-idade e classe alta da Los Angeles moderna de formas completamente diferentes: um pela lente da indulgência ampla e indisciplina-da de uma adolescência tardia e a outra por vislumbres mais tranquilos e mais complexos da vida com um clima contido (e bem menos grosseiro). É o gosto que faz o talento inegável de Quentin Tarantino para fazer filmes — sua escrita enérgica, seu senso de posicionamento e movimentação de câmera, sua edição rápida, sua escolha de elenco fenomenal — com frequên cia se transformar nos banhos de sangue no terceiro ato que evocam os filmes B que ele assistia vorazmente na adolescência.

Também é o gosto que às vezes atrapalha um filme que poderia ter sido "perfeito", produzido por um diretor com habilidade técnica praticamente incomparável. Parte do que faz com que Steven Spielberg seja um cineasta tão bem-sucedido é o fato de suas preferências pessoais coincidirem tanto com as de seu público. A compreensão instintiva de Spielberg sobre os espectadores resultou em clássicos duradouros como *E.T.: O extraterrestre* e *Contatos imediatos de terceiro grau*. Porém, às vezes, o gosto pode causar filmes que parecem redundantes e óbvios demais. Spielberg tem a tendência a desenhar elementos da história e emoções que diretores mais sutis deixariam em aberto ou expressariam de forma mais ambígua. Quando gentilmente o pressionei sobre sua decisão de encerrar *Lincoln* com o assassinato no Ford's Theatre em vez de antes, quando Lincoln sai da Casa Branca pelo que sabemos ser a última vez, ele me disse: "Achei que eu precisava levar o filme à conclusão que todo mundo esperava."[107] (Spielberg não é nem de longe o único diretor com tendência a explicar demais as coisas: Oliver Stone, Clint Eastwood e Spike Lee compartilham o mesmo hábito, o que sugere que não confiam completamente nos seus próprios atores e história ou que não confiam no público.) Pessoalmente, eu encerraria *Lincoln* na Casa Branca, deixando os espectadores fazerem a conta.

O gosto também é expresso nos detalhes que os diretores deixam passar, nas regras estéticas que criam para seus filmes e então se permitem quebrar. Um dos filmes mais recentes de Woody Allen, *Café Society*, é um exemplo bonito e bem-atuado do diretor trabalhando com uma virtuosidade estável, mediana, até uma série de anacronismos estranhos começarem a aparecer, como uma cena com um piano que não existia na década de 1930, quando o filme se passa. O que poderiam ter sido atalhos perdoáveis foram se acumulando até eu "sair" do filme, cada vez mais ciente da apatia de Allen e me perguntando por que eu deveria me importar com aquilo se ele não se importava. Se os detalhes melhoram ou pioram um filme, o gosto do diretor melhora ou piora os detalhes.

DIREÇÃO

PONTO DE VISTA

De quem é o mundo em que estamos? De quem são os olhos pelos quais o observamos?

Essa perspectiva mudou ou permaneceu igual?

Uma das perguntas mais importantes que um diretor deve fazer se refere ao ponto de vista do filme: Quem vai guiar o público pelo mundo na tela? Por meio dos olhos e do compadecimento de quem veremos os conflitos, as tristezas, as injustiças e os triunfos do filme? Geralmente, isso é especificado no roteiro, mas o diretor é responsável por manter essa perspectiva durante todo o processo de produção, certificando-se de que ela se mantenha consistente e determinada do "papel até o palco" (e então para a tela).

Pense em clássicos como *Taxi driver: Motorista de táxi, Um dia de cão* ou *A primeira noite de um homem* — ou, mais recentemente, *Clube da luta, Cisne negro* ou *Carol.* Cada um deles demonstra como todas as decisões — onde posicionar a câmera, qual perspectiva mostrar, a quem pertence aquele ambiente sonoro, quais sentimentos não expressados são comunicados pela trilha sonora — devem ser filtradas por um personagem e seu ponto de vista. Mesmo que o filme se desvie um pouco dessa posição, nunca há dúvida de verdade sobre de quem é a experiência que a história conta.

Quando a entrevistei sobre o suspense *A hora mais escura*, de 2012, que fala da busca e do assassinato de Osama Bin Laden, Kathryn Bigelow falou como o ponto de vista desse filme era diferente da sua obra anterior, *Guerra ao terror.* Apesar de os dois longas serem suspenses empolgantes cheios de detalhes sobre

260 COMO FALAR SOBRE CINEMA

o serviço secreto e procedimentos militares, ela mudou um pouco a perspectiva de um para o outro. De certa forma, isso foi feito por meio da direção de arte, que favorecia paisagens empoeiradas e pouco coloridas em *Guerra ao terror* e interiores mais modernos e classicamente bonitos em *A hora mais escura*. Porém, antes de mais nada, a diferença entre os dois filmes é óbvia pela forma como Bigelow posicionou a câmera em cada um.

"O ponto de vista de *Guerra ao terror* era meio que um olhar jornalístico", me contou ela. "Era o 'terceiro participante do grupo'... Em outras palavras, a câmera acompanhava os caras, [era] muito subjetiva. Nunca foi um olhar onisciente." Apesar de a perspectiva de *A hora mais escura* não ser onisciente — a câmera nunca se afastou para uma "visão do olhar divino" distante —, ela era levemente mais objetiva do que em *Guerra ao terror* para melhor acompanhar a personagem principal, interpretada por Jessica Chastain, os vários membros de sua equipe e os momentos de tempo variantes dentro da missão que durou uma década. "O mais importante [em *A hora mais escura*] era criar uma linguagem visual completamente imersiva, experiencial e participativa para contar a história" mesmo com parâmetros um pouco mais objetivos, disse Bigelow. "Para ela ainda ter um grau significativo de subjetividade, porque é muito viva. Ela é meio rústica. É iluminada, mas não parece. Então ainda passa a impressão de ser natural." Durante *A hora mais escura*, disse Bigelow, sua ideia era "humanizar a caça"[108] ao tornar um filme sobre procedimentos complicados e misteriosos de coleta de informações de inteligência mais imediato, talvez até íntimo.

De forma parecida, foi Cuarón quem decidiu contar a história de *Filhos da esperança*, baseado no livro de P. D. James, do ponto de vista de Theo, personagem de Clive Owen. Apenas uma cena se afasta da perspectiva dele, e Cuarón precisou

DIREÇÃO

261

defendê-la e protegê-la durante a produção. Se o mesmo roteiro tivesse sido gravado por um diretor diferente, mais genérico, o longa poderia ter sido uma aventura muito divertida, porém é bem provável que não fosse uma obra de arte. O mesmo pode ser dito sobre o belíssimo *4 meses, 3 semanas, 2 dias*, do diretor romeno Cristian Mungiu, um retrato angustiante de uma jovem que deseja fazer um aborto na Bucareste pós--comunista. Uma obra-prima do realismo cinematográfico, o filme de Mungiu é construído de forma a não existir uma barreira óbvia entre o espectador e os personagens na tela. A mão do diretor, apesar de presente a cada passo do caminho, nunca se perde em termos de floreios visuais ou lições morais.

O filme *Selma: Uma luta pela igualdade* estava em desen-volvimento há muitos anos quando a diretora Ava DuVernay pegou o projeto; nas suas mãos, o roteiro deixou de ser uma briga política acirrada entre Martin Luther King Jr. e Lyndon Johnson e passou a ser um retrato bem mais envolvente dos ativistas de direitos civis que planejaram a marcha-título de 1964 e convenceram King a ajudar a liderá-la. Além de acrescentar figuras histórias tão essenciais quanto Diane Nash e James Bevel, DuVernay se juntou ao diretor de fotografia Bradford Young para criar um visual mais amplo e mais urgente do que era sugerido no roteiro original.

David Oyelowo, que interpretou King em *Selma* e estava associado ao filme desde sua concepção, observou que viu a obra "se transformar no que deveria ser por meio de uma simples questão de perspectiva", desde a inclusão de mulheres na narra-tiva por DuVernay até os posicionamentos que ela escolhia para a câmera. "Você podia deixar a câmera longe, podia colocá-la atrás dos soldados brancos e apenas ver [os manifestantes] no fundo e pensar 'Ah, aí vêm os negros', disse ele. "Ou, como Ava

262 COMO FALAR SOBRE CINEMA

fez, você pode estar junto com eles, pode diminuir o ritmo e ser posicionado como um ser humano no meio daquela marcha."[109]

A experiência inicial de Paul Greengrass com documentários fez com que ele se tornasse um dos maiores adeptos da subjetiva filmagem em "ângulo normal": seja nos momentos de ação recortados, às vezes confusos, dos filmes de Jason Bourne ou em dramas baseados em histórias reais, como *Domingo sangrento, Voo United 93* ou *Capitão Phillips*, Greengrass desenvolveu tanto um estilo quanto uma ética que mantêm a câmera com seus personagens, em vez de a uma distância mais objetiva, que tudo vê. Ele é imparcial, mas não emocionalmente distante. É uma abordagem radicalmente diferente da câmera exigente e meticulosamente centrada de Kubrick ou Anderson, cujos filmes podem adotar o ponto de vista de um personagem, mas a uma distância mais prática, irônica.

Kubrick e Anderson são o que às vezes chamo de cineastas "externos", uma forma de me referir à tendência diretorial de assumir um ponto de vista relativamente distante e que não foge da artificialidade. Eu também classificaria os cineastas Lars von Trier, irmãos Coen, Pedro Almodóvar e Todd Haynes nessa categoria, além de antepassados como Orson Welles, Federico Fellini e Douglas Sirk. Todos seguem uma postura de tornar seu material visualmente impressionante, com frequência belamente enquadrado e composto, e propositalmente teatral.

No outro extremo estão os cineastas "internos", diretores que almejam criar experiências intensamente subjetivas para os cinéfilos, criando ambientes autênticos e convincentes (com frequência filmando em locações reais) e jogando o público em um ponto de vista singular, criando uma obra bem mais imersiva e, com frequência, causando um poderoso senso de empatia e compreensão.

DIREÇÃO

Com sua preferência por uma câmera que segue de perto e *closes* frequentes de seus protagonistas, Greengrass é um diretor interno, assim como seus compatriotas britânicos Mike Leigh e Ken Loach. Na Bélgica, Jean-Pierre e Luc Dardenne passaram suas carreiras aperfeiçoando um estilo intensamente subjetivo de criar filmes, em que objetivam os estilos visuais e de atuação mais naturais possíveis, seguindo seus protagonistas tão de perto que o público começa a se sentir mais como um apêndice dos personagens do que um observador silencioso. De muitas formas, eles são os herdeiros da *nouvelle vague* e do neorrealismo italiano, os movimentos do cinema Pós-guerra que valorizavam rusticidade e realismo psicológico acima de valores cinematográficos convencionais como uma narrativa linear e uma beleza superficial.

Nos Estados Unidos, esses princípios se consolidaram nos filmes *noir* da década de 1940, e, mais tarde, em dramas inovadores como *Sindicato de ladrões*, *Marty* e as obras de John Cassavetes. Todos foram roteirizados e filmados com cuidado, mas almejavam uma verdade interior que parecia revolucionária, como se algo tivesse sido partido ao meio e reinventado (seus herdeiros incluem cineastas contemporâneos como Sofia Coppola e Ryan Coogler). Nas mãos de Terrence Malick e David Lynch, além de cineastas experimentais como Godfrey Reggio e Jem Cohen, o cinema interior toma dimensões mais abstratas. Seus filmes são mais poemas sinfônicos sobre astral, clima e sentimentos inconscientes do que histórias bem-resolvidas, condicionalmente "satisfatórias".

Há grandes riquezas a serem encontradas tanto no ponto de vista interno quanto no externo: os filmes de Kubrick e Anderson são impressionantes e estimulantes, em grande parte por sua elegância formal, sua opulência pictórica e por

264 COMO FALAR SOBRE CINEMA

seu controle do espaço teatral. Mas eles também podem parecer abafados, exagerados e distantes. Não há dúvida de que o cinema interno costuma resultar em uma empatia visceral e profunda, e em uma conexão com os personagens, mas ela também pode ser indisciplinada, egocêntrica e autoindulgente, tão peculiar que impede os espectadores de compreender aquilo que o cineasta aparentemente tentava transmitir.

Com frequência, as vozes e visões diretoriais mais interessantes existem entre esses extremos, seguindo um caminho aberto pelos cineastas das décadas de 1930 e 1940, cuja abordagem "clássica" discreta de contar histórias preferia clareza a excentricidade, precisão a expressividade, comedimento a exibicionismo. O que não significa que o toque do diretor seja invisível nesses filmes. Nem um pouco.

Talvez o melhor exemplo do estilo clássico, o drama de guerra *Os melhores anos de nossas vidas*, de 1946, é uma obra de arte por conta de todas as escolhas tomadas por William Wyler durante o filme, desde a seleção do veterano de guerra real Harold Russel para interpretar um marinheiro gravemente ferido na Segunda Guerra Mundial até o uso da fotografia detalhada e com profundidade de foco de Gregg Toland. Esta última transmitia, apenas por imagens, o mundo transformado e confuso que cercava o personagem de Russell e seus colegas veteranos. O filme, com uma mistura impecável de realismo (em vez de um figurino produzido, os atores usavam roupas que compraram em lojas) e marcações de cena meticulosas, sua abrangência épica e momentos de emoção velada (Myrna Loy executa uma performance arrasadoramente eloquente apenas com seus ombros e costas em uma cena inicial), e o equilíbrio difícil entre sinceridade e aspereza personificam o tipo de senso de narrativa, comando da linguagem visual e controle

Direção

265

de tom que definem a direção cinematográfica naquilo que ela tem de melhor e mais ilusoriamente difícil — íntima, porém discreta; objetiva, porém não olímpica; observadora, porém a uma distância respeitosa, compassiva.

Wyler estava em boa companhia durante a Era de Ouro de Hollywood, quando o sistema dos estúdios comandava e tornava possível os filmes lúcidos, estilosos e bem-calculados que eram sua especialidade. Seus colegas da época incluíam Howard Hawks, George Cukor, William Wellman e Billy Wilder. Os mesmos valores impulsionariam diretores da década de 1970 como Sidney Lumet, Alan J. Pakula, Woody Allen, Roman Polanski e Francis Ford Coppola, e os encontramos hoje no trabalho de Tom McCarthy, Steven Spielberg e John Crowley, cujos filmes de 2015, *Spotlight: Segredos revelados*, *Ponte dos espiões* e *Brooklyn*, respectivamente, mostram uma disposição em apagar qualquer rastro de assinatura ou gesto diretorial para oferecer narrativas tradicionais, discretas, que mesmo assim foram cativantes e divertidas, ocupando o mesmo espaço objetivo-subjetivo que seus antecessores clássicos.

Ninguém dominou a arte do ponto de vista de forma mais consistente do que Alfred Hitchcock, cujo aprendizado inicial no cinema mudo e no expressionismo alemão — com sua linguagem de luz e sombra e atuações claras, legíveis — o ajudou a se transformar em um dos contadores de história mais influentes do meio. Os filmes de Hitchcock sempre giram em torno do ponto de vista de um personagem, mas a perspectiva mais privilegiada é a do público: mais do que tudo, Hitchcock valorizava a compreensão e envolvimento emocional do espectador com aquilo que acontece na tela — para "jogá-los dentro da cena de verdade, convencê-los a pensar do meu jeito",[110] como disse ele a Peter Bogdanovich. Hitchcock faria qualquer coisa para conquistar e manter a lealdade do espectador, até mesmo se isso significasse se afastar de seu protagonista para compartilhar uma informação que só o público saberia.

Janela indiscreta, por exemplo, é contado quase completamente sob a perspectiva de Jeff Jefferies, um fotógrafo de jornal preso em seu apartamento no Greenwich Village com uma perna quebrada e apenas os vizinhos do outro lado do pátio como distração. Por boa parte de *Janela indiscreta*, que estrela James Stewart como Jefferies, o filme é puro exercício do cinema subjetivo: nós vemos apenas aquilo que Jefferies vê, escutamos apenas aquilo que ele escuta — incluindo as brigas dos vizinhos e o tilintar de um piano. Curiosamente, em um momento quando Jefferies dorme, a câmera mostra ao público uma informação crucial que agora sabemos, mas ele, não. É uma trapaça sutil — imperceptível, na verdade —, mas aumenta o interesse do espectador sobre o que acontece na tela, prova de que é preciso ter um controle ferrenho das regras, como Hitchcock tinha, para conseguir quebrá-las.

Não importa se os diretores adotam o ponto de vista intensamente subjetivo de um dos seus personagens, uma perspectiva clássica onisciente e neutra ou o olhar distante de um deus crítico, quando a escolha é tomada de forma ponderada e com comprometimento, o resultado é um espaço em que os espectadores podem entrar e viver, quase sem perceber que cruzaram uma fronteira.

É TUDO PESSOAL

O filme foi peculiar, arriscado, esquisito? Ou poderia ter sido feito por qualquer pessoa?

DIREÇÃO

Certa vez, perguntei a Paul Greengrass qual era o aspecto mais importante da direção. "É preciso apresentar uma visão do mundo com a mesma verdade que você enxerga", respondeu ele com firmeza. O resultado, acrescentou, era que o público "*sentiria* como eu vejo o mundo. E as pessoas reagem a isso, ou não. É diferente de fazer as coisas com um propósito específico. É a franqueza de dizer 'Olha, é assim que eu vejo o mundo. E você?'".[111]

Um filme bem-dirigido parece ter sido cuidadosamente montado, criado com determinação e propósito; o maldirigido parece rotineiro, anônimo e indiferente.

Não importa se alcançam isso com sutileza ou floreios propositais, os diretores estão constantemente moldando as percepções e as expectativas do público, guiando nossas emoções e nossos olhares pelo cenário, pela disposição e pela coreografia dos atores em cena, pelo movimento da câmera, por edições significativas e deixas sonoras. Toda decisão que tomam — desde onde posicionam os atores até o som que usam em um momento específico — é condicionada por esse princípio dominante. Diretores ruins simplesmente gravam cenas — uma *master shot*, um plano médio e uma série de *closes* — e editam tudo para fazer o trabalho do jeito mais simples possível: eles filmam o roteiro, mas não guiam o público. (Ou, tão ruim quanto, guiam demais o público por meio de *closes* maniacamente editados que não nos dão opção sobre para onde olhar.)

Usando outros termos, uma boa direção é sempre pessoal, mesmo que o filme em questão não tenha sido escrito pelo cineasta nem seja baseado em sua experiência pessoal. Não há dúvida de que filmes de diretores-roteiristas como Kenneth Lonergan, Sofia Coppola, Nicole Holofcener, os irmãos Coen e Paul Thomas Anderson refletem os pensamentos, gostos, perspectivas e preocupações deles. Mas também não há dúvida que, mesmo trabalhando com scripts que não escreveram, diretores como Kathryn Bigelow, Kelly Reichardt, Steve McQueen e Spike Jonze deixam sua marca única em todos os seus trabalhos, resultando em uma experiência bem mais poderosa do que assistir a um *close,* que segue um plano médio, que segue um *master plan,* e depois se repete. Um ótimo exemplo de um diretor que deixou sua marca em um projeto pode ser encontrado em *Nebraska,* escrito por Bob Nelson e dirigido por Alexander Payne; foi ideia de Payne filmar em preto e branco e escalar Bruce Dern; ele também reescreveu algumas cenas, incluindo — talvez o mais importante — o final. Originalmente, Nelson fazia o personagem de Dern, Woody, bater sua picape nova contra uma árvore, para o filho (Will Forte) terminar a jornada de volta ao lar, atravessando a cidade. Em vez disso, Payne deixou Woody ter seu retorno triunfante, dirigindo devagar pela rua principal enquanto todos os seus amigos e vizinhos assistiam, enquanto o filho se encolhia ao seu lado. Na cena final, vemos os dois trocando de lugar. Uma cena que poderia ter feito os espectadores saírem do cinema com um clima desanimado acabou transbordando de compaixão, sensibilidade e, no fim das contas, um triunfo modesto.

Tantos fatores trabalham contra a excelência dos filmes: roteiros sem sal, erros na seleção do elenco, acidentes, calamidades imprevistas. Todo filme é uma reflexão de como um diretor específico lidou com essas realidades: se aceitou trabalhar com um roteiro medíocre ou insistiu que fosse reescrito; se estava disposto a interromper a produção se o ator certo não fosse escalado; como reagiu quando uma névoa invadiu as gravações ou quando o Copacabana suspendeu a permissão para filmar sua fachada.

Direção

Não importa se eles dizem que são *auteurs*, encanadores ou malabaristas, os grandes diretores são grandes unificadores, concebendo o formato ideal para seu filme, protegendo essa visão desde os teclados de computadores até o set de filmagem, até a sala de edição, até a tela, e, se o destino colaborar e os anjos sorrirem, criando algo permanente, com uma beleza pungente e, às vezes, com um valor duradouro.

De muitas formas, Meryl Streep estava certa: não importa o que aconteça de errado em um filme, a culpa será do diretor. Se um ator fizer um péssimo trabalho, significa que o diretor errou na escolha do elenco. Se o filme parece embaçado ou pouco iluminado, significa que o diretor não foi claro ao orientar o diretor de fotografia. Se o som está o ruim, o diretor não percebeu isso e resolveu o problema — ou não quis se dar ao trabalho de resolver. Pior ainda, se a visão do diretor para o filme for completamente diferente daquilo que o estúdio que o contratou tinha em mente, você acaba assistindo a algo que parece uma montagem desleixada de partes desconexas.

Porém, quando todas essas coisas funcionam — quando os atores, os cenários, o som e a música se unem para criar uma experiência que transporta o espectador para o mundo do filme, transcendendo distrações bobas — então o diretor fez mais do que simplesmente posicionar atores na frente de um plano de fundo e apontar uma câmera para eles: seu conhecimento da história do cinema, sua sensibilidade com os atores, sua habilidade técnica e seu discernimento sagaz foram usados para criar um evento emocional e estético. Se o filme alcançou seus objetivos temáticos, é porque o diretor os costurou, não por meio de discursos óbvios e cenas com "mensagens" cansativas, mas com elegância e pistas sutis. Citando Guillermo del Toro,

COMO FALAR SOBRE CINEMA

um filme é bem-dirigido quando você não o absorve apenas pelos olhos e pelos ouvidos, mas "no seu âmago, no seu cérebro e no seu coração".[112] O diretor tornou isso possível ao guiar e inspirar uma equipe inteira de pessoas a criar algo que jamais conseguiriam fazer por conta própria. Sim ou não, vermelho ou verde: são os diretores que têm todas as respostas, mesmo quando são guiados por pura adrenalina e instinto.

FILMES RECOMENDADOS:

Os melhores anos de nossas vidas (1946)
Janela indiscreta (1954)
Touro indomável (1980)
Filhos da esperança (2006)
Guerra ao terror (2008)
12 anos de escravidão (2013)

EPÍLOGO

VALEU A PENA?

Chegamos ao que talvez seja o ponto crucial do processo crítico, quando as avaliações estéticas e de narrativa já foram feitas e as aspirações do cineasta foram determinadas e avaliadas. É agora que os espectadores devem se perguntar se valeu a pena criar aquilo a que acabaram de assistir.

Há várias formas de abordar essa pergunta. Se um filme pretendia apenas ser uma bobagem bonita e superficial, parece desnecessariamente obtuso acusá-lo de pouca seriedade ou falta de ambição artística — apesar de ser justo notar quando cineastas fazem pouco do público e requentam tramas antigas, criando personagens estereotipados e clichês, ou nos empurram uma produção preguiçosa e negligente como se fosse boa o bastante.

Do lado oposto do espectro, um filme não é melhor do que os outros só porque almeja ser sério e filosoficamente "profundo": já assisti a muitas obras assim, que se esforçam para impressionar o público com declarações austeras sobre a natureza humana que acabam sendo simplistas, tediosas e banais (e ainda mais irritantes por serem tão pretensiosas).

Não há nada de errado com filmes que querem ser um entretenimento fútil ou uma arte séria — contanto que recompensem o público com um trabalho sincero, original e com certa generosidade de espírito. É terrível assistir a um filme e sentir que as pessoas por trás dele acham que você é bobo, que simplesmente estão oferecendo ao público seus desejos e gostos mais condescendentes. É maravilho assistir a um filme e se sentir mais leve, mais extenso e compreendido — mesmo que se trate apenas de uma simples comédia ou um filme de ação.

Debates públicos se digladiam sobre até que ponto os filmes influenciam a plateia — aquilo em que acreditamos, aquilo que valorizamos enquanto sociedade. Mas não é preciso se armar de argumentos simplistas de causa e efeito para reconhecer que, com seu realismo, glamour inspirador e alcance enorme, o cinema tem um impacto grande nas normas e concepções sociais. Desde o efeito assustador sobre as vendas de camisetas de segunda pele depois que Clark Gable apareceu com o peito desnudo em *Aconteceu naquela noite* à moda de roupas masculinas chiques para mulheres que Diane Keaton começou em *Noivo neurótico, noiva nervosa*, está nítido que os filmes podem afetar a forma como nos vestimos, falamos e agimos. E é razoável que os valores que eles personificam — explicitamente ou em um nível mais velado, incorporado — têm uma influência extrema na maneira como vemos o mundo e o que esperamos dele e uns dos outros. Essa influência é ainda mais importante quando levamos em conta que o cinema é um dos principais produtos exportados pelos Estados Unidos: por exemplo, ao contemplarmos mais uma lista de projetos de filmes caros baseados em histórias em quadrinhos, talvez seja interessante refletir por que os grandes estúdios insistem em alegorias atemporais sobre bem e mal ou em fantasias menos benignas sobre a satisfação de desejos de potência e compensação exagerada.

Valeu a pena? 273

É dentro desse campo moral que a pergunta "valeu a pena?" é feita de forma mais proveitosa. Ao avaliar um filme específico, podemos perguntar: que valores ele enfatizou ou amenizou? A dignidade humana foi sacrificada em nome da desordem e da depravação? O filme inspirou apatia e cinismo ou despertou um senso de compaixão e empatia? Sua postura foi um distanciamento insensível e irônico, ou mais conectada com as emoções e as vulnerabilidades dos personagens? Ele endureceu o coração do espectador ou o amoleceu?

Não se engane: esta não é uma dissertação contra a violência, que faz parte do léxico cinematográfico desde que ele foi inventado. Porém, como com todos os elementos, existem gradações e nuances. Quando a violência explícita é encenada e editada de forma cuidadosa, ela pode ser um meio sensato de fazer os espectadores compreenderem a dor e o sofrimento dos outros; e mais, ela pode ser um método potente para explorar nossa própria mortalidade em um espaço simbólico, seguro. Quando é usada com sadismo, em busca de estímulos indiretos, voyeuristas, pode ser sensacionalista e anestesiante. Quando é usada com hipocrisia — como em filmes que se demoram em sequências de mulheres sendo estupradas e mortas, para melhor justificar a busca igualmente repulsiva de um herói do sexo masculino por vingança —, não se trata apenas de uma narrativa duvidosa, mas ofensiva. Talvez a violência cinematográfica mais destrutiva seja aquela que se vale de todo tipo de assassinato e destruição sem deixar nem um arranhão nas vítimas, uma manifestação caricatural e extremamente desonesta que pode ser mais prejudicial em termos físicos e sociais.

Este também não é um pedido por mais filmes sobre unicórnios e arco-íris. A única coisa mais irritante do que crueldade gratuita e violência sem consequências é o tipo de sentimentalismo, falsidade e animação barata que alimenta não os desejos mais básicos dos espectadores, mas suas noções mais superficiais sobre virtude e humanidade. Tratar o público feito bobo com contos anódinos sobre moralidade é tão ofensivo quanto provocá-lo com imagens de tortura e selvageria.

Tão frustrante quanto um filme que não é guiado por uma ideia é um filme cujas ideias — por mais bem-intencionadas que sejam — são tão óbvias e descaradas que o espectador sai do cinema se sentindo doutrinado, não edificado e entretido. Os melhores filmes, os que "valem a pena", existem no meio do caminho, quando o público é convidado a enfrentar questões difíceis, refletir sobre seus ideais mais preciosos, vivenciar o mundo sob outro ponto de vista e, talvez, sentir a alegria singular que surge de uma conexão humana autêntica.

Essa conexão pode vir embrulhada na forma de um grande lançamento de verão ou de um minúsculo filme independente artístico; pode ocorrer com risadas ou choro; pode até deixar você ofegante ao mesmo tempo que outras pessoas na plateia. Não importa se um filme se passa nos dias atuais, no passado ou em um tempo e um lugar que nunca existiram, ele nos conta algo sobre o nosso mundo — nos permitindo enxergá-lo sob uma nova perspectiva e viver nele de um jeito diferente. Esse é o poder e a beleza permanentes de um meio que é capaz de continuar surpreendendo até o mais crítico dos espectadores: toda vez que um cinema escurece e a tela ganha vida, estamos testemunhando uma criação única. E, quando as luzes voltam a acender, nós também passamos por uma transformação.

Anexo

Documentários e dramas baseados em histórias reais

APESAR DE EU TER USADO documentários como exemplo neste livro, ainda não tratei de filmes não ficcionais e baseados em histórias reais especificamente como gêneros. Essas formas são bem diferentes dos filmes de ficção comuns, e a análise do produto final exige outra perspectiva.

Em uma era de *reality shows* e um número cada vez maior de canais de tevê a cabo, plataformas de *streaming* e sites da internet que buscam saciar a fome do público por mais histórias da vida real, parece que os documentários estão mais em voga do que nunca. Junto com o apetite duradouro de Hollywood por filmes biográficos ("cinebiografias"), recriações históricas e adaptações de livros de história e notícias de jornal, parece que estamos apaixonados pela "verdade", seja ela apresentada como um filme de não ficção ou uma versão dramatizada de eventos reais.

276 COMO FALAR SOBRE CINEMA

O interesse é compreensível. Alguns dos melhores filmes dos últimos anos foram documentários ou dramatizações baseadas em histórias reais, filmes com uma beleza formal e sofisticação que, graças ao seu tema, possuem o frisson adicional de ter significado e importância histórica. O documentário *Um táxi para a escuridão*, vencedor do Oscar de 2007, dirigido por Alex Gibney, oferece aos espectadores um relato meticuloso do uso de tortura durante as guerras no Afeganistão e Iraque que prende tanto a nossa atenção quanto um suspense fictício. Não apenas *Spotlight: Segredos revelados*, que venceu o Oscar de Melhor Filme em 2016, se aproximou de forma impressionante dos eventos reais ao revisitar a investigação conduzida pelo *The Boston Globe* sobre abuso sexual dentro da Igreja Católica, como os corroteristas Tom McCarthy e Josh Singer chegaram ao ponto de descobrir um furo na sua própria pesquisa para o filme, quando encontraram um lapso lamentável na cobertura do jornal durante a década de 1990.

De muitas formas, documentários e filmes baseados em eventos reais devem seguir os mesmos padrões de excelência que usamos para julgar qualquer outro tipo de filme: as histórias devem ser cativantes e coerentes, devem ser apresentadas e filmadas de forma cuidadosa, e sua sonoplastia deve ser clara e acrescentar ao clima e à atmosfera que tentam transmitir.

Porém, ao contrário de filmes completamente fictícios, os baseados em histórias reais dependem em grande parte de como nos convencem da veracidade de suas alegações, da opinião do espectador sobre sua integridade e exatidão, e de sua fidelidade aparente aos eventos como aconteceram de verdade, sem acrescentar qualquer reviravolta desnecessária. Inevitavelmente, nós ficamos decepcionados, até irritados, quando descobrimos que o cineasta preferiu não acrescentar

ANEXO

um momento decisivo ou retratou determinado personagem de forma injusta ou incorreta. Tais questões podem acabar com a experiência do filme para o expectador, que começa a desconfiar de tudo desde o começo.

Esses problemas são especialmente nocivos para documentários. O termo que usamos para o gênero em si vem do latim *docere*, que significa "ensinar". Leitores de certa idade se recordarão de crescer nas décadas de 1950 e 1960 assistindo a "filmes educacionais", exibidos em escolas e nos canais abertos de televisão, que eram uma chatice. Enquanto um narrador falava com uma voz de dar sono, uma série de imagens de arquivo inertes passavam pela tela, ocasionalmente sendo interrompidas por um professor amarrotado ou um suposto especialista no tema dando uma palestra para uma plateia oculta sobre o assunto tratado.

Como um gênero do cinema, os documentários evoluíram muito desde aquela época, alcançando novos patamares em forma, conteúdo e popularidade com o público. Agora, temos acesso a uma imensidão de vários tipos de filmes de não ficção, das pesquisas históricas francas de Ken Burns aos picarescos indignados de Michael Moore. Temos os filmes-ensaio elegantes de Alan Berliner (*Intimate Stranger, Nobody's Business*) e Jem Cohen (*Contando*), os filmes investigativos de Alex Gibney e Kirby Dick (*The Hunting Ground, A guerra invisível*), obras em defesa de determinados assuntos, como *Uma verdade inconveniente* e *Waiting for Superman*, e estudos de personagem por Errol Morris (*Gates of Heaven*) e pelos falecidos Albert e David Maysles (*Grey Gardens*). A qualquer momento, nos cinemas, na tevê a cabo ou em um site de *streaming*, você pode assistir a documentários sobre comida, música, esportes, política, história, arte e pessoas no auge da sua excentricidade, provocação e fascínio.

278 COMO FALAR SOBRE CINEMA

O formato de alguns desses filmes — como os de Burns e Gibney, que com frequência tratam de pessoas complexas e intelectualmente exigentes — é relativamente convencional: eles usam materiais de arquivo, *close-ups* dos entrevistados, talvez alguns gráficos ou desenhos bonitos e uma trilha sonora emocionante para guiar os espectadores por um emaranhado de fatos misteriosos. Às vezes, os cineastas usam uma abordagem *verité* mais simplificada, dispensando a música, a narração e floreios editoriais óbvios para dar ao espectador uma visão de "mosca na parede" de uma história que parece se desdobrar com total espontaneidade e sinceridade. (Os Maysles, junto com colegas como D. A. Pennebaker, Richard Leacock e Robert Drew, foram pioneiros nesse estilo; exemplos recentes incluem o documentário *Weiner*, sobre o ex-membro do congresso norte-americano Anthony Weiner, de Nova York, e o conto sobre a fronteira entre Estados Unidos e México, *Cartel Land*.)

Não importa se um documentário é um tutorial informativo cuidadosamente construído ou um retrato surpreendentemente íntimo, os espectadores devem estar cientes de que aquilo que estão vendo foi moldado e manipulado pelo cineasta — não com más intenções, mas com o objetivo de criar uma narrativa cativante e emocionalmente envolvente. Apesar de os filmes *verité*, em especial, costumarem parecer "inacabados" em termos de seus valores de produção realistas e sua edição repicada, rústica, eles são tão meticulosamente compostos quanto os episódios mais bem-editados de *Frontline* ou *American Masters*. Em ambos os casos, um cineasta decidiu o que filmar, o que deixar de fora da imagem, o que e onde cortar para a versão final, e, no fim das contas, como retratar os participantes do filme.

Documentários não são roteirizados no sentido convencional do termo: com frequência, os cineastas embarcam na

Anexo

279

investigação de uma história ou pessoa sem saber o que vão conseguir em termos de material ou até de conclusão. A maioria dos diretores de documentários começa um projeto com pelo menos um esboço de como o produto final será e o que dirá; mas eles estão à mercê das circunstâncias, sejam elas condições físicas desafiadoras, participantes relutantes ou não dispostos a cooperar, reviravoltas de última hora ou até acontecimentos imprevisíveis. Por causa disso, e porque documentários costumam envolver elementos visuais distintos, incluindo locações de filmagem, *close-ups* dos entrevistados, gráficos e materiais de arquivo, a edição tem um papel especialmente importante. Documentários são "escritos" nos estágios finais da produção com uma frequência muito maior do que seus colegas ficcionais e convencionais de Hollywood.

É inevitável que perguntas formais sobre o que deixar e o que tirar na edição levem a questões éticas quando se trata de assuntos como acesso, intenções e transparência. Os cineastas usaram encenações junto com filmagens históricas para tornar o filme mais integrado e interessante? Eles usaram cenas de outra época e local porque se encaixavam melhor com seus objetivos? Eles recompensaram seus participantes — ou foram recompensados — enquanto faziam o filme? Se receberam acesso a locais inacessíveis, como fizeram isso e quais foram os termos do acordo? É comum que pessoas procurem cineastas para contar suas histórias ou diretamente encomendar um filme; às vezes, elas assumem o papel de "produtores". Mas é comum que os espectadores não tenham como saber até onde vai o poder de aprovação ou controle dos participantes sobre o produto final.

Esses são apenas alguns questionamentos justos que podem ser feitos a cineastas de não ficção, que podem escolher lidar

280 COMO FALAR SOBRE CINEMA

com eles dentro do filme ou nos créditos, ou durante eventos e na imprensa.

Para os fãs de documentários, quase sempre existe uma tensão — às vezes intrigante, às vezes desconfiada — entre ser hipnotizado pela história na tela e se perguntar como o cineasta decidiu contá-la. Com o passar dos anos, aprendi a encarar com certo ceticismo a relação entre o cineasta e seus protagonistas e a prestar mais atenção se um filme está sendo bem-sucedido por causa de seu conteúdo (uma pessoa carismática no foco das atenções, uma história inspiradora, uma locação natural lindíssima), ou porque foi elaborado, filmado e estruturado de forma engenhosa. Uma série de filmes recentes uniram formato, conteúdo e transparência com um grau artístico extraordinário, incluindo *Histórias que contamos*, de Sarah Polley, *O ato de matar*, de Joshua Oppenheimer, *Nuts!*, de Penny Lane, e *Tower*, de Keith Maitland, que usaram elementos ficcionais, encenações, sites cheios de informações e animações de formas que atraíram o público para suas histórias e deixaram evidente que os cineastas usavam truques para conquistar essa atenção.

Questões de clareza, licença poética e distanciamento crítico têm a mesma relevância para dramas baseados em histórias reais, principalmente agora em um mundo com Google e Wikipédia, em que estão mais sujeitos a verificações de fatos do que nunca. Quando Oliver Stone dirigiu *JFK: A pergunta que não quer calar*, em 1991, sofreu ataques cáusticos de historiadores que o acusaram de irresponsabilidade ao distorcer o assassinato de John F. Kennedy, especialmente o papel de Lyndon B. Johnson. Em anos recentes, filmes como *A hora mais escura*, *Selma: Uma luta pela igualdade* e *Lincoln* foram criticados por desvirtuar a verdade histórica em nome de argumentos políticos ou apenas para acelerar a narrativa. Como crítica do *The Washington Post*,

ANEXO

cuja clientela local de políticos e serviço secreto, militares e oficiais de política externa frequentemente participa ou é especialista nas histórias sendo revisitadas nas telas, me tornei muito ciente de como a escala, o realismo e o alcance enorme do cinema permitem que fatos e ficção se misturem, fazendo isso de forma muito mais persuasiva — e problemática — do que livros, óperas ou peças com temas semelhantes. E passei a me compadecer mais com aqueles que se sentem traídos ou impotentes quando a versão cinematográfica da realidade se distancia radicalmente da experiência que tiveram na vida real.

Enquanto eu pensava na melhor forma de lidar com essas histórias interpretadas, que, por sua audiência enorme, acabam se tornando nossa versão unânime da realidade, me recordei de uma conversa que tive com Tony Kushner, que escreveu *Lincoln* para Steven Spielberg (além de *Munique*, também baseado em uma história real). "A primeira pergunta que você deve fazer é 'Isso aconteceu?'", me disse Kushner. "Se aconteceu, é histórico. Aconteceu exatamente desse jeito? Se a sua resposta for 'Pelas informações que tenho, sim', então é história. Se a resposta for 'Aconteceu, mas não exatamente assim', então é ficção histórica. Ficção histórica é quando você tem certa licença para inventar o que vai acontecer com base no que aconteceu."[113]

Em outras palavras, em vez de esperar uma exatidão jornalística, seria mais interessante que os espectadores usassem filmes baseados em histórias reais para pensar no significado emocional das pessoas e dos eventos que eles retratam, da mesma forma que apreciamos as histórias interpretativas de Shakespeare sobre a Roma antiga ou a Inglaterra do século XV.

Parafraseando a escritora Kate Atkinson: a arte não é a verdade, mas a arte transmite *uma* verdade. Não importa se estamos assistindo a um documentário, a um filme biográfico bem-pesquisado ou a uma versão loucamente subjetiva de um capítulo da história, cabe aos espectadores pensar naquilo que valorizam nessas narrativas, lembrando o tempo todo que elas não nos oferecem fatos. Elas contam uma história. E toda história muda, dependendo de quem a conta.

Agradecimentos

Este livro é produto de centenas de conversas ao longo de 25 anos com roteiristas, diretores, atores, produtores, executivos e acadêmicos que foram meus professores não oficiais na arte, no ofício e no negócio do cinema. Para Ben Affleck, Casey Affleck, Khalik Allah, Woody Allen, Patricia Aufderheide, John Bailey, Albert Berger, Alan Berliner, Joe Berlinger, Bob Berney, Kathryn Bigelow, Mark Boal, Doug Block, Carter Burwell, Anne Carey, Jay Cassidy, George Clooney, Jem Cohen, Ryan Coogler, Alonzo Crawford, Alfonso Cuarón, Guillermo del Toro, Robert De Niro, Ernest Dickerson, Dennis Doros, Ava DuVernay, Charles Eidsvik, Jeffrey Fearing, Tom Ford, Robert Frazen, Cynthia Fuchs, Rodrigo García, Bob Gazzale, Alex Gibney, John Gilroy, Tony Gilroy, Grace Guggenheim, Amy Heller, Dor Howard, James Herbert, Dustin Hoffman, Nicole Holofcener, Ted Hope, Mark Isham, Arthur Jafa, Barry Jenkins, Jerry Johnson, Michael B. Jordan, Elizabeth Kemp, Richard King, Ann Kroeber, Tony Kushner, Franklin Leonard, Ruby Lerner, Barry Levinson, Matthew Libatique, Skip

284   COMO FALAR SOBRE CINEMA

Lievsay, Richard Linklater, Art Linson, Kenneth Lonergan, David Lowery, David Lynch, Mike Mashon, Anne McCabe, Tom McCarthy, Steve McQueen, Mike Medavoy, Roger Michell, Mike Mills, Montré Aza Missouri, Errol Morris, Larry Moss, Walter Murch, Stanley Nelson, Gary Oldman, Jeannine Oppewall, Alexander Payne, Elizabeth Peters, Bill Pohlad, Benjamin Price, Lynne Ramsay, Jon Raymond, Robert Redford, Nicolas Winding Refn, Kelly Reichardt, Phil Alden Robinson, Howard Rodman, Fred Roos, Tom Rothman, David O. Russell, Harris Savides, Thomas Schatz, Thelma Schoonmaker, Paul Schwartzman, Martin Scorsese, John Sloss, Steven Spielberg, Paul Stekier, Oliver Stone, Tilda Swinton, Randy Thom, Christine Vachon, Lars von Trier, Randall Wallace, Billy Weber, Michelle Williams e Bradford Young; e aos falecidos Stan Brakhage, John Frankenheimer, Al Maysles, Michael Shamberg e Bruce Sinofksy: muito obrigada por seu tempo e sabedoria.

Para todos os relações-públicas, organizadores de festivais e teatros e profissionais do cinema que fizeram com que muitos desses encontros fossem possíveis, especialmente Sarah Taylor, Gloria Jones e à equipe do Allied Integrated Media, assim como Nicolette Aizenberg, Jody Arlington, Mara Buxbaum, Matt Cowal, Donna Daniels, Leslee Dart, Jed Dietz, Scott Feinstein, Jon Gann, Shirin Ghareeb, Tony Gittens, Stu Gottesman, Rob Harris, Jeff Hill, Todd Hitchcock, Sheila Johnson, Sharon Kahn, Laine Kaplowitz, Susan Koch, Bebe Lerner, Peter Lozito, Michael Lumpkin, Andy Mencher, RJ Millard, Susan Norget, Charlie Olsky, Jaime Panoff, Peggy Parsons, Stan Rosenfield, Jamie Shor, Sky Sitney, Emilie Spiegel, Emilia Stefanczyk, Cynthia Swartz, Renée Tsao, Ryan Werner,

AGRADECIMENTOS

Connie White e David Wilson: obrigada por tornarem meu contínuo aprendizado não só possível, mas também um prazer imenso.

Sou muito grata ao *The Washington Post*, que me deu a oportunidade de conduzir muitas dessas entrevistas e em cujas páginas explorei pela primeira vez essas ideias. Aos meus colegas do *Post*, passados e presentes, incluindo Marty Baron, Marcus Brauchli, Chip Crews, Len Downie, Tracy Grant, Deborah Heard, Stephen Hunter, Peter Kaufman, Camille Kilgore, Richard Leiby, David Malitz, Ned Martel, Stephanie Merry, Doug Norwood, Michael O'Sullivan, John Pancake, Steve Reiss, Eugene Robinson, Liz Seymour, Nancy Szokan, John Taylor e Desson Thomson: todo jornalista devia contar com parâmetros tão altos, uma liderança tão habilidosa e tanta disposição de botar a mão na massa. Quero agradecer em especial a Leslie Yazel, que me ajudou a criar o conceito e a editar os artigos originais que se tornariam a base para este livro.

Para Linda Lee, a antiga editora de cinema da seção de artes e lazer do *The New York Times*, que, em 1992, aceitou a proposta de uma escritora freelancer feita na cara de pau, iniciando, sem querer, uma carreira louca e maravilhosa: fico tão feliz por você ter atendido o telefone.

Para meu amigo e primeiro leitor Scott Butterworth; só ele sabe o quanto eu precisei melhorar o rascunho original até chegar à versão final: vamos guardar esse segredo. Ao meu agente, Rafe Sagalyn: espero que este livro comece a fazer valer a pena todos os almoços, e-mails e incentivos. Para Quynh Do, por sua fé neste trabalho e pelo título maravilhoso, e para Leah Stecher, Katherine Streckfus e Sandra Beris, que o fizeram cruzar a linha de chegada com paciência, elegância e cuidado: minha gratidão eterna.

Por fim, para Dennis e Victoria Grennia, que reclamam tão pouco quando os abandono por causa de exibições noturnas, trabalhos de fim de semana e festivais de cinema distantes, e cuja compreensão foi testada mais do que o normal durante o ano que passei escrevendo este livro: obrigada. Eu amo vocês. Voltei.

Notas

Introdução

1 Motion Picture Association of America, "2016 Theatrical Market Statistics Report," março de 2017, p. 13. Disponível em: <http://www.mpaa.org/wp-content/uploads/2017/03/2016--Theatrical-Market-Statistics-Report-2.pdf>.

Capítulo Um: Roteiro

2 George Clooney, entrevista com a autora, 5 de fevereiro de 2014.

3 Kenneth Lonergan, entrevista com a autora, 12 de setembro de 2016.

4 Jem Cohen, e-mail para a autora, 24 de setembro de 2016.

5 Alfonso Cuarón, entrevista com a autora, 8 de dezembro de 2006.

6 Guillermo del Toro, entrevista com a autora, 13 de dezembro de 2006.

COMO FALAR SOBRE CINEMA

7 Aaron Sorkin, entrevista com a autora, 14 de outubro de 2015.

8 Mark Boal, entrevista com a autora, 10 de maio de 2009.

9 Guillermo Arriaga, citado em Tim Grierson, *Screenwriting*. Nova York: Focal Press, 2013, p. 26–36.

10 Entrevista com Kenneth Lonergan, 2016.

11 Entrevista com Paul Schrader, em George Stevens Jr., ed., *Conversations at the American Film Institute with the Great Moviemakers: The Next Generation*. Nova York: Alfred A. Knopf, 2012, p. 566.

12 Casey Affleck, entrevista com a autora, 12 de setembro de 2016.

13 Entrevista com Kenneth Lonergan, 2016.

14 Richard Linklater, entrevista com a autora, 10 de novembro de 2009.

15 Jason Reitman, entrevista com a autora, 25 de novembro de 2009.

CAPÍTULO DOIS: ATUAÇÃO

16 Tom McCarthy, entrevista com a autora, 1º de outubro de 2015.

17 Dustin Hoffman, entrevista com a autora, 15 de novembro de 2012.

18 Entrevista com Alan J. Pakula, em George Stevens Jr., ed., *Conversations at the American Film Institute with the Great Moviemakers: The Next Generation*. Nova York: Alfred A. Knopf, 2012, p. 360–361.

19 Larry Moss, entrevista com a autora, fevereiro de 2006.

20 Michael Caine, *Acting in Film: An Actor's Take on Movie Making,* rev. ed. Milwaukee: Applause Books, 2000, p. 90.

Notas

21 Barry Levinson, entrevista com a autora, 6 de outubro de 2009.

22 John Sayles, *Thinking in Pictures*. Boston: Houghton Mifflin, 1987, p. 45.

23 Roger Michell, entrevista com a autora, 10 de setembro de 2012.

24 Entrevista com Pakula, em Stevens, *Conversations*, p. 371.

25 Robert Redford, entrevista com a autora, 27 de outubro de 2005.

26 Entrevista com Jack Lemmon, em Stevens, *Conversations*, p. 279.

27 George Clooney, entrevista com a autora, 5 de fevereiro de 2014.

28 Phillip Noyce, entrevista com a autora, 19 de julho de 2010.

29 Angelina Jolie, entrevista com a autora, 19 de julho de 2010.

30 David O. Russell, entrevista com a autora, 22 de novembro de 2013.

31 Arthur Nolletti Jr., "Classical Hollywood, 1928–1946", em Claudia Springer e Julie Levinson, eds., *Acting*. New Brunswick, NJ: Rutgers University Press, 2015, p. 66.

32 Anthony Hopkins, citado em Lawrence Grobel, *Above the Line: Conversations About the Movies*. Nova York: Da Capo, p. 151.

33 Edward Norton, coletiva de imprensa para *Moonrise Kingdom*, Festival de Cannes, 2012.

34 Larry Moss, entrevista com a autora, fevereiro de 2006.

35 David Oyelowo, entrevista com a autora, 12 de dezembro de 2014.

36 Gary Oldman, entrevista com a autora, 21 de novembro de 2011.

37 Alec Guinness, discurso feito no 52° Prêmio da Academia, 14 de abril de 1980.

290 COMO FALAR SOBRE CINEMA

CAPÍTULO TRÊS: DESIGN DE PRODUÇÃO

38 Jared Brown, *Alan J. Pakula: His Film and His Life*. Nova York: Back Stage Books, 2005, p. 182.

39 Elia Kazan, *Kazan on Directing*. Nova York: Vintage Books, 2009, p. 147.

40 Jeannine Oppewall, entrevista com a autora, Middleburg Film Festival, 22 de outubro 2016.

41 David Fincher, citado em Emanuel Levy, "Social Network: Interview with Director David Fincher," em Laurence Knapp, ed., *David Fincher Interviews*. Jackson: University Press of Mississippi, 2014, p. 160.

42 Alfonso Cuarón, entrevista com a autora, 8 de dezembro de 2006.

43 David Fincher, coletiva de imprensa para *Zodíaco*, Festival de Cannes, 2007.

44 Fionnuala Halligan, *Production Design*. Burlington, MA: Focal Press, 2013, p. 116.

45 Notas de produção de *Preciosa: Uma história de esperança*, 2009.

46 David Thompson e Ian Christie, eds., *Scorsese on Scorsese*. Londres: Faber and Faber, 1989, p. 154.

47 Mike Mills, entrevista com a autora, 5 de maio de 2011.

48 Michael Douglas, entrevista com a autora, *Premiere*, abril de 1988, p. 30.

49 Ellen Mirojnick, entrevista com a autora, *Premiere*, abril de 1988, p. 30.

50 Elia Kazan, *Kazan on Directing*. Nova York: Vintage Books, 2009, p. 271.

51 Ang Lee, entrevista com a autora, 18 de maio de 2009.

52 Steven Spielberg, entrevista com a autora, 7 de junho de 2002.

NOTAS

291

53 Jane Barnwell, *Production Design: Architects of the Screen*. Nova York: Wallflower Press of Columbia University Press, 2004, p. 83.

CAPÍTULO QUATRO: FOTOGRAFIA

54 Jeannine Oppewall, entrevista com a autora, Middleburg Film Festival, 22 de outubro de 2016.

55 Spike Lee, citado em Stephen Pizzello, "Between 'Rock' and a Hard Place," em Cynthia Fuchs, ed., *Spike Lee: Interviews*. Jackson: University Press of Mississippi, 2002, p. 108.

56 David O. Russell, entrevista com a autora, 22 de novembro de 2013.

57 Tom McCarthy, entrevista com a autora, 1º de outubro de 2015.

58 Paul Thomas Anderson, entrevista com a autora, 9 de setembro de 2012.

59 Tilda Swinton, entrevista com a autora, 10 de setembro de 2011.

60 Barry Jenkins, entrevista com a autora, 25 de outubro de 2016.

61 Kelly Reichardt, Festival Sundance de Cinema, 21 de janeiro de 2011.

62 Notas de produção de *Filho de Saul*, 2015.

63 Sidney Lumet. *Fazendo filmes*. Rio de Janeiro: Rocco, 1998.

64 Jim Jarmusch, "Some Notes on Stranger Than Paradise," 1984, reimpresso como folheto no DVD duplo aprovado pelo diretor de *Estranhos no paraíso*, Criterion Collection, 4 de setembro de 2007.

65 Entrevista de Michael Mann com John Patterson, *The Guardian*, 25 de junho de 2009.

292 COMO FALAR SOBRE CINEMA

66 Nicolas Winding Refn, entrevista com a autora, 25 de agosto de 2011.

67 Entrevista com Barry Jenkins, 2016.

CAPÍTULO CINCO: EDIÇÃO

68 Albert Berger, entrevista com a autora, 23 de outubro de 2016.

69 Entrevista de Sean Penn com Jean-Paul Chaillet, *Le Figaro*, 19 de agosto de 2011.

70 Michael Ondaatje, *The Conversations: Walter Murch and the Art of Editing Film*. Nova York: Alfred A. Knopf, 2002, p. 267.

71 Thelma Schoonmaker, entrevista com a autora, abril de 2009.

72 Entrevista com Albert Berger, 2016.

73 Billy Weber, entrevista com a autora, 11 de março de 2009.

74 Anne McCabe, entrevista com a autora, 12 de março de 2009.

75 Mike Nichols, citado em *Becoming Mike Nichols*, documentário da HBO, dirigido por Douglas McGrath, 2016.

76 Entrevista com Thelma Schoonmaker, 2009.

77 Ibid.

78 Walter Murch, entrevista com a autora, 11 de março de 2009.

CAPÍTULO SEIS: SOM E MÚSICA

79 Walter Murch, entrevista com a autora, outubro de 2010.

80 Christopher Nolan, entrevista com Carolyn Giardina, *The Hollywood Reporter,* 15 de novembro de 2014.

81 John Ross, citado em Jay Beck e Vanessa Theme Ament, "The New Hollywood, 1981—1999," em Kathryn Kalinak, ed., *Sound: Dialogue, Music, and Effects*. New Brunswick, NJ: Rutgers University Press, 2015, p. 115.

NOTAS

82 Randy Thom, entrevista com a autora, 3 de setembro de 2010.

83 Ben Burtt, citado em Jeff Smith, "The Auteur Renaissance, 1968—1980," in Kathryn Kalinak, ed., *Sound: Dialogue, Music, and Effects*. New Brunswick, NJ: Rutgers University Press, 2015, p. 102.

84 Ann Kroeber, entrevista com a autora, 3 de setembro de 2010.

85 Skip Lievsay, entrevista com a autora, 4 de novembro de 2016.

86 Ibid.

87 Entrevista de Walter Murch, 2010.

88 Ibid.

89 Entrevista de Randy Thom, 2010.

90 Carter Burwell, entrevista com a autora, Middleburg Film Festival, 24 de outubro de 2015.

91 Elmer Bernstein, citado em David Morgan, *Knowing the Score: Film Composers Talk About the Art, Craft, Blood, Sweat, and Tears of Writing for Cinema*. Nova York: Harper Entertainment, 2000, p. 3.

92 Notas de produção de *A rede social*, 2010.

93 Entrevista de Walter Murch, 2010.

CAPÍTULO SETE: DIREÇÃO

94 Guillermo del Toro, entrevista com a autora, 13 de dezembro de 2006.

95 Jason Reitman, entrevista com a autora, 25 de novembro de 2009.

96 Casey Affleck, entrevista com a autora, 12 de setembro de 2016.

97 Andrew Sarris, "Notes on the Auteur Theory in 1962," *Film Culture, Winter* 1962–1963, p. 1–8.

98 Pauline Kael, "Circles and Squares," *Film Quarterly 16*, n° 3 (1963): p. 12–26.

99 Entrevista de Alan J. Pakula, em George Stevens Jr., ed., *Conversations at the American Film Institute with the Great Moviemakers: The Next Generation.* Nova York: Alfred A. Knopf, 2012, p. 362.

100 Richard Linklater, entrevista com a autora, 10 de novembro de 2009.

101 Entrevista de Meryl Streep, em George Stevens Jr., ed., *Conversations at the American Film Institute with the Great Moviemakers: The Next Generation.* Nova York: Alfred A. Knopf, 2012, p. 652.

102 Entrevista de Richard Linklater, 2009.

103 Sidney Lumet. *Fazendo filmes.* Rio de Janeiro: Rocco, 1998.

104 Phil Alden Robinson, entrevista com a autora, 18 de junho de 2009.

105 George Cukor, citado em Richard Schickel, *The Men Who Made the Movies.* Chicago: Ivan R. Dee, 1975, p. 165–166.

106 Alan J. Pakula, citado em Jared Brown, *Alan J. Pakula: His Film and His Life.* Nova York: Back Stage Books, 2005, p. 84.

107 Steven Spielberg, entrevista com a autora, 30 de outubro de 2012.

108 Kathryn Bigelow, entrevista com a autora, 5 de dezembro de 2012.

109 David Oyelowo, entrevista com a autora, 12 de dezembro de 2014.

110 Entrevista com Alfred Hitchcock. Peter Bogdanovich. *Afinal, quem faz os filmes.* São Paulo: Companhia das Letras, 2000.

Notas

111 Paul Greengrass, entrevista com a autora, 4 de outubro de 2013.

112 Entrevista de Guillermo del Toro, 2006.

Anexo: Documentários e dramas
baseados em histórias reais

113 Tony Kushner, entrevista com a autora, 30 de outubro de 2012.

Bibliografia
e leituras sugeridas

PARA EXPLICAÇÕES E ANÁLISES DETALHADAS de áreas específicas do cinema, a autora recomenda muito três séries de livros: *Behind the Silver Screen*, que atualmente tem dez volumes publicados nos Estados Unidos, publicada pela Rutgers University Press; *FilmCraft*, com cinco volumes, publicada pela Focal Press at Routledge; e *Conversations with Filmmakers*, publicada pela University Press of Mississippi, com mais de cem volumes.

Aufderheide, Patricia. *Documentary Film: A Very Short Introduction*. Oxford: Oxford University Press, 2007.

Barnwell, Jane. *Production Design: Architects of the Screen*. Nova York: Wallflower Press of Columbia University Press, 2004.

Bogdanovich, Peter. *Afinal, quem faz os filmes*. São Paulo: Companhia das Letras, 2000.

Brown, Jared. *Alan J. Pakula: His Film and His Life*. Nova York: Back Stage Books, 2005.

298   COMO FALAR SOBRE CINEMA

Caine, Michael. *Acting in Film: An Actor's Take on Movie Making*, rev. ed. Milwaukee: Applause Books, 1990.

Coles, Robert. *Doing Documentary Work*. Nova York: New York Public Library and Oxford University Press, 1997.

Cook, David A. *A History of Narrative Film*, 5ª ed. Nova York: W. W. Norton, 2016.

Fuchs, Cynthia, ed. *Spike Lee: Interviews*. Jackson: University Press of Mississippi, 2002.

Goldman, William. *Adventures in the Screen Trade*. Nova York: Hachette, 1983.

Grobel, Lawrence. *Above the Line: Conversations About the Movies*. Boston: Da Capo, 2000.

Halligan, Fionnuala. *Production Design*. Burlington, MA: Focal Press, 2013.

Kalinak, Kathryn. *Sound: Dialogue, Music, and Effects*. New Brunswick, NJ: Rutgers University Press, 2015.

Kazan, Elia. *Kazan on Directing*. Nova York: Vintage Books, 2009.

Knapp, Laurence, ed. *David Fincher Interviews*. Jackson: University Press of Mississippi, 2014.

LoBrutto, Vincent. *Becoming Film Literate: The Art and Craft of Motion Pictures*. Westport, CT: Praeger, 2005.

Lumet, Sidney. *Fazendo filmes*. Rio de Janeiro: Rocco, 1998.

Monaco, James. *How to Read a Film: Movies, Media, and Beyond*, 4ª ed. Oxford: Oxford University Press, 2009.

Morgan, David. *Knowing the Score: Film Composers Talk About the Art, Craft, Blood, Sweat, and Tears of Writing for Cinema*. Nova York: Harper Entertainment, 2000.

Murch, Walter. *Num piscar de olhos*. Rio de Janeiro: Zahar, 2004.

Ondaatje, Michael. *The Conversations: Walter Murch and the Art of Editing*. Nova York: Alfred A. Knopf, 2002.

Sayles, John. *Thinking in Pictures*. Boston: Houghton Mifflin, 1987.

BIBLIOGRAFIA E LEITURAS SUGERIDAS

Schatz, Thomas. *The Genius of the System: Hollywood Filmmaking in the Studio Era.* Minneapolis, Minnesota: University of Minnesota Press, 1988. [*O gênio do sistema.* trad. Marcelo Dias Almada. São Paulo: Companhia das Letras, 1991.]

Schelle, Michael. *The Score: Interviews with Film Composers.* Los Angeles: Silman-James Press, 1999.

Schickel, Richard. *The Men Who Made the Movies.* Chicago: Ivan R. Dee, 1975.

Springer, Claudia, e Julie Levinson, eds. *Acting.* New Brunswick, NJ: Rutgers University Press, 2015.

Stevens, George, Jr., ed. *Conversations at the American Film Institute with the Great Moviemakers: The Next Generation.* Nova York: Alfred A. Knopf, 2012.

Thompson, David, e Ian Christie, eds. *Scorsese por Scorsese.* Lisboa: Edições 70, 1989.

Thompson, Kristin. *Storytelling in the New Hollywood: Understanding Classical Narrative Technique.* Cambridge, MA: Harvard University Press, 1999.

ÍNDICE

...E o vento levou (filme), 68, 96, 118, 125, 139

007: Quantum of Solace (filme), 171, 175, 199

12 anos de escravidão (filme), 27, 29, 54, 93, 235, 274

12 homens e uma sentença (filme), 52, 155, 184

13 horas: os soldados secretos de Benghazi (filme), 261

2001: uma odisseia no espaço (filme), 121, 182

3D, 167-169

4 meses, 3 semanas, 2 dias (filme), 188, 265

50% (filme), 54

A alegre divorciada (filme), 151

A ameaça fantasma (filme), 43

A árvore da vida (filme), 30, 137, 180

A batalha de Argel (filme), 146

À beira do abismo (filme), 179

A bruxa (filme), 136, 137, 156

A bruxa de Blair (filme), 132, 147

A caverna dos sonhos esquecidos (filme), 168

A conversação (filme), 205, 221, 232

A embriaguez do sucesso (filme), 157, 158, 159

A escolha de Sofia (filme), 93

A garota dinamarquesa (filme), 83, 105, 255

A grande aposta (filme), 200-201

A grande noite (filme), 151

A hora mais escura (filme), 263-264, 284

A invenção de Hugo Cabret (filme), 168

A lista de Schindler (filme), 110, 147, 158

A longa caminhada de Billy Lynn (filme), 163

302 COMO FALAR SOBRE CINEMA

A marca da maldade (filme), 145

A noite americana (filme), 243

A origem (filme), 123, 151, 179, 211, 212

A paixão de Joana d'Arc (filme), 93, 149

A primeira noite de um homem (filme), 17, 68, 107, 192, 204, 238, 263

A reconquista (filme), 142

A rede social (filme), 41, 52, 101, 122, 155, 211-213, 232, 254

A rocha (filme), 147

A supremacia Bourne (filme), 118, 133, 198

A troca (filme), 76

A última noite (filme), 47, 143

A última sessão de cinema (filme), 158

A última tentação de Cristo (filme), 47

A vingança dos Sith (filme), 43

Abrams, J. J., 164

Ackroyd, Barry, 147, 251

Aconteceu em Woodstock (filme), 119

Aconteceu naquela noite (filme), 276

Acossado (filme), 198

Acting in Film (Caine), 66

Adair, Sandra, 202

Adam, Ken, 98, 126

Adaptação (filme), 46

adaptações de livros, 27

Adivinhe quem vem para jantar (filme), 238

Affleck, Casey, 44, 50, 245

Ajuste final (filme), 229, 233

álbuns de trilha sonora, 238

Alcott, John, 138, 145

Alerta vermelho (filme), 53

Alguém tem que ceder (filme), 125

Alien 3 (filme), 247

Alison, Joan, 38

Allen, Dede, 184

Allen, Woody, 50, 52, 238, 262, 269

Almendros, Nestor, 132

Almodóvar, Pedro, 109, 160, 266

Altman, Robert, 30, 138, 143, 161, 180-181, 214, 238

Alves, Joe, 97

Amadeus (filme), 112

ambientação, sonoplastia e criação de, 216-218

American Masters (programa de televisão), 282

Amnésia (filme), 41, 179

Amor fora da lei (filme), 161

Amor pleno (filme), 30, 137

Anderson, Paul Thomas, 138, 152, 161, 181, 240, 254, 260, 271

Anderson, Wes, 52, 81-82, 97, 125, 155, 160, 258

"ângulo holandês", 142

animação gerada por computador, 165-167

Anjos da lei (filme), 28

Anna Karenina (filme), 125

anti-heróis, 35

Antonioni, Michelangelo, 30

Apatow, Judd, 188, 261

Apenas uma vez (filme), 29

Apocalypse Now (filme), 178-179, 209, 223-225, 241

Arca russa (filme), 145

Arizona nunca mais (filme), 155, 234

Armagedom (filme), 37

Aronofsky, Darren, 111, 144

Arriaga, Guillermo, 39

ÍNDICE

artificialidade, 103
As aventuras de Pi (filme), 121, 165-166
As bem-armadas (filme), 28
As horas (filme), 115
As virgens suicidas (filme), 133
Assassinato em Gosford Park (filme), 138, 180
Assim estava escrito (filme), 226
astros de cinema, 71-76
Ataque ao prédio (filme), 167
Ataque dos clones (filme), 43
Atkinson, Kate, 285
atores de apoio, 72
atuação exagerada, 79-81
atuação no cinema mudo, 79
atuação/atores, 59-93
    astros de cinema, 71-76
    avaliação de, 89-93
    diretores e, 253-255
    edição pela performance, 202-204
    escolha de elenco, 68-71
    escolhas dos, 60-61
    estilo de, 77-84
    interpretação de pessoas reais, 84-88
    olhar do ator, 61-68
    reação negativa a atores, 88-91
    roteiro e, 20
    trabalhos recomendados, 93
Austin Powers (filme), 46
autenticidade, 37
avaliação de filme, 57-58, 89-93, 127-129, 169-170, 204-205, 240-241, 273-274, 275-278
Avatar (filme), 121, 165

Babel (filme), 39, 67
Bale, Christian, 30, 83
Ballard, Carroll, 222
Banks, Elizabeth, 91
Barnwell, Jane, 126
Barra pesada (filme), 160
Barry Lyndon (filme), 126, 138
Barton Fink: delírios de Hollywood (filme), 213, 222
Batman e Robin (filme), 20, 142
Baumbach, Noah, 11, 98
Bay, Michael, 147
Beatty, Warren, 100, 102, 238
Becker, Judy, 112
Belas e perseguidas (filme), 28, 257
Beleza americana (filme), 228, 234
Bening, Annette, 113
Berger, Albert, 176, 191, 248
Bergman, Ingmar, 149, 243
Berkley, Elizabeth, 80
Berliner, Alan, 281
Berliner, Roshelle, 109
Bernstein, Elmer, 157, 231
Bernstein, Walter, 54
Bevel, James, 265
Bigelow, Kathryn, 38, 70, 147, 250-251, 254, 263-264, 272
Birdman (ou a virtude inesperada da ignorância) (filme), 133, 201, 230
Blade Runner: o caçador de androides (filme), 102, 103, 129, 247
Blanchard, Terence, 227
Blanchett, Cate, 30, 87
Blaschke, Jarin, 136-137
Bling Ring: a gangue de Hollywood (filme), 156
Boal, Mark, 38, 251

304 COMO FALAR SOBRE CINEMA

Bogdanovich, Peter, 269

bom gosto, direção e, 256-262

Bonnie e Clyde: uma rajada de balas (filme), 115, 119, 184, 234

Boogie Nights: prazer sem limites (filme), 57, 181

Box, John, 97

Boyhood: da infância à juventude (filme), 41, 202

Boyle, Danny, 111

Braff, Zach, 240

Brakhage, Stan, 182

Branagh, Kenneth, 260

Brandenstein, Patrizia von, 112

Brando, Marlon, 65, 79, 81, 93, 117

Brazil – O filme (filme), 155

Brest, Martin, 247

Brilho eterno de uma mente sem lembranças (filme), 179

Brooklyn (filme), 64, 269

Brown, Jared, 99

Bullitt (filme), 197, 199, 205

Bullock, Sandra, 29, 124, 193

Burnett, Murray, 38

Burns, George, 61

Burns, Ken, 281

Burt, Donald Graham, 101

Burtt, Ben, 217-218, 222

Burwell, Carter, 227, 229, 233, 234

Busca implacável (filme), 34, 74, 199

Butch Cassidy (filme), 238

cabelo, 114-116

Caça aos gangsters (filme), 164

Caçadores de emoção (filme), 250

Cães de guerra (filme), 240

Café Society (filme), 262

Cage, Nicolas, 80

Caine, Michael, 66, 103

câmera digital, 156

câmera subjetiva, 144

Cameron, James, 35, 121, 124, 165

Caminho sem volta (filme), 215

Campbell, Joseph, 20

Campo dos sonhos (filme), 253

"canastrão", 80

Capitão Phillips (filme), 27, 266

Cardiff, Jack, 159

Carlos, Wendy, 232

Carney, John, 29, 239

Carol (filme), 110, 112, 233, 263

Cartel Land (documentário), 282

Casablanca (filme), 22, 26, 27, 38, 58, 68

Cassavetes, John, 146, 149, 253, 267

Cavalo de guerra (filme), 139

Cavaleiro de copas (filme), 30, 137

cenas de perseguição, edição para ritmo, 196-197

cenografia, 24

cenógrafos, 97

Chaplin, Charlie, 66

Chapman, Michael, 157

Chazelle, Damien, 200, 251

Chicago (filme), 151

Chinatown (filme), 22, 44, 58, 102

Cidadão Kane (filme), 97, 106, 132, 135, 142, 154, 168, 170

cineastas "externos", 266

cineastas "internos", 266

cinema direto (*cinema verité*), 133, 146

Cinema Paradiso (filme), 226

Cisne negro (filme), 111, 144, 263

ÍNDICE

clareza, 176-182, 209-213

Clay, Jim, 103

Clooney, George, 20, 72, 74, 178, 204, 220, 254

close-ups, 150

Clube da luta (filme), 263

"cobertura," 141

Coen, Joel e Ethan, 52, 74, 81, 114, 155, 158, 219, 222, 227, 229, 233-234, 258, 260, 266, 271

coerência, 209-213, 230-231

Cohen, Jem, 30, 267, 281

Coisas que você pode dizer só de olhar para ela (filme), 69

colaborações entre diretor e compositor, 227

Colateral (filme), 110

comédias, 66, 200

compilação de trilha sonora, 237-240

Conduta de risco (filme), 17, 24, 25, 36, 178, 204, 254

Conner, Bruce, 182

consultores de roteiro, 25

Contágio (filme), 139

Contatos imediatos de terceiro grau (filme), 262

Conte comigo (filme), 17, 33, 55, 64, 192, 196

contraluz, 139

Cinzas no paraíso (filme), 132, 137

Coogler, Ryan, 267

Cope, John, 214

Coppola, Francis Ford, 24, 178, 183, 223, 269

Coppola, Sofia, 30, 55, 105, 133, 138, 156, 161, 260, 267, 271

cor, direção de arte e, 108-110

Corbijn, Anton, 220

corte do diretor, 247

Cortez, Stanley, 154

Cortina rasgada (filme), 148

Costner, Kevin, 91

credibilidade, 37-40, 46, 49

Crepúsculo dos deuses (filme), 47

Crise do Segundo Ato, 42-43

Cronenweth, Jeff, 155

Crowley, John, 269

Cruise, Tom, 64, 75, 104, 123-124

Cuarón, Alfonso, 29, 31, 102-103, 168, 193, 201, 260, 264

Cuarón, Jonas, 29

Cukor, George, 78, 256, 259, 269

Curtis, Richard, 45

Cusack, John, 70, 88, 91

D'Agostino, Albert S., 97

Daniels, Lee, 70, 72, 109

Dano, Paul, 87, 174

Dardenne, Jean-Pierre e Luc, 267

Davies, Suzie, 127

Day, Richard, 100

Day-Lewis, Daniel, 59, 83

Dayton, Jonathan, 191

De caso com o acaso (filme), 194

De Niro, Robert, 50, 67, 83, 93, 144, 203

De olhos bem fechados (filme), 103, 106

Deakins, Roger, 158

Dean, James, 64, 81

del Toro, Guillermo, 32, 97, 122, 244, 258, 273

Demônio de mulher (filme), 78

306 COMO FALAR SOBRE CINEMA

Demy, Jacques, 109
DePrez, Thérèse, 111
Descompensada (filme), 66
Desejo e reparação (filme), 108, 145, 230
Despedida em Las Vegas (filme), 80, 81
deus ex machina, 46
diálogo, 46-53, 209-213
Dias de fogo (filme), 146
Diaz, Cameron, 70, 195
DiCaprio, Leonardo, 34, 83, 100-101, 115, 191, 195
DiCillo, Tom, 158
Dick Tracy (filme), 102-103, 109
Dick, Kirby, 281
Dickerson, Ernest, 132, 142, 158, 160
dioptro, 154
direção de arte, 95-129
    avaliação de, 127-129
    cabelo e maquiagem, 114-116
    cor, 108-110
    diversão do público e, 125-127
    efeitos especiais, 120-125
    figurino, 116-120
    intenções psicológicas para o público, 105-108
    ponto de vista do protagonista, 110-114
    segundo plano, 98-105
    trabalhos recomendados, 129
direção de arte/diretores, 95
direção/diretores, 243-274
    atores e, 253-257
    avaliação de, 273-274
    corte do diretor e, 247
    escolhas estéticas, 256-262

    mecânica e encenação do filme, 249-256
    papel da, 243-249
    ponto de vista e, 263-270
    roteiro e, 19-20
    tom e, 54
    trabalhos recomendados, 274
    visão pessoal e, 270-273
diretor de arte, 95-97
Distrito 9 (filme), 167
diversão do público, 125-127
Django livre (filme), 54
documentários, 279-286
Dogma 95, 146
Dolan, Xavier, 154
Domingo sangrento (filme), 266
Donen, Stanley, 194
"dos pés à cabeça", interpretar um personagem, 77
Dosunmu, Andrew, 160
Dr. Doolittle (filme), 238
Dr. Fantástico (filme), 53, 106, 261
Dr. Jivago (filme), 115, 141, 228
dramas baseados em histórias reais, 279-286
dramas, 66, 279-286
Dreamgirls: em busca de um sonho (filme), 151
Drew, Robert, 282
Drive (filme), 163
dublagem, 210
Duro de matar (filme), 34
DuVernay, Ava, 161, 265
Dylan, Bob, 87

E aí, meu irmão, cadê você? (filme), 20, 74, 158

ÍNDICE

E sua mãe também (filme), 102

E.T.: o extraterrestre (filme), 27, 128, 173, 262

Eastwood, Clint, 262

edição de som, 208

edição, 171-205
    avaliação de, 204-205
    clareza, 176-182
    documentário, 283
    forma, 186-190
    linearidade emocional, 190-193
    para performance, 202-204
    ritmo e, 44
    ritmo, 193-202
    sequências de abertura, 173-176
    trabalhos sugeridos, 205
    velocidade, 182-186

Edison, Thomas, 60

efeitos especiais, 120-125

efeitos sonoros, 216-218

efeitos visuais, roteiro e, 25

Eggers, Robert, 136

Eisenstein, Sergei, 195, 198

Ela (filme), 40, 125

Ela quer tudo (filme), 158

Ele não está tão a fim de você (filme), 33

Ellis, Don, 231

Elmiger, Suzy, 180

Embriagado de amor (filme), 89

emoção e filmes, 27, 218-220

Empire (filme), 140

Encalhados (filme), 91

Encontros e desencontros (filme), 25, 30, 55

enquadramento de câmera, 142-143

enredo, 26-31

ensaios, 253-254

episódico, 45, 185

Epstein, Julius e Philip, 38

Era de Ouro, 133, 135, 259, 269

Erdély, Mátyás, 153

Erin Brockovich: uma mulher de talento (filme), 139

escolha de elenco, 68-71

escolhas estéticas, direção e, 256-262

espaço acústico, 216-218

espaço negativo, uso de, 135

Espanglês (filme), 89

especificidade, credibilidade e, 37

Esquadrão suicida (filme), 240

"esquemático", 45

estética "*found footage*", 132

estilização, 102-104

estilo de atuação Método, 65, 81

estilo de atuação, 77-84

"estourar", 139

Estranhos no paraíso (filme), 158

Estranhos prazeres (filme), 250

estrutura cronológica, 41

estrutura linear, 21, 41

estrutura, roteiro, 40-48

Ex_Machina: instinto artificial (filme), 124

excesso de efeitos sonoros, 235-236

exercícios de animais, 78

exibição-teste, 173, 191

exposição, 46-47

expressionismo alemão, 133, 269

Faça a coisa certa (filme), 17, 110, 132, 142, 160, 170

Falcão negro em perigo (filme), 110

Falconetti, Maria, 93, 149

308   COMO FALAR SOBRE CINEMA

Fargo (filme), 26, 233, 234
Faris, Valerie, 191
Fazendo filmes (Lumet), 184, 253
Feitiço do tempo (filme), 39, 58
Fellini, Federico, 266
Ferguson, Perry, 97, 106, 135
Festim diabólico (filme), 41
figurino, 116-120
Filhos da esperança (filme), 17, 102, 103, 193, 201, 264, 274
Film Culture (revista), 245
Film Quarterly (revista), 246
filmagem em ângulo normal, 266
filme, como objeto material, 156-165
filmes "disco arranhado", 239
filmes biográficos, 84-88, 279
filmes com muitos atores principais, edição e, 180-181
filmes de ação, 165-167, 198-200, 235-236
filmes noir, 267
filmes sobre histórias em quadrinhos, 27, 235, 260
Fincher, David, 101, 104, 155, 163, 203, 211-212, 232, 247, 254
flashbacks, 47
Fletcher, Anne, 257
Flusser, Alan, 117, 118
foco profundo, 154
Foi apenas um sonho (filme), 52
Fome (filme), 174-175, 187, 205
Fonda, Jane, 64, 70
Fontanne, Lynn, 66
forma, edição e, 186-190
Forrest Gump: o contador de histórias (filme), 45, 122

fotografia com baixa iluminação, 136
fotografia digital, 162-167
fotografia em cores, 159-161
fotografia em preto e branco, 156-159
fotografia, 131-170
   3D, 167-169
   avaliação, 169-170
   digital, 162-167
   filme como objeto material, 156-165
   frame, 148-156
   iluminação, 134-139
   posicionamento de câmera, 139-147
   trabalhos recomendados, 170
frame, 148-156
Frankenheimer, John, 111, 237, 244, 255
Franklin, Marcus Carl, 87
franquia *Onze homens e um segredo*, 74, 139
Friedkin, William, 220, 247
Frontline (programa de televisão), 282
Frost/Nixon (filme), 85
Fusões, 185

Gangues de Nova York (filme), 70, 72, 195-196
Gardner, Dede, 248
Gente como a gente (filme), 50
George, Peter, 53
Giacchino, Michael, 235
Gibbons, Cedric, 97
Gibney, Alex, 280, 281

ÍNDICE

Gilliam, Terry, 155
Gilroy, John, 178
Gilroy, Tony, 24, 25, 36, 178, 254
Gladiador (filme), 52
Gosto de sangue (filme), 233
Gould, Chester, 109
Graham, Elliot, 181
granulação, filme, 161-163
gravações, 148-150
Gravidade (filme), 27, 29, 168, 193, 260
Gray, James, 215
Grease: nos tempos da brilhantina (filme), 238
Greenberg, Gerald B., 197
Greengrass, Paul, 147, 196, 199, 266, 267, 271
Greenwood, Jonny, 229
Greenwood, Sarah, 108
Griffith, D. W., 198
Guerra ao terror (filme), 38, 70, 71, 133, 147, 188, 250, 251, 261, 263, 264, 274
Gug, Madeleine, 194
Guggenheim, Davis, 287
Guinness, Alec, 93

Hader, Bill, 66
Hammer, Armie, 122
Hardy, Tom, 52
Harris, Ed, 69
Harris, Mark, 237
Hawks, Howard, 49, 153, 179, 245, 259, 269
Haynes, Todd, 109, 112, 160, 229, 233, 258, 260, 266
Herrmann, Bernard, 227, 231

Herzog, Werner, 168
Hill, Dennis, 180
história *versus* ficção histórica, 285
Histórias que contamos (documentário), 284
histórias, roteiro, 26-31
Hitchcock, Alfred, 111, 141, 145, 148, 198, 214, 227, 231, 245, 253, 269, 270
Hoffman, Dustin, 63, 65, 68, 73, 192, 204
Hoffman, Philip Seymour, 86
Hogarth, William, 126
Holliday, Judy, 78
Holofcener, Nicole, 13, 52, 261, 271
Homem de Ferro (filme), 13, 38
Hooper, Tom, 105, 255, 257
Hora de voltar (filme), 240
"hora mágica", 137
Horas de museu (filme), 30
Howe, James Wong, 158
Howitt, Peter, 194

iluminação, 134-139
Impacto profundo (filme), 37
improvisação, edição, 203-204
Iñárritu, Alejandro González, 34, 39, 152, 163, 201, 230
Incontrolável (filme), 75, 222
informações psicológicas, direção de arte e, 105-108
Inimigos públicos (filme), 162
Inside Llewyn Davis: balada de um homem comum (filme), 158
Instinto selvagem (filme), 117
Interestelar (filme), 54, 151, 211
Interlúdio (filme), 97, 145

310 COMO FALAR SOBRE CINEMA

intermediário digital, 162
Inverno da alma (filme), 74
irmãos Farrelly, 257
Irresistível paixão (filme), 20
Ivory, James, 125-126, 138

Jackie (filme), 233, 234
Jackson, Peter, 124, 162
Jafa, Arthur, 160
James, Rick, 191
Janela indiscreta (filme), 50, 125, 214, 232, 270, 274
Jarman, Derek, 104
Jarmusch, Jim, 158
Jarre, Maurice, 227, 228
Jason Bourne (filme), 147
Jenkins, Barry, 152, 164, 251
Jenkins, George, 99
Jenkins, Richard, 61
JFK: a pergunta que não quer calar (filme), 161, 170, 284
Jhabvala, Ruth Prawer, 126
Jogada decisiva (filme), 160
Jolie, Angelina, 72, 75, 76, 115
Jones, Duncan, 247
Jonze, Spike, 40, 212, 272
"jornada do herói", 20
Juno (filme), 25, 55
Jurassic Park: parque dos dinossauros (filme), 224

Kael, Pauline, 245
Kamiński, Janusz, 147
Kaufman, Boris, 155
Kaufman, Charlie, 46
Kazan, Elia, 65, 100, 118, 128
Keller, Frank P., 197

Kidman, Nicole, 11, 115
King, Richard, 212
King, Stephen, 258
Kirkland, Geoffrey, 103
Kleiner, Jeremy, 248
Klute: o passado condena (filme), 64
Knopfler, Mark, 227
Koch, Howard, 38
Kroeber, Ann, 214, 218
Kubrick, Stanley, 53, 103, 104, 106, 121, 126, 138, 181, 182, 258, 261, 266, 267
Kuleshov, Lev, 198
Kushner, Tony, 42, 285

La La Land: cantando estações (filme), 109, 200, 251
Lachman, Edward, 133
Laços humanos (filme), 100
Lane, Penny, 284
Lang, Fritz, 121
Langella, Frank, 85
Lawrence da Arábia (filme), 25-26, 97, 141, 183
Lawrence, Jennifer, 74
Laxton, James, 152, 164
Leacock, Richard, 282
Lean, David, 141, 183, 227
Ledger, Heath, 79
Lee, Ang, 119, 163
Lee, Spike, 47, 109, 132, 142, 158, 160, 227, 254, 258, 262
Leigh, Mike, 98, 126, 253, 267
Leigh, Vivien, 59, 65, 68, 118
Lemmon, Jack, 66, 74, 78
lentes olho de peixe, 155
lentes, 154-156

ÍNDICE 311

Leone, Sergio, 227, 228
Lerner, Carl, 184
Levi, Mica, 233
Levin, Sidney, 180
Levinson, Barry, 67-68
Lewis, Michael, 200-201
Lievsay, Skip, 219, 222, 223
Limite de segurança (filme), 54, 261
Lincoln (filme), 42, 110, 262, 284, 285
Lindgren, Harry, 214
Lindon, Lionel, 111
linearidade emocional, 190-193
Linklater, Richard, 12, 30, 52, 53, 202, 248, 250, 260
Liotta, Ray, 144, 175, 253
Loach, Ken, 267
Locke (filme), 52
Lombardo, Louis, 198
Lone Star: a estrela solitária (Sayles), 185
Lonergan, Kenneth, 29, 33, 44, 50-52, 55, 189, 196, 251, 271
lookup table (LUT), 164
Los Angeles: cidade proibida (filme), 100, 102, 129
Love Story: uma história de amor (filme), 54
Lovejoy, Ray, 181
Lowery, David, 161
Loy, Myrna, 268
Lubezki, Emmanuel, 137, 163
Lubitsch, Ernst, 50, 259
Lucas, George, 52, 183, 217, 227
Luhrmann, Baz, 104
Lumet, Sidney, 155, 184, 253, 261, 269

Lumière, irmãos, 60
Lunar (filme), 91
Lunt, Alfred, 66
luz principal, 139
Lynch, David, 150, 215-216, 219, 267

M*A*S*H (filme), 214
Mackendrick, Alexander, 157
Mad Max: estrada da fúria (filme), 97, 119, 124, 172
Maïdan: protestos na Ucrânia (filme), 140
mais-um-coisismo, 190
Maitland, Keith, 284
Malcolm X (filme), 143, 160
Malévola (filme), 76
Malick, Terrence, 30, 132, 137, 180, 182, 216-217, 267
Manchester à beira-mar (filme), 44, 50-51, 58, 251
Mann, Aimee, 240
Mann, Anthony, 153
Mann, Michael, 110, 162, 247
maquiagem, 114-116
Maratona da morte (filme), 65
marcação de cena, 151, 249-256
Marden, Richard, 194
Margaret (filme), 189
Maria Antonieta (filme), 105, 129
Marker, Chris, 182
Marshall, Rob, 257
Marty (filme), 267
Matar ou morrer (filme), 41, 56
Maysles, Albert e David, 281, 282
McArdle, Tom, 196
McCabe, Anne, 192

312 COMO FALAR SOBRE CINEMA

McCarthy, Tom, 55, 63, 150, 196, 260, 269, 280

McDowell, Alex, 123

McGregor, Ewan, 111, 112

McQueen, Steve (ator), 197

McQueen, Steve (diretor), 174, 187-188, 260, 272

mecânica do filme, 249-256

Meisner, Sanford, 67

Méliès, Georges, 121

memórias sensoriais, atuação com o uso de, 78

Meninos não choram (filme), 83

Menzies, William Cameron, 96-97

Merchant, Ismail, 125-126, 138

Mesmo se nada der certo (filme), 29, 239

Mestre dos mares: o lado mais distante do mundo (filme), 222

Metrópolis (filme), 121

Meu jantar com André (filme), 52

Meu ódio será tua herança (filme), 198

Meyers, Nancy, 125

Michell, Roger, 69

"mickey-mousing", 236

Middle of Nowhere (filme), 160-161

Milk: a voz da igualdade (filme), 181

Miller, George, 97, 124

Mills, Mike, 113

Mills, Paul, 113

Minority Report: a nova lei (filme), 123

Mirojnick, Ellen, 117

mise-en-scène, 96

mixagem de som, 208, 211, 225-226

mocinho malvado, 35

Mogli: o menino lobo (filme), 120-121, 165

Momento inesquecível (filme), 227

momentos particulares, atuação com uso de, 77

Mommy (filme), 154

Monroe, Marilyn, 66, 74, 118

Moonlight: sob a luz do luar (filme), 152, 164, 251

Moonrise Kingdom (filme), 82

Moore, Michael, 281

Morano, Reed, 135

Morricone, Ennio, 227, 228

Morris, Errol, 281

Moss, Larry, 64, 87

"motivação", 34

Moverman, Oren, 87

movimento de câmera *double-dolly*, 142-143

movimento de câmera, 142-143, 169

Mulheres do século 20 (filme), 113

Mulher-gato (filme), 142

mumblecore, 49

Mungiu, Cristian, 188, 265

Murch, Walter, 179, 183, 186, 204, 205, 208, 221, 223-225, 240

Murray, Bill, 40, 69, 90

música, 208

clima, 233-237

coerência, 230-231

músicas pop, 237-240

ponto de vista e, 233-237

trilha sonora, 226-230

musicais, 151, 200

músicas pop, 237-240

Myers, Mike, 46

ÍNDICE

Na natureza selvagem (filme), 47, 205
Não estou lá (filme), 87
narração, 47
narrativa, 21, 179
narrativas não lineares, montagem para clareza e, 180-181
Nash, Diane, 265
Nashville (filme), 180, 214
Náufrago (filme), 128, 217, 241
Nebraska (filme), 159, 176, 272
Nelson, Bob, 272
Nemes, László, 153
Newman, Thomas, 228
Nichols, Mike, 107, 192, 204
Nicholson, Jack, 81, 90, 106, 219
Nine (filme), 243
Ninotchka (filme), 117
No calor da noite (filme), 238
No limite do amanhã (filme), 75
No topo do poder (filme), 167
Noivo neurótico, noiva nervosa (filme), 50, 58, 119, 276
Nolan, Christopher, 123, 151, 152, 164, 210-212
normas sociais, influência dos filmes nas, 276
Norton, Edward, 82
nouvelle vague, 133, 198, 245, 267
Noyce, Phillip, 76
Num piscar de olhos (Murch), 183
Núpcias de escândalo (filme), 97, 118
Nuts! (documentário), 284
Nyby, Christian, 179

O agente da U.N.C.L.E. (filme), 104
O artista (filme), 158
O atalho (filme), 138, 156
O ato de matar (documentário), 284
O beijo da mulher aranha (filme), 83
O cavaleiro das trevas (filme), 151
O conselheiro do crime (filme), 261
O contador (filme), 46
O corcel negro (filme), 214, 222, 241
O curioso caso de Benjamin Button (filme), 116
O desinformante! (filme), 139
O destino de Poseidon (filme), 70
O dia depois de amanhã (filme), 37
O discurso do rei (filme), 105, 255-256
O encouraçado Potemkin (filme), 195
O espião que sabia demais (filme), 92
O exorcista (filme), 220
O expresso polar (filme), 166
O filho de Saul (filme), 153
O grande Gatsby (filme), 27
O homem que mudou o jogo (filme), 200
O homem que não vendeu sua alma (filme), 52
O iluminado (filme), 81, 106, 134, 136, 145, 219, 232, 258-259
O jogo da imitação (filme), 255, 256
O labirinto do Fauno (filme), 32, 121, 129
O lutador (filme), 144
O mestre (filme), 152
O mordomo da Casa Branca (filme), 70, 72
O nascimento de uma nação (filme), 198
O novo mundo (filme), 216, 217
O operário (filme), 83
O pecado mora ao lado (filme), 118
O picolino (filme), 151

314 COMO FALAR SOBRE CINEMA

O poderoso chefão (filme), 23, 26, 58, 135-136, 199, 221, 228

O preço da coragem (filme), 76

O regresso (filme), 27, 34, 39, 83, 137, 152, 234

O resgate do soldado Ryan (filme), 147

O segredo de Berlim (filme), 74, 158

O segredo de Brokeback Mountain (filme), 79

O silêncio dos inocentes (filme), 22, 78, 107

O sol é para todos (filme), 231

O trem (filme), 255

O último mestre do ar (filme), 166

O vencedor (filme), 77, 108

O visitante (filme), 61, 62, 63, 196

O voo (filme), 75

O'Hara, Mary Margaret, 31

O'Steen, Sam, 192, 204

obra de época, 126

obras de época, 110

"obstáculos", 38

Oldman, Gary, 92-93

Onde os fracos não têm vez (filme), 114, 219, 220, 224, 234, 241, 260

Onde os homens são homens (filme), 112, 138, 161, 170, 214, 238

Operação França (filme), 197, 198, 199, 205, 231

Oppenheimer, Joshua, 284

Oppewall, Jeannine, 100, 101, 126, 142

Os bons companheiros (filme), 17, 112, 144, 150, 175, 194, 195, 240, 252

Os embalos de sábado à noite (filme), 238

Os excêntricos Tenenbaums (filme), 129

Os fantasmas de Scrooge (2009) (filme), 166

Os guarda-chuvas do amor (filme), 109

Os infiltrados (filme), 191

Os lobos nunca choram (filme), 222

Os melhores anos de nossas vidas (filme), 17, 97, 268, 274

Os oito odiados (filme), 151-152, 172

Os pássaros (filme), 231

Os sapatinhos vermelhos (filme), 159, 170

Os vingadores, filmes, 27, 260

"overacting", 80

Oyelowo, David, 59, 87, 265

Ozu, Yasujirō, 142, 149

Pacino, Al, 50, 75, 253

Pacto de sangue (filme), 47

Pakula, Alan J., 64, 72, 99, 106, 136, 154, 246, 259, 260, 269

panorâmica, 143

Papamichael, Phedon, 159

Para sempre Alice (filme), 83

Parker, Sean, 212

Patterson, John, 162

Payne, Alexander, 35, 36, 159, 176, 272

Pearce, Guy, 70-71, 251

Pearl Harbor (filme), 115

Peckinpah, Sam, 198

película reversível, 160

Penn, Arthur, 184

Penn, Sean, 180

Pennebaker, D. A., 282

ÍNDICE

Pequena Miss Sunshine (filme), 176, 191, 193

performance, edição para, 202-204

Peroni, Geraldine, 180

Perry, Tyler, 256

personagem, 31-36, 49

pesquisa, atuação, 83-84

pessoas reais, atuação, 84-88

"picado", 199

Pictures at a Revolution (Harris), 237

Pitt, Brad, 67, 116

plano de estabelecimento, 141

plano geral, 148, 149

plano médio, 148, 149, 150

planos gerais, 148, 149

plateias, 125-127, 172, 276, 278

Pleasantville: a vida em preto e branco (filme), 100

Pohlad, Bill, 175

Polanski, Roman, 269

Polglase, Van Nest, 97

Pollack, Sydney, 254

Polley, Sarah, 284

Ponte dos espiões (filme), 110, 269

Pontecorvo, Gillo, 146

ponto de vista, 110-114, 221-224, 231-233, 263-270

posicionamento de câmera, 139-147

posicionamento de produtos, 128

Powell, Michael, 159-160

Preciosa: uma história de esperança (filme), 109

Precisamos falar sobre o Kevin (filme), 152

Prenda-me se for capaz (filme), 100

prequelas de *Star Wars*, 43, 52

Pressburger, Emeric, 159-160

primeiríssimos planos, 141

problema do "tempo demais", edição e, 189

produtores, 248

proporção áurea, 148

proporção de tela *widescreen*, 151-153

proporção de tela, 151-153, 155

protagonistas, 32, 110-114

próteses, uso de, 115-116

Psicose (filme), 198, 231

Pulp Fiction: tempo de violência (filme), 41, 179

Quando chega a escuridão (filme), 250

Quarteto fantástico (filme), 247

Quatro casamentos e um funeral (filme), 45

Quem quer ser um milionário? (filme), 184

Quero ser John Malkovich (filme), 69, 179, 212, 241

Questão de vida (filme), 67

questões éticas, documentários e, 283

Quinn, Kave, 111-112

Ramsay, Lynne, 152

realismo, 99-100, 104, 213-216

Redford, Robert, 9, 68, 72-73, 99

Redmayne, Eddie, 83

Refn, Nicolas Winding, 163

Reggio, Godfrey, 140, 267

regra de uma página por minuto, 24

Regras não se aplicam (filme), 100

Reichardt, Kelly, 138, 153, 260, 272

316 COMO FALAR SOBRE CINEMA

Reitman, Jason, 55, 244
Réquiem para um sonho (filme), 111
Restless City (filme), 160
Retorno a Howard's End (filme), 126
Reznor, Trent, 232
Richardson, Robert, 161
Ridley, John, 29
ritmo, 42-44, 182-186
ritmo, edição para, 193-202
Robinson, Casey, 38
Robinson, Phil Alden, 253
RoboCop: o policial do futuro (filme),
    56
Rockwell, Sam, 91
Rodriguez, Alex, 201
Ronin (filme), 237
Ross, John, 216
Rota, Nino, 228
roteiros, 19-58
    adaptações de livros, 27
    atores e, 20
    avaliação de, 57-58
    credibilidade e, 37-40
    diálogo, 48-53
    estrutura, 40-48
    história, 26-31
    modelo clássico, 20-21
    personagens, 31-36
    sequência de abertura, 22-26
    tema, 56-57
    tom, 53-55
    trabalhos recomendados, 58
Rouse, Christopher, 198
Rudin, Scott, 248
Rudolph, Alan, 104
Russell, David O., 77, 104, 108,
    144, 268

Russo, Anthony e Joe, 260
Rydstrom, Gary, 215

Salt (filme), 76
Sanchez, Antonio, 230
Sandler, Adam, 89, 90, 188
Sangue negro (filme), 220, 229, 234
Sarris, Andrew, 245
Savides, Harris, 156, 163-164
Sayeed, Malik, 160
Sayles, John, 68, 138, 185-186
Schatz, Thomas, 246
Schoonmaker, Thelma, 175-176,
    191, 194-196, 203
Schrader, Paul, 49
Schreiber, Liev, 62-63
Schumer, Amy, 66
Schwartzman, Paul, 187
Scorsese, Martin, 47, 70, 72, 112,
    150, 157, 168, 175, 191, 194-
    196, 229, 238, 240, 246, 252,
    254, 258
Scott, Ridley, 98, 102, 247, 261
Scruggs, Earl, 234
Seabiscuit: alma de herói (filme), 162
Secretariat: uma história impossível (fil-
    me), 221
segundo plano, direção de arte e,
    98-105
Selma: uma luta pela igualdade (filme),
    87, 161, 170, 265, 284
Selznick, David O., 96
sequência de créditos de abertura,
    22
sequências de abertura, 22-26, 173-
    176
série *O hobbit*, 124, 162

ÍNDICE

série *O senhor dos anéis*, 165-166, 189

Sethi, Neel, 121

Shire, David, 232, 237

Shore, Howard, 237

Short Cuts: cenas da vida (filme), 180

Showgirls (filme), 80

significado de roteiro/história, 26, 56-57

significado simbólico, clareza do, 182

silêncio, uso de, 218

Simplesmente amor (filme), 45

Simplesmente complicado (filme), 125

Sindicato de ladrões (filme), 79, 93, 100, 267

Sing Street: música e sonho (filme), 29

Singer, Josh, 55, 280

Sirk, Douglas, 266

Sixel, Margaret, 172

Skywalker Sound, 217

Sleep (filme), 140

Smith, John, 194

Smith, Mark L., 34

Smithee, Alan, 247

Sniper americano (filme), 98

Sob o domínio do mal (filme), 102, 111

Soberba (filme), 97, 129, 154, 173

Soderbergh, Steven, 74, 138-139, 158, 260

software de pré-visualização, 122

som diegético, 239

som *surround*, 225

som surround 5.1, 224, 225

Sommer, Bobby, 31

sonoplastia, 207-241

    avaliação de, 240-241

    criando ambientação, 216-218

diálogo, 209-213

mixagem de som, 225-226

moldando reação emocional, 218-220

música, 226-241

ponto de vista, 220-224

realismo, 213-216

trabalhos recomendados, 241

Sorkin, Aaron, 35, 36, 42, 46, 47, 254

Southern, Terry, 53

Spacey, Kevin, 85, 234

Speed Racer (filme), 166

Spielberg, Steven, 42, 100, 110, 123, 139, 147, 227, 246, 261-262, 269, 285

Splet, Alan, 214-215, 218, 222

Spotlight: segredos revelados (filme), 55, 62-63, 120, 133, 150, 196, 237, 269, 280

Squyres, Tim, 180

Sr. Turner (filme), 127

Star Wars (filme), 43, 52, 102-103, 118-119, 218-218, 222, 228

Steadicam, 144

Stewart, Eve, 105

Stone, Oliver, 160, 262, 284

Streep, Meryl, 93, 249, 273

Sturges, Preston, 49

substituição automática de diálogo (ADR), 210

subtexto, diálogo e, 50-51

Sokurov, Alexander, 145

Swinton, Tilda, 36, 152

Sylbert, Richard, 102, 103, 107, 109, 111

318   COMO FALAR SOBRE CINEMA

Tá rindo do quê? (filme), 188

Takayanagi, Masanobu, 150

Tarantino, Quentin, 49, 52, 54, 151, 164, 172, 246, 254, 261

Taxi Driver: Motorista de táxi (filme), 35, 49, 93, 263

Taylor, James, 189

Taylor-Wood, Sam, 140

tela preta, 185

tema, do roteiro, 56-57

tempo, edição e, 182-186

teoria do *auteur*, 245-246

Terra de ninguém (filme), 47

Terremoto: a falha de San Andreas (filme), 37

The Archers, 159

The Beach Boys: uma história de sucesso (filme), 87, 91, 174

The Conversations (Ondaatje), 183

The Genius of the System (Schatz), 246

Thom, Randy, 217, 226

Thomas, Wynn, 160

Tichenor, Dylan, 181

Tiras, só que não (filme), 28

Titanic (filme), 36, 121

Toda forma de amor (filme), 113

Todos os homens do presidente (filme), 17, 72, 73, 99, 106, 136, 154, 213, 237, 259

Toland, Gregg, 132, 135, 142, 154, 168, 268

tom, 49, 53-55

Tomasini, George, 198

Tomkins, Les, 103

Touro indomável (filme), 49, 83, 157, 194, 203, 221, 274

Tower (filme), 284

Towne, Robert, 44

trabalho de câmera portátil, 146-147, 153, 184

trabalho de preparação, para atuação, 82-84

trabalhos recomendados, 58, 93, 129, 170, 205, 241, 274

Tracy, Spencer, 60, 81

Trainspotting: sem limites (filme), 111

Trank, Josh, 247

Transformers (filme), 199

Trapaça (filme), 77, 104, 108

"transição do fósforo", 25

travelling, 144

Três homens em conflito (filme), 228

Três reis (filme), 20

trilhas sonoras, 226-230

trilogia *Matrix*, 121, 165

Trovão tropical (filme), 75

Truffaut, François, 149, 243, 245

Tubarão (filme), 27, 97, 231

Tudo sobre minha mãe (filme), 110

Twister (filme), 37

Um bonde chamado desejo (filme), 65, 117

Um caminho para dois (filme), 193, 194, 202, 205

Um corpo que cai (filme), 111, 145, 152

Um dia de cão (filme), 253, 263

Um estranho no ninho (filme), 239

Um final de semana em Hyde Park (filme), 69

Um homem misterioso (filme), 220

Um limite entre nós (filme), 93

Um lugar qualquer (filme), 156

ÍNDICE

Um mergulho no passado (filme), 125

Um táxi para a escuridão (documentário), 280

Uma janela para o amor (filme), 126

Uma linda mulher (filme), 173

Uma mulher para dois (filme), 198

Uma noite fora de série (filme), 164

Uma verdade inconveniente (documentário), 281

Uma vida sem limites (filme), 85

Universidade Howard, 160

Up: altas aventuras (filme), 47, 235

Vachon, Christine, 248

valor de produção, 95

Van Sant, Gus, 181

Veludo azul (filme), 216, 241

Viagem à Lua (filme), 121

Vício frenético (filme), 81

violência no cinema, 277

Visitantes (filme), 140

von Trier, Lars, 266

Voo United 93 (filme), 147, 196, 266

Wachowski, irmãs, 166

Waiting for Superman (documentário), 281

Walker, Joe, 174, 187

Walker, Roy, 103, 106

Wall Street: poder e cobiça (filme), 117, 118-119

Wallace, Randall, 221

Walsh, Enda, 174

Warcraft: o primeiro encontro de dois mundos (filme), 247

Warhol, Andy, 140

Warner, Frank, 221

Washington, Denzel, 72, 75, 143, 222

Waxman, Franz, 232

Webb, James, 214

Weber, Billy, 191

Webster, Ferris, 111

Weiner (documentário), 282

Weinstein, Harvey, 196

Weir, Peter, 222

Welles, Orson, 135, 145, 154, 173, 243, 266

Wellman, William, 269

Wexler, Haskell, 146

Whedon, Joss, 260

Whitaker, Forest, 70

Wiig, Kristen, 90

Wilder, Billy, 21, 259, 269

Williams, John, 227, 228, 231

Williams, Robin, 66, 70

Willis, Gordon, 106, 135-136, 154

Wright, Joe, 125, 230

Wright, Robin, 67

Wyler, William, 268, 269

Yerxa, Ron, 176, 248

Young, Bradford, 160, 265

Zea, Kristi, 107, 112

Zemeckis, Robert, 45, 122

Zimmer, Hans, 211, 212, 235

Zodíaco (filme), 104

zoom, 143

Zsigmond, Vilmos, 138, 161

Este livro foi composto na tipografia Bembo Std,
em corpo 11/15, e impresso em papel off-white
no Sistema Digital Instant Duplex da
Divisão Gráfica da Distribuidora Record.